我坚信，一个基因可以为一个国家带来希望，
一粒种子可以造福万千苍生。

——钟扬

人生有两座高峰，一座在他的视野里，另一座在他心里。

——作者题记

人民科学家钟扬

刘深 著

人民出版社

▲ 2013 年 8 月，钟扬在西藏日喀则进行野外科考途中

▲ 2013 年 9 月 8 日，钟扬参加上海市庆祝教师节活动

▲ 1979 年，钟扬（右）与同学曹辉宁在中国科学技术大学校门前合影

▲ 钟扬（左）与谈家桢院士在一起

▲ 1992 年，钟扬在美国

▲ 1998 年，钟扬（左）到日本国立综合研究大学院大学拜访长谷川政美

▲ 钟扬创建中国科学院武汉分院第一个以计算生物学命名的青年实验室。图为青年实验室的同事们，前排右起：钟扬、李伟；后排右起：余清清、黄德世、洪亚平、张晓艳、程玉。

▲ 2005 年 3 月，钟扬（左二）与陈家宽（右一）、卢宝荣（右二）、李博合影

▲ 钟扬（前排右一）与学生们在浙江省开化县寻找北江荛花

▲ 2003 年 3 月，钟扬（左四）与中日同事在日本冲绳县西表岛考察

▲ 钟扬在西藏野外考察途中

▲ 钟扬在西藏大学给学生们上课

▲ 1988 年 3 月，钟扬与张晓艳的结婚照

▲ 2014 年 5 月 2 日，钟扬的两个双胞胎儿子，陪他在上海自然博物馆度过 50 岁生日

目　录

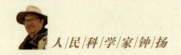

序

　　钟扬教授是一位胸怀科技报国理想的优秀科学工作者，不仅在植物学、生物信息学研究和教学工作中取得一系列重要创新成果，还长期致力于生物多样性研究和保护，率领团队在青藏高原为国家种质资源库收集了数千万颗植物种子，并为西部少数民族地区科研人才的培养、学科建设和科学研究作出了重要贡献。

　　十几年前，我和钟扬教授都参加了国家人类基因组南方研究中心的日本血吸虫全基因组分析工作。他的才华横溢与真诚待人，给我留下深刻印象。钟扬教授作为 PI (Principal Investigator，科研项目负责人) 之一，负责系统发育分析，对 5000 个功能基因进行了适应性进化检测，获得了日本血吸虫进化及其与宿主间相互作用的分子证据。这个项目是国际上首次报道的扁形虫基因组学研究成果，成为血吸虫研究历史上的里程碑性工作。论文 "*The Schistosoma japonicum genome reveals features of host-*

parasite interplay"发表于《自然》杂志2009年第406期，该文还与一篇关于曼氏血吸虫测序的文章并列作为该期《自然》杂志的封面，为血吸虫病诊断和防治技术的发展提供了科学依据。

钟扬教授不幸遇难，是中国科技界和教育界的一大损失，非常令人惋惜。他是忠于祖国、奉献人民、不懈探索追求的人民科学家，是将好奇心与社会责任感紧密结合的科学精神的实践者、传播者，是立德树人、教书育人的优秀教育工作者，也是自觉践行社会主义核心价值观的先锋模范。

人民出版社出版的《人民科学家钟扬》这本书，真实呈现了钟扬教授的成长道路和科学人生，值得一读。科技工作者和教育工作者应该以钟扬教授为榜样，发扬钟扬精神，在习近平新时代中国特色社会主义思想和党的十九大精神指引下，坚持国家至上、民族至上、人民至上，勇担复兴大任、争做时代新人，努力奋斗，共同开创幸福美好的未来。

陈竺

2018年7月12日

（陈竺同志系中国科学院院士、分子生物学家）

第一章
早慧少年

扬子江边的孩子

　　很多不平凡的人物，其实都诞生在普普通通的摇篮里。1964年 5 月 2 日，钟扬出生于湖北省黄冈县黄州，属龙，父母都是黄冈中学的教师。

　　他的父亲钟美鸣回忆："他是早上 8 点 45 分出生的。那时候，我们工作都很忙。我当班主任，还带毕业班。他妈是前一天下午发作，当时还在上课。"钟扬的母亲王彩燕在 5 月 1 号那天，参加单位组织的庆祝五一国际劳动节游行，回来还给学生上课，感觉身体不适，就直接被送到医院。当时离预产期还有几天，医生建议再保一天胎，结果只保了一个晚上。第二天早上，王彩燕生

产的时候很匆忙，医生都来不及换衣服，还把开水瓶打破了。

2015年五一节那天，钟扬在老同学的微信群里写道：

> 一到五一节，我就感到很累，倒不是"劳动"的缘故，而是当年没有长假，五一活动很多，还记得"红五月"不？一个繁忙的月份就这样开始了。其实，我的生命之门也是因此开启的。
>
> 51年前的今天，我的母亲——一位梳着长辫子、讲普通话的"黄高"化学老师，挺着大肚子，参加到"五一"游行的队伍中去了。在充满革命热情的师生看来，这是一件相当普通的事情。没有人知道当时发生了什么，我母亲本人也只依稀记得受到了撞击……第二天一早，我提前来到了这个世界。感谢母亲和医生，保住了我的性命。
>
> 尽管从小身体条件并不好（小学三年级还曾休学），但我还是和大家共度了愉快的童年和少年时光。现在想来，我如果正常出生，一定会错过各位同窗。

钟美鸣还记得，钟扬出生那天上午，他下了课就赶到黄冈地区人民医院妇产科。接生的周助产士告诉他，婴儿是个很漂亮的男孩，6斤半重，钟美鸣非常高兴。时隔很多年，钟扬翻看钟美鸣的日记，发现父亲在他出生前后那几天一直在工作。钟扬感慨地说：

> 我总觉得父亲应对我的早产负有责任。上中学的一天，我偷偷打开了他的日记，发现在我出生的前后，他果然忙于工作，上午上完课才去医院看我。这就是在那个"把一切献给党"的时代的一个年轻父亲。

钟扬长大以后得知，开始给他取名"刚阳"。那个年代，取名都很有时代烙印。"刚阳"这个名字是钟美鸣的好友丁永淮取的，取意出生地黄冈和祖籍地邵阳；还有一层意思，1957年11月17日，毛泽东主席在接见留学苏联的中国学生时说："你们青年人朝气蓬勃，正在兴旺时期，好像早上八九点钟的太阳。希望寄托在你们身上。"钟扬的出生时间正是这个时段。

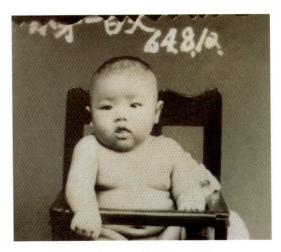

1964年8月12日，钟扬的百日照

用"刚阳"这个名字上了户口。刚把男婴由医院抱回来，从农村来的保姆不识字，一听这个名字，立马摇头说不好，"刚阳"（钢洋）听起来像过去的银圆，弄得钟美鸣没了脾气。后来改成单名"扬"，乳名"扬子"，是出生在"扬子江边"的意思。

因为钟扬是早产儿，尽管家里经济条件并不好，但为了给他增加营养，还是给他一个人订了一份牛奶。钟美鸣回忆，那个时候，牛奶是限制供应的，家里每个人每月仅供应半斤肉。屋子也很窄小，一家三口人就睡一张床，晚上睡觉就把钟扬放在中间夹着，那个绷子床如今还在用。

钟扬一出生就很乖，不吵不闹，平时基本上由妈妈和外婆照管，后来请了一个保姆，钟美鸣主要忙于工作。后来，因为钟扬外婆家里很困难，王彩燕的工资全部寄回娘家，这个小家全靠钟美鸣一个人的工资。由于粮食不够吃，王彩燕产后身体很虚弱，钟美鸣还从农村老家带米来补贴家里。

钟扬3岁进入黄冈地区第一幼儿园。回想往事，有一件小事让钟美鸣至今依然非常难过。钟扬三四岁的时候，还是穿一条破裆裤，因为家里布票紧张，一年才有几尺布票。奶奶为他做了一

黄冈高中一九六五年高三（三）班毕业纪念

　　钟扬曾在一次朋友聚会上拿出这张照片让大家猜："我参加了1965年黄冈高中高三毕业班的毕业典礼，你们看看我在哪个位置？"结果，谁也没找到他。最后，钟扬自揭谜底：1965年7月，钟美鸣所教黄冈中学高三（三）班拍毕业照。刚满1岁的钟扬跟着奶奶在草坪玩。前排的女学生彭惠玲把他拉到身边，拍了这张特殊的高中毕业照。第一排那个小男孩（右三）就是钟扬。

1965年5月2日，钟扬的周岁照

条棉布裤。有一次，钟扬和小伙伴一起玩。那些小家伙把他的衣服、裤子都脱光了，裤子也不见了，钟扬只得光着身子回家。钟美鸣非常生气，用棍子狠狠地打他，屁股都打肿了。对这件事，王彩燕也记得很清楚。她看钟美鸣打孩子太重了，就上去抱住儿子。

　　钟扬离去之后，钟美鸣含着眼泪回忆起这件事："我觉得对不起儿子。今天想起这个事情呢，我就要哭，我对不起他。他永远记得我打他这一天，有一次特意和我提起这件事：爸爸，还记得你打我那一次吗？"钟美鸣流着眼泪回忆：

1965 年 6 月，钟扬和奶奶陈金丝、父亲钟美鸣、母亲王彩燕在一起

"我为什么打他呢？因为那时候家里穷嘛。我就和钟扬说，你祖母在农村啊，六七十岁了，还种棉花、纺线、织布，我感到心痛！钟扬走了以后，现在想起这件事，我很难过啊。他还一直记得这一天。"

钟扬后来回忆说："小时候，我与父亲的关系并不十分融洽，可能是他过于严厉的脾气所致吧。"

钟扬父亲钟美鸣的回忆

1967 年春的钟扬

1969 年春节，钟扬与父母、小姨父吕玮明（右一）合影

爱看"娃娃书"

2017 年 11 月的一天，钟扬父母在武汉家中，一边翻看着相册，一边回忆儿子小时候的点点滴滴。钟扬从小就爱学习，还在 4 岁的时候，上街不要吃的东西，只要给他买一本"娃娃书"（连环画），其他什么都不要。钟美鸣说："那时正是'文化大革命'期间，儿童读物少。钟扬就看街上的毛主席语录，站在那里读，读完了再走。"

钟美鸣回忆："我祖父过去读了一点儿私塾，我父亲也读过半年私塾，家里特别看重文化。这个传统影响了我们对钟扬的教育。"王彩燕说，那个时候，街上也没有什么好吃的。有一次，我要买烤饼给钟扬吃，他不要，只要一本书。等我们赶到书店，已经关门了。小钟扬非常爱看书，尤其是《十万个为什么》，他不知看了多少遍，而且背得很熟。这对他后来成为科学家、热心科普事业影响很大。

　　1970年初春，幼儿园要搬家，不满6岁的钟扬一时无处可去，就吵着要上学。那时的学校实行工农兵管理，而且城乡各个单位都要进驻工农兵的宣传队。王彩燕带着小钟扬去见黄州八一小学（现湖北省黄冈市黄州区实验小学）"贫宣队"（贫下中农宣传队）队长，请他批准钟扬上学。队长说要考考钟扬。考什么呢？王彩燕说，就考毛主席语录吧。"贫宣队"队长问，怎么考？那时，小钟扬识字不多，他就说："你只要提一个开头的字，我就接着往下背。"队长报了一个字，钟扬就开始背，再报再背。队长问："你知道多少毛主席语录？这墙上的语录，你背不背得？"钟扬说："我都背得。""好家伙，不背了，不背了。行了，行了，你可以上学。我跟校长讲，收你上学。"队长连声道。

钟扬母亲王彩燕的回忆

　　小学三年级的时候，钟扬得了肾炎住进医院，不得不离开课堂，课程也落下一截。他只能在医院里读书，在病房里做运动。大学毕业之后，钟扬在致友人的信中还对那次生病记忆犹新，他写道："我曾经因肾炎休学，医生禁止我下床，我一学期就在病床上度过了。当然，那时只知苦，不知愁。在这一学期，我看了大量的小说、文章，培养了对美术的兴趣，当时的情景历历在目。"

　　钟扬病愈出院时，学校已经临近期末考

《毛主席语录》是钟扬的童年读物

1968 年 5 月 2 日，钟扬 4 岁照

试了。王彩燕担心他考不好，想让钟扬留一级，反正他年纪也小。钟扬说："让我去试一试嘛。"结果，他考得很好。他的班主任说，这成绩，还留什么级啊！

"文化大革命"时期，所有的干部、职工除了白天上班，晚上都要"政治学习"，几乎天天晚上开各种会议。每天晚上望眼欲穿地等家长回家，成了那个年代长大的孩子共同的心理阴影。钟美鸣和王彩燕晚上开会，小钟扬就一个人在家里看书。每天，他都对王彩燕说："我在家里看书，等你回来再睡。"王彩燕说："你就做作业，做完作业就唱歌。"小钟扬问："歌唱完了呢？""再唱个歌。"小钟扬就一直乖乖地唱歌。

钟扬从小就很爱劳动，对田野和乡村有天然的感情。1971 年年初，他第一次随父母回湖南祖籍地。钟扬跟着大人学翻地、择种、割草，因为个子太小，学也学不像；而在山上放牛、砍柴，他都干得有模有样，临走的时候恋恋不舍，还掰了一把稻草去喂牛。这个细节，钟美鸣至今仍然清晰地记得。

钟扬对湖南老家一直有着很深的感情，他 5 岁时，有一次，钟美鸣带着他，把刚刚从部队转业的姑父送到鄂州。在长江边，

1971 年 5 月 1 日，钟扬 7 岁照

钟扬非要跟姑父走,拼命地哭:"我要回湖南老家去呀,我要回湖南老家……"钟美鸣还记得,那次劝了钟扬好久,答应到街上给他买饼干。那个时候,黄冈连饼干都没有的,到鄂州才有饼干卖。后来,钟美鸣真的给钟扬买了半斤饼干,还买了一件带有飞机图案的短袖汗衫,那是小钟扬渴望已久的衣服。

钟扬跟着钟美鸣从湖南老家探亲回来,刚走出老家一公里左右,他突然不走了,对钟美鸣说:"我不回黄冈去了,就留在老家。"他边说边哭,要跟着哆哆(湖南、湖北方言,是对爷爷的称呼)回去。

1973年冬,钟扬的大姨父吕忠武(前排右)从湖南老家到黄冈中学探亲,与正在黄州八一小学读书的钟扬及其父母合影

读小学时的钟扬

1971 年，钟扬与爷爷钟先陆、妈妈王彩燕
在韶山毛泽东故居前留影

10 岁时作文就登上报纸

1975 年 9 月，钟扬升入黄冈中学读初中。这里是他父母任教的学校，家也在校园里，学习和生活方便了很多。曾经担任钟扬班主任的倪哲先老师回忆："钟扬从初中到高中都很优秀。1975 年的时候，社会上还是'读书无用'的风气。很多学生不把学习当回事，学习不努力，但是钟扬不同。那个时候，他很小，才十一二岁吧，读书却很认真，不管哪门功课，文科、理科，门门都很出色。那时，报纸上刊登过 1977 年和 1978 年中国科技大学少年班招生的新闻，我都念给学生听，对他们也是一种

很大的鼓舞。有一次，我布置了一个作文题——《我在2000年的时候》。我记得钟扬写的是：'到了2000年，我要成为一个优秀的科学家，为祖国的建设、祖国的强大贡献我的力量。'我看过之后很欣赏，表扬了他，还拿到班上去读了他的作文。"

钟扬的爸爸、妈妈都是老师，相比较其他同学，他的经济条件应该不算差。但是，那时整个社会的生活条件都不太好，生活都比较艰苦，钟扬的生活非常朴实。

王彩燕心疼地回忆："夏天很热。那个时候，学校里没有电风扇，更没有空调，也没有日光灯。钟扬晚上学习到很晚也不肯回来，喊都不回来。教室里蚊子蛮多，我又去喊他。他说，妈，你去睡，我马上就回来了。"

王彩燕还记得，有一次，黄冈地区教育局举行"文化大革命"结束以后的第一次数学比赛。钟扬说："妈，我今天中午要睡觉，我要争取考得好一点。你记得叫醒我。"说完，钟扬很快就睡着了。王彩燕坐在旁边等着，直到叫醒他。那次比赛，钟扬考得很好。黄冈地区的数学比赛，钟扬考过第一名，还考过一回第二名。除此之外，钟扬从小就写日记，作文也写得很好。1974年，他看了电影《闪闪的红星》，写的观后感登在《黄冈报》上。那是他的文章第一次见报，钟扬当时才10岁。

钟扬从小就爱讲故事。"文化大革命"时期，学生

读初中一年级时的钟扬

1978 年 6 月，钟扬获得湖北省黄冈中学初三数学竞赛第一名

们经常参加游行，一停下来休息，同学们都围着他，听他讲故事。钟扬的初中班主任是位外语老师，有一次带学生外出劳动——扯棉花秆，就是摘了棉花以后，还要把棉花秆扯下来。每人分了几行棉花秆，那些学生看班主任不在，就围着钟扬听故事，班主任发现以后批评了一通。等班主任一走开，又开始讲故事了，班主任很生气。晚上在农村老乡家里睡觉，灯一熄，钟扬就开始讲故事。劳动回来，班主任向王彩燕告状说，钟扬虽然表现很积极，就是总讲故事，影响其他同学劳动，这回就不评他当劳动模范了。

父母与故乡

钟扬的籍贯是湖南省新宁县，隶属邵阳市，位于湖南西南部，素有"五岭皆炎热，宜人独新宁"之誉，聚居着汉、瑶、苗、壮、侗、回等 14 个民族。境内有著名的风景名胜崀山。新宁在新石器时代即有人类繁衍生息。"新宁"一名从南宋绍兴年间沿用至今。因绍兴初年社会动荡,南宋设立新宁县,祈望"安宁"。

钟扬一直说他是湖南人,祖籍就是他父亲钟美鸣的出生地——湖南新宁县丰田乡故里坪村。钟美鸣在 1959 年毕业于华中师范学院(现华中师范大学)政治系,毕业后分配到湖北黄冈中学任教。到了 1962 年,经家人介绍,他结识了当时在陕西师范学院(现陕西师范大学)化学系读大学四年级的王彩燕——就是他后来的妻子、钟扬的妈妈。

说起来,钟美鸣和王彩燕是很近的老乡,两家相隔只有 3 公里,原来都属武冈县管辖。后来,钟家所在地划归新宁县;王彩燕家在蔡桥乡回龙村的塘底圫,改属邵阳县。两家的长辈很熟悉。钟美鸣与王彩燕认识以后互通书信,两人的恋爱就在鸿雁传情中开始了。因为恋爱关系,王彩燕于 1962 年大学毕业后就来到黄冈中学,任化学教师。1963 年 7 月,她和钟美鸣共结百年之好。翌年 5 月,钟扬诞生了。

钟扬的父母钟美鸣、王彩燕

特殊的高中年代

1978 年是中国高考史上绝无仅有的非凡之年,春、秋两季,有两届学生通过高考进入高等院校。这一年 9 月,钟扬从黄冈中学初中部毕业,升入该校高中部高一(2)班。这一年,他 14 岁。在初中最后一个学期,钟扬加入了中国共产主义青年团,并担任团支部宣传委员。此外,他还获得黄冈中学初三数学竞赛第一名。

1977 年,全国恢复高考。由于"文化大革命"的冲击,高考制度被废弃而中断 10 年之后,中国高等教育绝处逢生。此前 10 多年间经历过当考之年和怀有高考梦想的中青年人们,以癫狂一般的热情向这座"独木桥"涌去。在这样的考生背景下,应届中学毕业生对这个庞大的年长竞争对手群体完全始料不及。

1977 年 8 月 13 日至 9 月 25 日,教育部在北京召开全国高等院校招生工作会议,决定恢复全国高等院校招生考试,以统一考试、择优录取的方式选拔人才上大学,招生对象是:工人、农民、上山下乡及回乡知识青年、复员军人、干部和应届高中毕业生。会议还决定,录取学生时,将优先保证重点院校、医学院校、师范院校和农业院校;学生毕业后,由国家统一分配。这一消息于 1977 年 10 月 21 日由中国各大媒体公布——1977 年度的高考将于一个月后在全国范围内进行。

值得一提的是,这个重大决定的决策者是邓小平。中国再度迎来尊重知识、尊重人才的春天,其中一个非常重要的细节是:为了抢救性满足人才培养之需,国家决定,打破春季考试、秋季入学的惯例,在恢复高考的消息公布一个月后,也就是 1977 年 11 月即举行高考,学生于 1978 年春季入学;而且,紧接着在

1978 年春季举行下一次高考，学生于 1978 年秋季入学。因而，出现了史无前例的春、秋两届学生同年入学，4 年后同年毕业的奇特景观。这就是中国高考史上著名的"77/78"两届大学生。

1978 年早春，钟扬在黄冈中学初三临近毕业之际，经历了让他终生难忘的一幕，在他心中留下了太深的刻痕。他在 2016 年写过一篇回忆文章——《一个招办主任儿子的高考》，署名"索顿"，这是他的藏族名字"索朗顿珠"的缩写。30 多年的光阴就以这样的方式，掠过当年那个早慧少年的心。

我的大学梦源于 38 年前的早春二月。

1977 年恢复高考后的第一届大学生即将入学，我所在的中学在大操场上举行了隆重的欢送仪式。锣鼓声、鞭炮声、欢呼声震耳欲聋，4 名考上大学的同学胸佩大红花，精神抖擞地站在高台上，接受学校的表彰和师生的夸赞。他们还不到我校应届高中毕业生总数的 1%，却成了全校 2000 多名学生心目中真正的英雄。作为一名即将毕业的初中生，我仿佛看到了人生的希望和前进的榜样，那从未走进过的大学校园，对我而言似乎也不再遥远了。

当时，有一句话叫"路线对了头，一步一层楼"，用在我和我的小伙伴们的学习上还算贴切——寒、暑假再不东跑西窜了，而是自己找一个空无一人的教室，一边手抄"文化大革命"前的各种习题，一边查教科书上的答案，反复做练习。

不用父母催促，没有补习班，也没有补课教师，更没有花冤枉钱，一个假期下来，一门不及格的课程就"补"上了。自己偷偷一盘算，照这样再努力两年，上大学还是很有希望的。

"跃进班"

　　黄冈中学坐落于大别山南麓的黄州古城，简称"黄高"，前身是 1904 年创办的黄州府中学堂，从 20 世纪 80 年代开始以高考绩佳闻名遐迩，其中的重要原因是此地悠久的文化传统。黄州曾经孕育了中国佛教禅宗四祖道信、五祖弘忍、六祖慧能，宋代活字印刷术发明人毕昇，明代"医圣"李时珍，现代地质科学巨人李四光，爱国诗人、学者闻一多，中华人民共和国代主席董必武，国学大师黄侃，哲学家熊十力，文艺理论家胡风等一大批名人。东坡赤壁，又名黄州赤壁、"文赤壁"，是黄州长大的孩子从小就熟悉的地方；"黄高"老校区内，还有一座纪念苏轼的"临皋亭"。苏轼因北宋最大的文字狱被贬黄州，3 年后，他写下了著名的《黄州寒食帖》："自我来黄州，已过三寒食。年年欲惜春，春去不容惜。今年又苦雨，两月秋萧瑟。卧闻海棠花，泥污燕支雪。暗中偷负去，夜半真有力。何殊病少年，病起头已白。""春江欲入户，雨势来不已。小屋如渔舟，濛濛水云里。空庖煮寒菜，破灶烧湿苇。那知是寒食，但见乌衔纸。君门深九重，坟墓在万里。也拟哭途穷，死灰吹不起。"此帖是苏轼行书的代表作，被誉为"天下第三行书"。

　　1977 年，黄冈中学没有高中毕业生；1978 年应届毕业生的高考成绩又不尽如人意，只有 4 人考上大学。当然，刚刚恢复高校招生考试的前两届招生对象，面对"文化大革命"前后 10 多年间的初中和高中毕业生，年龄跨度之大、考生数量之多，是后来以应届高中毕业生为主的考生群体难以相比的。作为"文化大革命"前的湖北省重点中学，为了恢复往日辉煌，黄冈中学从高一年级的 10 个班中挑选了一批优秀学生，组成一个新的班，直

接冲刺 1979 年高考，这个班在当时被称为"跃进班"。钟扬在
30 多年后，回忆"跃进班"那段日子时写道：

> 新学期一到学校，我顿时傻了眼。班上涌进了一大
> 批家境贫寒、拼命读书的农村孩子。记得全班年龄最
> 小的那位同学，来校住读时连被褥都没有，是班主任老
> 师动员同学们四处找报纸和稻草铺在他的床上，才使他
> 艰难地度过了寒冬。但一考试，这个身材瘦小、木讷寡
> 言的同学立马就像变了一个人，成绩总是遥遥领先。就
> 是这批农村同学，把我一下子从班上第二名挤到十名
> 开外。

> 更令我喘不过气来的是，他们决定提前一年参加高
> 考。对当时急于"跳出农门"的一代人而言，高考确实
> 是改变命运的唯一出路。在他们的激励和"裹挟"下，
> 我不得不奋力追赶这支奔跑的队伍，期盼早日和他们一
> 起实现自己的大学梦。

南京理工大学副教授、诗人、小说家黄
梵（原名黄帆），当年和钟扬在"跃进班"
同桌。他回忆说："当时，钟扬是文科高才
生，我是所谓的理科高才生。后来，我们却
走向了相反的领域。他爱好文艺而从事自然
科学，我学的是理工科却最终转向了文学。"
相对于其他抓紧时间备考的同学，他们两人
在一起常常会聊未来。钟扬说，他将来要当
老师，而且未必从事理科工作；而黄梵则觉
得，自己应该是一个天文学家或者物理学
家。总之，他们已自认为是科学家了。

黄冈中学退休物理教师余楚东回忆，

中学时期的钟扬

"跃进班"的学生用高一的一学年时间，学完全部高中课程，还在高考前复习了一个多月。余楚东为钟扬讲了很多物理学的课外知识，拓展了他的知识面。讲到晶体三极管的放大电路，涉及电磁学方面的知识。余楚东比喻说，这个放大电路就像水闸一样，只要闸门稍微提高一点，就会引起很大的水流通过。三极管的放大原理也是这样，通过控制一个回路的小电流的变化，却能引起另一个主回路电流大幅度的变化。这就是所谓的放大原理。钟扬按照自己的理解说，就像四两拨千斤一样。

余楚东还记得一个细节：讲流体力学中的流线，关于飞机为什么会飞起来的问题，钟扬马上联想到足球场上的"香蕉球"，问是不是这个原理。余楚东回忆说，钟扬能用类比的方法谈他的理解，证明他确实弄懂了晶体三极管的放大原理。正是由于受到物理老师的影响，钟扬对物理学产生了浓厚兴趣；加上对无线电知识的初步了解和喜好，他后来选择了无线电电子学专业。

"黄高"寒窗

对于黄冈中学的很多学子来说，高中是他们生命中非常重要的一站。钟扬的校友、武汉大学教授蔡恒进回忆过很多往事，包括物理课经常拖堂，学生们喜欢敲饭盆，急着去吃饭，每月有 8 块钱补贴，比初中吃得好多了，还有学校提供的蚊帐等，许许多多温馨的细节。

钟扬的老同学、地处上海的解放军第 455 医院整形外科原主任陶宏炜还记得，在"黄高"的时候，很多同学生冻疮。后来才明白，是因为穿不暖，手上的末梢血液循环不畅。然而，同学们依然刻苦学习，晚上熄灯了就跑到外面，借着微亮的路灯继续看书；为了应对老师查铺，就蒙着被窝、打着手电筒看书。

陶宏炜还记得那时候专心学习的一个小细节：课间，他拿着自己的小饭盆去打饭，带回教室放到窗台上。有调皮的同学把他的搪瓷饭盆碰到地下，还当球踢。他却在专心看书，根本不知道发生了恶作剧。陶宏炜说："我和钟扬是同一年考上大学的，当时的高考录取率只有4%。而现在呢，高考落选率大概只有4%，所以，当时还是蛮难考的。"

钟扬的"黄高"校友黎洪年回忆，刚上高一，钟扬在班里的学习成绩就非常好。办了"跃进班"之后，整体实力更强了。而在高考冲刺阶段，钟扬的成绩有些下滑。其实，钟扬成绩滑落另有原因。高考那年1月，他的祖母陈金丝病逝。钟扬随父母回湖南老家奔丧，耽搁了半个多月，情绪也受到很大影响。回来以后，他日日夜夜赶功课。原来，他在班上都是前三名，回来以后只考了第九名。王彩燕向钟扬的班主任说，如果钟扬的成绩跟不上，就把他转到别的班，不要拖别人的后腿。钟扬的班主任用那个年代的经典"样板戏"台词作答："老九不能走。"钟扬后来回忆：

> 转眼就到了1979年高考报名的日子。与班上成绩拔尖同学（就是今天所谓的"学霸"）固有的差距，加上因祖母去世随父母去料理后事耽搁了一些课程，使我对自己信心不足。尽管如此，我还是想和同学们一起去博一搏，提前参加高考。

余楚东回忆，钟扬非常聪明，求知欲强，学习刻苦，走路的时候都在看书。他不仅是"学习狂"，还善于思考，每件事只要认定了，就一定要做到最好。那时，他的同学都很勤奋好学，但似乎钟扬追求的学问境界更高。钟扬的家在校内，和同学相比，他节省了很多上、下学的时间，放学后就围着老师转，各种问题问个不停。

王彩燕回忆，他们夫妇因为工作都很忙，经常顾不上孩子，钟扬自己带饭上学。有时候，菜里一点儿油都没有，放点儿盐，炒点儿饭就上学去了。他也从来不讲穿着，一直朴朴素素的。华中科技大学教授、博士生导师柳林回忆，那时，"黄高"的学生都很勤奋，都很拼命学习。当时，"黄高"到各县招生，平均一个县只招 10 来个学生，他就是来自黄梅县的 10 个学生之一。家里都很穷，肯定没有吃好，个子都挺矮。那个时候，非常非常艰辛，家里都没有什么钱。非常感激学校每个月给他们 8 块钱的助学金。那两年，主要是靠这 8 块钱来支撑的。每年过年，还要从 8 块钱里面挤一点钱买东西，糖果呀、饼干之类的，回去孝敬父母。

1982 年，在黄冈合影。前排左起：钟扬、大舅父王强华、表弟吕梦涛、爷爷钟先陆；后排左起：大舅母汤辉、母亲王彩燕、父亲钟美鸣。

柳林感慨地说，那时能考上"黄高"的学生都是当地出类拔萃的，智商都很高，记忆力非常好，都是班上的头一两名，或者一个地区的头一两名。所以说，总是感觉要争头一两名。这种进取精神支撑着他们这批孩子，一直那么勤奋、刻苦。那个动力就是梦想着能考上大学。

和父亲赌气

钟美鸣回忆，1979年临近高考时，教育部发了一个文件，规定当年不准在校生提前参加高考。政策突变，学生家长反应很大。湖北省招生办后来同意"黄高"的部分学生提前参加高考，但是50人太多，不能超过25个人。还有一个规定，如果提前参加高考，考不取就算高中毕业了，不能继续读高三。钟扬后来了解到这段往事的背景：

> 当年也出现过所谓"公平性"的问题。由于国家没有明文限制提前参加高考，后来居上的低年级同学似乎对应届毕业生和往届毕业生形成了威胁。我所在的中学就有大概80名非毕业班同学想报名参考，这引发了部分应届毕业班同学和家长的担忧，他们向省招办反映了此事。
>
> 省招办迅即责成我父亲去了解情况，并给考生和家长们一个满意的答复。父亲到我所在中学来宣布组织上的意见：凡提前高考的同学必须办理提前毕业手续。在校学生不能违背"机会均等"的原则，也就是说，在读生只能参加一次高考。

钟扬的高考之路非常曲折。王彩燕回忆，那时，钟美鸣因为已经调到黄冈地区教育局高招办，为了避嫌，不同意钟扬参加高考，还亲自在领取准考证的名单上把钟扬的名字划掉了。钟扬很想不通，无法理解钟美鸣的做法，就和钟美鸣赌气，还以缺课的方式抗争。这件往事给钟扬留下了刻骨铭心的记忆，他后来写道：

> 父亲找我谈话。从他严肃的表情，我就知道大事不妙。他告诉我，提前高考的情况，组织上已讨论过，形成了一个还算公平的解决方案。明天，他会到学校与师生见面。但无论如何，我必须放弃这次高考的机会。我问父亲：为什么？父亲说，他作为招办负责人来处理几万考生关心的问题，他的儿子就非避嫌不可。我无话可说，只是觉得委屈，一摔门就走了。

钟美鸣回忆："钟扬不服气地问：'为什么我不能考？'我说你不能考，你就不能考！爸爸是管招生的，如果你考了，人家说闲话怎么办？钟扬发现我态度坚决，就求情：'爸，我其实并不是想考，就想去试一下。只要有个机会能让我试一下，行不行？'我说，就是不让你考，没有什么道理可讲的！"钟扬一直想不通，拒绝和父母谈话，一个人生闷气。出乎意料的是，事情竟然出现了转机。钟扬回忆：

> 班主任老师来家访时对我说，我们都知道这件事对你是不公平的，但你父亲决心很大，大家对他的做法也很服气。你不要再惹他生气了，不能参加正规的高考，去考科大少年班怎么样？

钟美鸣嘴上硬，心里还是柔软的。他回忆："听到中国科学技术大学招收少年班的消息，我专门到省招生办咨询，可否让孩子考少年班试试。省招生办主任说，可以考呀。他们学校自己出题，自己阅卷，自己公布分数，包括面试，省招办都不管。你可以给孩子报名嘛！"

然而，早熟的钟扬很快对报考中科大少年班产生了疑虑：

> 我知道科大少年班是一个举国瞩目的英才计划，一年在全国就招收 20 多个人吧。头一年，我们地区成绩最好的一位同学都没考上，我能有什么希望？学校建议我去报考科大少年班，明显是为了宽慰我失落的心情而已。

钟美鸣回到家叫来钟扬，对他说："钟扬啊，可以让你去考科大少年班，试一下好不好？但是，你要单独到武汉去考，不能在黄冈考，要在那里考三天。"钟扬还记得当时钟美鸣和他谈话的情景：

> 不料，父亲竟然同意了。他说，这的确是一场成功机会不大的考试，对你也不太公平，因为科大单独考试、改卷和录取。如果考不上少年班，你就不能像正常高考一样，可以被其他大学录取，但你还不到 15 岁，今后的机会还很多。今年，你去试一下，锻炼自己。

王彩燕回忆，钟扬当时听了很高兴。他说，只要能考就行，不管到哪里。钟扬后来写道："接下来的日子异常煎熬，我只能鼓足勇气，迈向了通往科大少年班的'独木桥'。"时隔多年，钟扬后来终于理解了钟美鸣当时的处境和心境：

> 从 1974 年起，我的父亲开始担任黄冈地区教育局高等院校招生办公室副主任。在湖北这个中部省份的贫困地区，出身农家而又刻苦攻读的寒门子弟比比皆是。1977 年前，父亲负责的招生工作完全是推荐工农兵学员之类的政治任务。恢复高考后，高校招生成为全社会关注的敏感工作。父亲不仅经常通宵加班，而且每年高考录取期间，都要被借调到省招生办公室"全封闭工作"一两个月。

他说，明年起，我退出招生工作吧，直到你能考上，行吗？父亲的话打动了我。我知道，他的工作是十年浩劫后一个知识分子难得的机会。放弃招办的工作，对他不也是一种不公平吗？

考少年班

1979 年，中国科学技术大学到湖北招收少年班学生。王彩燕至今还清晰地记得，当年陪着钟扬去武汉考试的情景。他们母子住在湖北省招生办招待所。考场设在武汉 45 中，中科大派人带来考卷并监考。

考完以后，钟扬很灰心，觉得物理没考好，对口试也没信心，觉得自己没希望被录取。接到复试录取通知，钟扬感到小小的意外，那是一种从未有过的惊喜。复试是上午笔试；下午口试，就是面试，虽然只有两个考生，也是分别进行的。复试的老师对钟扬说："你妈妈是化学老师，你爸爸是政治老师，我不考这些。我就要复试你的物理。"

1979 年 9 月，钟扬顺利通过中国科学技术大学的两轮严格考试，成为该校少年班第三期学生。后来得知，当年湖北省大约有 60 名学生报考，钟扬初试总分第二、复试成绩第五。王彩燕回忆，考取少年班之后，钟扬照样天天晚上熬夜看书。他说，他的数学、物理差一些，要补补。钟扬后来回忆说：

在通过高淘汰率的初试、复试后，我考上了科大第三期少年班。也许是这场考试太过严酷吧，我差一点儿对自己失去了信心。我接到录取通知后，告诉母亲，先不要通知父亲。她知道，我的内心深处还是无法谅解父亲。

王彩燕告诉了钟扬收到少年班录取通知书的消息，钟美鸣非常高兴。同事们也纷纷表示祝贺，都想见见他家的"神童"。钟美鸣叮嘱钟扬，高考是"几家欢乐几家愁"的事，不要太得意忘形，刺激别人。湖北省招办副主任孙德华的儿子在 1979 年已是第二次参加高考，又是只差几分，落榜了。钟扬对这位孙伯伯记忆犹新，他后来回忆：

> 孙伯伯是一个温文尔雅的上海人，"文化大革命"前的研究生。大家都说他做事公正，没有架子。听说，他曾为我们地区一个身体条件略差（可能是眼睛色弱）的农村考生，与几所大学的招生人员都拍了桌子，最终使这个考生圆了大学梦。当年像这样有能力、敢担当的领导，确实都能声名远扬。
>
> 见到孙伯伯，他拍着我的肩膀说："小伙子，祝贺你。你给你父亲争了光，也给我们招办的子弟带了个好头。我们在做'为人作嫁'的工作，其实并不想耽误自己的孩子，但有时不好兼顾啊。你父亲跟我谈过你想提前高考的事，本来，我们是同意的，但他还是要避嫌，因为我们省的升学压力太大，你父亲所在地区的升学压力更大。他不得不这样做，你能理解他吗？"
>
> 37 年过去了，我的父亲早已退休，但 1979 年高考前后的点点滴滴，令我们父子俩至今仍难以忘怀。孙伯伯任省招生办公室主任和省教委主任 10 多年，他的儿子却一直未能上成大学。

最后，"跃进班"有 22 个学生参加了 1979 年的普通高考。钟扬不在这 22 人之列，因为他报考的是中国科学技术大学少年班，招生计划单列。也就是说，1979 年高考时，黄冈中学的 23 名考生全部考入重点大学，其中 13 人分别考取中国科学技术大

学、北京大学和清华大学，其余的也都考取名牌大学。1979年湖北省高考考生前七名中，除了第四名和第六名，其他的都来自"跃进班"。

钟扬在高考中如愿以偿，加上该校应届的八九十名毕业生，黄冈中学在1979年有100多名学生考上大学，引起极大轰动。中国高考史上的"黄冈神话"，就是从钟扬这一届开始的。15岁的钟扬被中科大少年班录取，喜讯迅速传遍他的家乡。这个天赋禀异的少年仿佛看到，长江上渐渐远去的帆影飘荡着他的梦想。

1979年，湖北省黄冈中学高一（2）班全体师生合影，最后一排左一为钟扬

钟扬母校黄冈中学老师和校友的回忆

第二章

青春绽放

少年班与中科大

中国科学技术大学少年班创办于1978年，曾经轰动一时，是当年影响深远的现象级社会事件。在1978年，"文化大革命"已经结束，改革开放的大幕徐徐拉开。整个国家正处于百废待兴、百业待举的状态。

当时，江西冶金学院老师倪霖向分管中国科学院工作的方毅副总理写了一封推荐信，推荐智力超常的13岁少年宁铂。信中说，宁铂这个孩子数、理、化很好，天文、地理皆通，还懂中医，围棋也下得好，学棋一年就获得赣州市围棋比赛亚军。方毅对这封推荐信作了批示，希望中国科学技术大学对宁铂进行考

1958年6月18日 星期三　　　人民日报

中国科学院筹建科学技术大学

培养又红又专的新型科学干部

以郭沫若等为首的大学筹委会已经成立

1958年，《人民日报》报道中国科学技术大学筹建情况。

察，如果情况属实，可以让他提前进入大学学习。

于是，中国科学技术大学派出罗晓沛、杜锡禄两位老师，到江西去寻找这位传说中的智力超常少年。两位老师见到宁铂，先谈《红楼梦》，再和他谈中医，接着又下围棋，最后才考他文化课。结果，宁铂的成绩非常优秀，被两位老师当场录取。

13岁的宁铂上大学的消息轰动全国城乡，几千封推荐信纷纷涌向中国科学技术大学和中国科学院。中国科学技术大学派出东、南、西、北4个考察小组，在各地教育部门的配合下，去寻找更多智力超常的孩子。

1978年3月8日，中国科学技术大学第一期少年班举行开学典礼。这一期共招收了21名年龄从11岁到15岁不等的智力超常

1981年，正在中国科学技术大学少年班学习的钟扬

少年，成为中国高等教育史上一个重要事件。

朱源是钟扬所在的 1979 级（第三期）少年班班主任，也是首次带少年班。他回忆说："79 级少年班有 29 位学生，其中有 3 位女同学。来自湖北的学生有 6 位，钟扬就是其中之一。"

首开招收少年大学生先河的中国科学技术大学（University of Science and Technology of China），1958 年 9 月创建于北京，隶属中国科学院，首任校长由时任中国科学院院长的郭沫若先生兼任。中国科学技术大学的创办，被称为"中国教育史和科学史上的一项重大事件"。

在新中国成立之初的 20 世纪 50 年代，中国的科技力量和综合国力十分薄弱，难以适应国家发展和国际竞争的需要。作为全国学术、科研中心的中国科学院，尽管拥有从海外归来的众多高级科学人才，但是后继乏人，尤其紧缺新兴技术学科方面的尖端人才，例如研发"两弹一星"等国家科技战略项目的人才。

在这样的历史背景下，只有中国科学院才具备创办培养新兴、边缘、交叉学科尖端技术科技人才的新型高等学校的条件，于是，中国科学技术大学应运而生。它秉承"全院办校，所系结合"的办学方针，汇集了严济慈、华罗庚、钱学森、赵忠尧、郭永怀、赵九章、贝时璋等一批著名科学家，建校第二年即被列为全国重点大学。因此，中国科学技术大学从血脉和基因里就是一所注重理工科的专业性院校。

1966 年 5 月，"文化大革命"爆发。中科大停止招生，教学、科研工作被迫停顿。1969 年 7 月 9 日，中科大教育革命调查组草拟了《关于走共大道路，重建无产阶级新科大的初步意见》。主要精神是：以江西共产主义劳动大学为榜样，向清华、北大学习，到江西创办教育革命基地。1969 年 10 月 26 日，中共中央下发《关于高等院校下放问题的通知》，指令中科大战备疏散到

安徽省。

中科大自 1969 年 12 月开始迁入安徽，至 1970 年 10 月基本完成搬迁。

中科大迁入合肥时，仪器设备损失 2/3，教师流失 1/2 以上。教学、生活用房严重不足，校舍面积不到 6 万平方米。1972 年，全校具有讲师以上职称的教师不足百人。

挑着扁担上大学

钟扬从黄冈到合肥上大学，尽管湖北和安徽两个省相邻，交通却不像如今这么方便。需要到黄石去坐船，到九江过江，再坐汽车、火车到合肥。钟美鸣带着钟扬，在路上走了三天三夜才到合肥。钟扬那一届学生大多来自比较大的城市。钟美鸣送钟扬到中科大报到时，挑着扁担，扛着麻包，那个情景令钟扬的很多老同学至今仍印象深刻。怪不得同学们偷偷给钟扬取了个绰号，叫"老农"。

王彩燕请了一个裁缝，给钟扬做了一件棉袄，而单衣都是用旧衣服拼接的，裤脚也是接的。因为钟扬要上大学了，总得体面一点，就把钟美鸣一件像样的衣服剪短、改小给钟扬穿。王彩燕还记得，当时，她买了染料，把白布染了，给他做的被子，钟扬也不嫌丑。钟美鸣给钟扬的生活费是每月 15 块钱，外

1979 年，钟扬（右）与同学曹辉宁在中国科学技术大学校门前合影

加 5 块零用钱。少年班 5 年间，钟扬的生活费就是每月 20 块钱。当时，王彩燕的娘家生活很困难，她的工资基本都寄回老家。钟美鸣每月的工资只有 55 元，给了钟扬 20 元，剩下 35 元，除了他们夫妇的生活开销，湖南老家还有年迈的父母要赡养。

尽管钟扬上了大学，钟美鸣对他的教育依然非常严格，规定他除了寒、暑假，平时是不能回家的。有一次，他发现钟扬中途跑回家来，狠狠地发了一顿脾气。钟扬很委屈地说："学校里学习太紧张了，趁着假期，回家看看。"钟美鸣严厉地批评了他，命令他第二天早上必须回学校。钟扬尽管很不情愿，也乖乖地服从了父亲。

中山大学教授冯珑珑是钟扬"79 少"的同宿舍同学。他回忆，他们进校以后，先住了一年多的学生宿舍，又换到别的地方。当时，学生宿舍很紧张，少年班的学生都住在一个叫四牌楼的地方，恰好又少一个房间，多出来 6 个人，就分到另外一个家属楼去住。那是一个"筒子楼"，就是一条大走廊，走廊里就是公用厨房，水房和卫生间也是公用的。关于少年班最初的生活，钟扬在 1979 年 9 月 25 日写给高中同学黄梵的信中，有比较详细的描述：

> 你的来信收到了，这是我进科大以来的第一封来信。它充满了真实的情感，使我想起了我们同窗共桌的往事。我是 9 月 12 日到科大的，科大目前学生 3000 人左右，只有你们的一半，而校舍也没你们的好。校园不大，目前尚在基建，一切都在恢复之中。
>
> 科大原在北京（现在仍有一半），经过"四人帮"的迫害，已经大伤元气了。但党中央、华（国锋）主席十分重视，恢复还较快。至于我们少年班，在吃饭等方面是优待的，吃饭和教授、讲师在同一个食堂，伙食可

以。睡觉四人一个房间，十人一套房间，有厕所、洗脸间等等。此外，我们的被单等，学校派人定期洗，真使我们感到格外温暖。

在文化生活方面还可以，一张借书证可同时借五本书，其中一本文学之类的书等等。电影一个月至少四次，只交一毛五分钱。但合肥的供应不怎么好，什么都要票，不如武汉。而学校也是新的，所以仍面临着不少的困难。我们一定能发扬科大艰苦朴素的作风，克服困难……

我们少年班学制五年，今年和他们别的同学一样，全上基础课，学大学课程。外语方面，特地为我们聘请了一名美国教师——Ms. Seeberg，这是优待。和外国人上课，简直紧张极了。我要向你学习，努力学习外语。此外，数学、化学都挺难的，

中国科学技术大学少年班第三期的三位女同学钱慧（右）、华华（中）和程新，在宿舍里一起复习功课

中国科学技术大学少年班的沈宇（左）与汤双，一起用他俩共同摸索出来的方法演算线性代数。沈宇是唯一提前进入大学三年级的少年班学生。

但只要下苦功，就没有攻不破的难关。

学校情况基本如此，我们再谈些琐碎的事吧。

南京离合肥并不远，坐船到芜湖再搭火车，大概不要五元钱。再不可搭火车，直到。全票 6.80 元，半票 3.80 元（若有可能的话，我们可约好时间，我邀请你来科大。反正你回家要经过芜湖，我来也是坐到南京的船）……

你的字也写得很认真，我一眼就看出来了是你的来信，让你的风格继续发扬吧。寒假回去吗？但愿我们相会于黄州。

母校的老师，我都一一去信，介绍了学校的情况，表示对他们的眷念。

好了，就写到这里吧，你的信激发了我的激情，让我们的心连在一起吧！盼望着你的回音。

紧握你的手！

意气风发的校园

少年班的学生在前 3 年不分专业，集中学习理工科基础课。香港大学医学院教授郝权是钟扬的同班同学。他回忆，当时的主要课程有数学分析、数学物理方法、概率统计、普通物理、电磁学、经典力学、量子力学、电动力学、统计力学、普通化学，以及政治和英语。

美国莫仕公司（Molex）产品线总

1982 年 7 月，钟扬（右）与郝权（左）、冯珑珑在黄山

监周风晴,回忆少年班时代的生活时说:"合肥书店卖的书很单一,诗词歌赋、琴棋书画以及文艺、社科类的书都没有,《十万个为什么》和数理化复习丛书也是稀缺货。《英语900句》首发时,新华书店里排队,人山人海。有一次,一位同学参加数学竞赛,奖励了一本《新英汉词典》,大家羡慕得不得了。那时,同学们都很纯真,没有经商发财、光宗耀祖的概念。到大学以后,发现图书馆里的书很多,甚至有社会上还没有开放的。例如弗洛伊德的书,当时很稀奇,就拼命看,都影响了正常的学习。我见过的第一台个人电脑,还是在1984年,丁肇中捐赠给我们系的一台8086 IBM PC。系里把它当成宝贝,专门辟了一间空调房由专人管理,只有FORTRAN和BASIC程序可用。"

武汉大学教授蔡恒进是钟扬在黄冈中学的同学,他们同年考入中科大。蔡恒进回忆说:"虽然钟扬在少年班,但我们还是有很多交集。当时,我们的数学课和物理课都是在一起上。有些课程,我们这边没有开,就跑到少年班听。我记得一起上电磁学课的时候,钟扬还向我借过笔记。那时候,我们都很羡慕少年班的同学,因为他们有专门的老师,还带他们晨练。我在普通班,又是班里年龄最小的,就没有锻炼机会。"

日本广播协会(NHK)于1979年6月采访中国科学技术大学少年班,并摄制电视片。图为日本朋友与少年班学生亲切交谈,右边站立者是谢彦波。

中国科学技术大学少年班第三期（1979级）师生合影。前排左起：华华、钱慧、程新、张毅、李文渊、阚啸波、方子玮、伍晓东、杨维明、曹辉宁；中排左起：王冀洪、钟扬、冯珑珑、朱源老师、季力、王小理、周一雄、祝泉；后排左起：黄茂芳、郝权、洪涛、张凯、张家杰、许凯平、高飞、李喆、李纯、鲁勇、邓悠平、蔡飞峰。

　　蔡恒进认为，相比之下，少年班的学生也有压力。少年得志，实际上是一件很难把控住的事情。名声在外，必须不断做出更优秀的事情，有更多的荣誉，才能平衡外界的目光。这个阶梯太难爬了。

　　钟扬在上大学后第一个学期给老同学黄梵的信中，写到他的学习情况和心态：

　　　　最近，我们班上解析几何（马上接着就是多元微积分）。因为我们班同学都是靠自学起家的，所以，老

张好的成绩，特别是发音要注意一下。力争按准化。如有可能可听听日语广播，要克服语言到后选择。英语虽然旧书，你若认为好，可以买了。当然要克服盲目性。

章惟群、欧阳旭是出国去西德的。他们已在同济大学学习，可能明年出国。取大纪进也去那里。惟群未攻凭他们生医学习条件都很好。（刘少奇同志的女儿也是跟他们一批的）。他们真是幸福。

好了，就

苏雷帆同学那里你已去收。我放心，只是心地朴学心是物理到很你要写清楚。他是学文科的，不要弄错了。当然你是细心人。我想问题不大。

现在我们心学习条件好了，每个班安一个电视机。可能我们班要安。科电视台每天都有节目。最近心《Mary in Reking》书。以后条件会慢慢好。

好了，我写封这里。仅要起黄发给你。以免你误会。

我是第一次听说你大个乳名叫是曲，象个女性心名字。大概你们家很早就把你当女孩子要养吧。我小时候也有人把我当女孩子叫。

祝
身体健康，
学习世务！

扬子
1980年3月26日写于科大

师就让我们采取互教互学的形式，每一段要一个同学讲（这有点类似研究生所采取的"讨论班"的方式），我想这会加深我们对知识的理解。当然，功课不会太紧，老师管得松，只是作业太多，课外要多花一些时间。

的确，到了大学要靠自觉。我现在对学习的认识提高了，要干一番事，非下苦功不可，正是"不经一番寒窗苦，哪得腊梅放清香"，我们不都是几年寒窗苦读才有今天的吗？但是，比起别的好同学来说，我们还相差很远。就说科大吧，七八级有个学生，去年就跳几级考上了研究生，像这样的还有好几个，他们都是在中学期间就自学完了大学课程。

七七级有的同学不光要考研究生，而且还要考出国研究生，雄心壮志。就说我上次讲的那个同学，给我们介绍过经验，他也是跳级的（办少年班也有这个意思，希望我们班同学能以优异的成绩提前结业）。科大实行学分制，完全允许成绩优异的同学提前学完大学课程。七九级也有一个同学，就去听研究生的课了，等于节省了大学五年时间，我们简直没法比。

关于外语学习，你的经验丰富，相信你能取得很好的成绩，特别是发音要注意一下，力争标准化，如有可能可听听日语广播，要克服语言留后遗症。英语原版书，你若认为好，可以看看，当然要克服盲目性……

现在我们的学习条件好了，大概每个班安一个电视机，可能我们班要安。科大电视台每天都播节目，最近有 *Mary in Peking* 等，以后条件会慢慢好的。

朱源回忆，少年班学生表现出来的求知欲很强，领悟和接受能力也很强。一些新开的课程，很多学生不用老师教，自学就能

通过考核。有的学生平时跑到图书馆看自己喜欢的书，课程都落下很多，临考两个星期加班加点复习，考试成绩也是 90 多分。

大学一年级第二个学期，钟扬担任了制图课代表，同时还在自学日语。他在少年班期间的学习状态，可以从他于 1980 年写给老同学黄梵的信中获得第一手资料：

钟扬班主任朱源的回忆

> 这次主要想与你谈谈外语学习的问题。这一段时间，我抓得很紧，主要功夫下在数学、物理上。今年假期很长，因此，根据别人的经验，正是很好地学习外语的天赐良机，若一整个假期玩过去了，那就太可惜。但是，怎样才能有效地利用假期时间提高外语水平呢？我有个初步打算，因为需要你的帮助，因此，请你考虑。
>
> 如果说搞英语的话，我想最好是《基础英语》（四本），其中，我已学一本多，不知你的进度如何，因为

《人民画报》1980 年第 4 期刊登的照片：中国科学技术大学少年班第三期学生在上物理课

目前有个好条件，就是能够搞到第二、第三、第四册的全部录音磁带。至于第二册，正在学习中，在录音磁带的配合下，效率很高，且能提高读的能力。但是不知是否能弄回家去，这就要看机会了。

如果把后两册弄回去，我想对我们俩都是有好处的（自然，回家借个录音机，不费吹灰之力）。退一步讲，后两册不能搞回去，我想学习日语也可以。假期很长，机会难得，如果学日语，最好是听广播讲座，因为最难解决的是"说"的问题。我听了一下安徽人民广播电台，每天下午一点有讲座，但不知是否太深了（最好选择一个刚开始或开始不久的电台），你若有兴趣听一次试试，看如何。关于这后一计划，主要靠你的帮助，我在这方面没有经验。万事开头难，若有了一点基础，以后就好办多了，我是有决心学好的。

关于学外语的问题，请你考虑。离放假还有一个多月，我们事先可做些努力。至于学什么、怎样好好学，请你结合自己的情况来看，特别是学日语的问题，尽量谈详细一些……

偏爱文艺的少年

中科大少年班的学生都是同样的作息时间：上课、自习、午睡和下午的体育活动，然而，每个人的时间安排并不一样。钟扬当年的老师和同学们回忆，他去图书馆的时间非常多，不仅读数、理、化方面的书籍，也阅读了很多文学和哲学书籍。总之，他涉猎的作品非常广博，甚至连哲学或者中文专业的学生也未必

能做到。

在致同样酷爱文学的同学黄梵的信中，钟扬谈到他不喜欢歌德"教训人"，在德语作家中，更偏爱茨威格细致入微的心理描写，也喜欢赫尔曼·黑塞的小说《在轮下》。赫尔曼·黑塞至今仍然是中国读者比较陌生的一位作家，即便他是诺贝尔文学奖获得者。他的早期小说《在轮下》带有浓厚的自传色彩。

这部小说的主人公汉斯是一个神童，以"邦试"第二名的成绩考入神学院。起初的汉斯，在虚荣心的驱使下，将追求功名视为唯一理想，默默忍受着神学院的枯燥和令人窒息的宗教氛围。他的同学海尔涅却厌恶这样的生活，酷爱写诗，遐想"天上的浮云、海上的船只"。受到同学海尔涅影响，汉斯对压抑的生活由苦闷产生厌倦。校长则警告他们，放松学习会掉到车轮下面。当汉斯结束了年轻的生命时，小说结尾处描写了一片美好的自然景色："小城上空是一片欢快的蓝天，山谷里河水在闪耀，长着枞树的群山柔和苍翠，一望无际……"

同样在致黄梵的信中，钟扬还谈到他喜欢杰克·伦敦的自传体小说《马丁·伊登》。马丁·伊登是一个青年水手，由于不愿意流俗于"有为青年"的社会标准，受到平庸社会环境的鄙夷。他坚持写作，但屡屡碰壁。马丁·伊登成名之后，过去鄙夷他的人又纷纷回头追捧他，让他看清了世态炎凉，对爱情的美妙幻想也彻底破灭，最终投身大海，了此一生。

在刚刚改革开放的年代，各种哲学思潮影响了那代躁动的青年学子。钟扬和友人讨论的这两部文学作品，尽管结局灰暗，但与他们刚刚开始独立思考的年轻心灵有所契合，不能不说影响了他们成长中的心理轨迹。

在宿舍里，同学们每天晚上都能听到钟扬分享一些文科方面的信息。那时候，钟扬花费大量时间读文科书，尤其喜爱小说和诗歌，包括那个年代在大学生中影响很大的一些文学杂志。和那个时代的大学生一样，他也会从可怜的零用钱里挤出一点买书。此外，他集邮、打桥牌，画的漫画还在中科大展出过。钟扬在1980年11月给老同学的信中提到班级的"围棋热"，求同学帮他在南京买《学围棋》一书。

许多大学同窗都回忆起当时的钟扬大量阅览文科书籍，然而，对于钟扬具体涉猎的内容并不清楚。钟扬在给同学的信中谈到过：

> 我最感兴趣的是人才学与科学学了。由于我们的一些特殊条件，我见到并聆听了雷祯孝同志关于人才学方面的很多问题的讲座，在与冯之浚、夏禹龙等同志的座谈中，学到了很多科学学方面的知识，也使我自己在很多方面产生了独立思考的萌芽。

> 为什么这样说呢？比方人才学问题，可以说现在是比较热门的（从你的来信中，我看到了诸如"知识结构"之类的人才学词汇。推想你大概学过，并且接受了这些人才学的思想吧，也许我过于敏感了）。但我也从雷祯孝同志的文章中发现了一些漏洞，和一些错误思想，很有必要加以澄清。可惜资料短缺，搞科学是要靠事实说话的，而不能凭主观想象，暂时就不管它。

钟扬尽管读的是理工科，但他内心里还是向往文科。他的高中同学黄梵回忆说："我们两个都不太喜欢自己的专业，进了大学就开始通信，通了两年，因为真的有点苦闷。两人都觉得自己很有哲学头脑，每星期都写一两封信，有时一封信写到十几页纸。很多信，我现在还保留着。"

钟扬刚到中科大少年班的时候，与黄梵保持着密集的通信往来，处处流露着对大学生活的新鲜感，也饱含同窗之谊。他在1980年4月12日的信中写道：

黄梵回忆钟扬

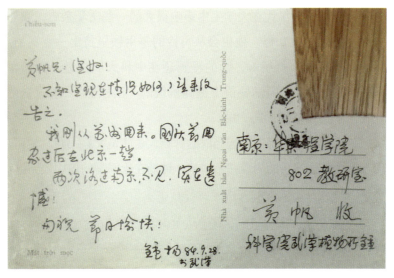

1984 年 9 月 28 日，钟扬寄给黄梵的明信片

你最近一段时间学习兴趣挺大的，这很好。一个人感到什么都没兴趣的话，那么就是他最倒霉的时候。我希望你加强身体锻炼。我已经配了眼镜了。你要特别注意，就是得了小病，要马上诊，不要挈。其实，得了大病也要认真对待，不要发展成慢性病。

关于学习的广泛性，我是逐渐往社会科学上扩，而你主要是物理、数学。我认为自然辩证法等，同样是趣味无穷的，你不妨试试。小说是要看的，但不要看得太多，以免分散精力……关于"布尔代数"，我们已学，我想找一个有趣的例子给你。另外抄录一份国际数学竞赛题给你，如有可能，你做做看，我有答案；如果没有兴趣，也可以不做，以免分散精力。

郝权回忆说："钟扬是一个非常活泼的人，人际关系处理得很好。在少年班中，大家的智商都不低，但是钟扬的情商很高。他每天都读一些文科书，主要是文学杂志。晚上在寝室聊天，钟

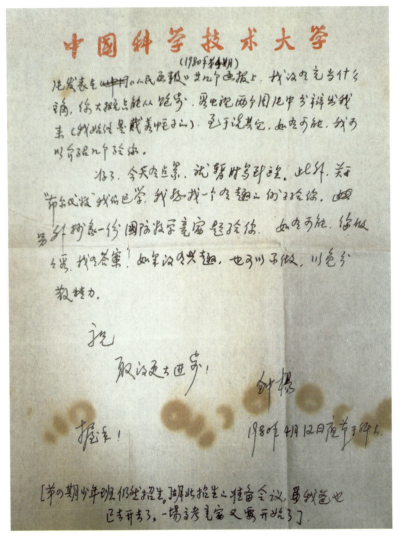

1980 年 4 月 12 日，钟扬写给黄梵的信

扬就是'卧谈会'的主角。熄灯上床以后，几乎每天，钟扬都会介绍一点他读的文科书，讲许多有意思的故事，别人很少插嘴。那时候，大家的年龄都很小，觉得生活非常枯燥，而钟扬让大家都觉得很开心。其实那时，钟扬也才 15 岁。他像一团火一样，

走到哪儿，都能把大家的激情给带起来。"

从大二开始，钟扬经常在校报发表诗歌，每篇的稿费 2 元至 4 元不等。这笔额外收入还是很令人羡慕的，因为稿酬的意义毕竟不同。美国超威半导体公司（AMD）的李喆博士，是钟扬的少年班同学。他还记得一个细节：中科大让每个系的学生会设计一枚系徽。少年班作为一个系级单位，最后采用了钟扬设计的系徽，图案是一个婴儿推地球。那时的钟扬博览群书，尤其偏爱社会科学，和他的"理工男"身份不太相称，由此也滋生了一些烦恼。他曾经在信中对老同学说：

郝权回忆钟扬

> 我现在有很多学习方面的问题，苦于难觅知音，学习还没形成浓厚的讨论、思考气氛。如果你认为这个问题有必要考虑的话，请回音。我们是开诚布公的，为的是我们的共同目标。至于课题，可以是物理（甚至分得

中国科学技术大学少年班第三期（1979 级）师生合影，第二排左一为钟扬，第三排右一为班主任朱源

更细）、外语、数学，乃至社会科学中的人才学、科学学、文学……

学生时代正处于烦恼的年龄，尤其是钟扬这样的少年大学生。他曾经在致友人的信中提到，放假后不打算回家，但是家里依然要求他回去。他因为此事心情不好，但表示会控制自己的情绪，迎接期末考试。面对成长中不可避免的种种烦恼，钟扬写道：

> 新年已到了，随着年龄的增长，我们在各方面的知识都要增长、深化，特别是社会经验和政治头脑。我认为这句话是有益的："静坐常思己过，闲谈莫论人非。"这也就是不断反省自己，严以律己，宽以待人。

16 岁写美学论文

冯珑珑和钟扬在少年班睡过上下铺，在兴趣上也有很多相同点。冯珑珑回忆说，有一段时间，他和钟扬一起写一篇论文，是关于科学中的美学问题。那时，晚上比较冷，他们就穿着军大衣一起出去写作。

当年，同学们都觉得课业很紧，但他们两人还是抽时间写完了那篇论文，大概

钟扬（左）和冯珑珑

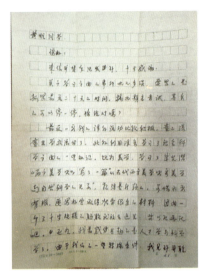

1981 年 1 月 1 日，钟扬写给黄梵的信

冯珑珑回忆钟扬

有三万字。可惜的是，论文手稿只有一份，现在已经找不到了。回忆当年写那篇论文的情景，冯珑珑说："现在想起来也觉得奇妙。这篇文章很有意思，从古希腊到工业革命，一直到近代物理学，探讨人的审美意识，讨论审美意识对于科学的作用。对这个题目，当时很多人都觉得出乎意料。"

钟扬曾经在 1981 年元旦之夜给黄梵的信中，谈到刚刚开始撰写那篇美学论文的事。他写道：

利用课余学习了社会科学方面的一些知识，比如美学。学习了朱光潜的《西方美学史》，写了一篇《从古代西方美学史看美学与自然科学的关系》，想法是新颖的，可惜水平有限，要写好它还得准备很多的材料。因此，一个三千字规模的胚胎就放在这里，等以后再说吧。

当时，中科大少年班的学习环境非常自由，很多课程可以选

1982 年，钟扬（戴帽子者）和冯珑珑在黄山

修、提前修完或免修。冯珑珑提前两年考取了研究生。临别前那个暑假，他和钟扬一起去了黄山，从天都峰、迎客松到北海景区。那天下雨，到北海景区以后，已经大雨倾盆。他们在宾馆休息了一个下午，傍晚去看飞来石，上去的时候还能看见一些路灯，下来时已经伸手不见五指。

1980 年左右，钟扬（右一）与同学曹辉宁（左一）、冯珑珑（左二）、阙啸波在中国科学技术大学

他们没带任何照明工具，无法判断宾馆的方向，甚至不知道路边的沟壑有多深。这时，冯珑珑一脚踩空，本能地去抓钟扬。结果，两个人一起摔了下去。幸好，那个地方只有两三米高，二人都无大碍，但钟扬身上多处擦破了皮，还流了不少血。钟扬毫无怨言，对冯珑珑说："你那一声惨叫在山谷里回荡，真掉下去，要出人命的啊！"

黄梵回忆，钟扬出众的口才是刻苦训练出来的。钟扬很早就经常对着镜子练说话，目的是为将来当教师做准备，并用心揣摩神态、语气和表达风格。有一次，钟扬到南京时对黄梵提起过，每次演讲前，他都会对着镜子演练 9 遍。钟美鸣当年分配到黄冈中学当教师，因为带有浓重的湖南口音，学生听不懂。这件事对钟扬影响很大。后来，他痛下决心练好普通话。他曾在致友人的信中写道：

你还在讲黄冈话吧。科大从小孩到大人全一律讲普通话。黄冈话别人听不懂，我已经改了，普通话一般还

1981 年左右，钟扬（中）和黄梵（右）、黄濛在南京

可以，这也是环境的影响。

钟扬从小就形成了不服输、争第一的性格，憋着一股劲儿，可以为实现一个目标付出超出常人百倍的努力。当年，在黄梵的大学宿舍里，钟扬"舌战群雄"，和 15 个人辩论："有本事，你们排队来辩！"经过 3 个小时车轮战，那 15 个同学一一败下阵来。

那时候，中科大少年班有一个足球队。少年班的学生年纪小，在体育比赛中很难和普通班的学生竞争，但他们很要强。除了足球队相当不错，排球队也很出色，钟扬就是排球队主力之一。有一次，少年班在全校排球比赛中取得小组赛第三名。同学们非常开心，放鞭炮庆祝了一番。除了排球，钟扬还苦练了一段时间投掷项目。他曾经在给老同学的信中提到：

> 体育最近搞得很多。今天下午开运动会，我在班上报了两项，全部拿了冠军。不知怎么搞的，我也没想到自己的身体素质提高得这么快。我的铅球（5 公斤）投了 10.20 米，手榴弹投了 30 多米。我还要积极锻炼，一定要争取在学校运动会上弄个名次。

在那个年代，男生普遍喜欢体育运动，至少会有一两个喜欢的体育项目。钟扬所在的中科大第三期少年班，甚至把电影《女跳水队员》的插曲《青少年运动员之歌》作为班歌。这首歌由乔羽作词、全如玢作曲，曾经在青少年中有很大影响。《女跳水队员》这部以青春励志为主题的影片，由长春电影制片厂拍摄于1964 年，也就是钟扬出生的那一年。此片在"文化大革命"中遭到封杀，"文化大革命"结束后重映，依然受到很大欢迎，包括其中著名的细节——"跳冰棍"。《青少年运动员之歌》的歌词是：

风里锻炼/雨里考验/我们是一群展翅高飞的海燕/在波浪里出没/在碧空里盘旋/练就了一身胆/练就了一身胆/样样本领过得硬/要求从严不从宽/千难/万难/千难万难都不怕/千难万难都不怕/下苦功/在少年/下苦功/在少年

意志坚强/身手矫健/我们是五星红旗下长成的青少年/有革命志气/为祖国贡献/能攻下万重关/能攻下万重关/哪项纪录不可破/哪座山峰不可攀/千山/万岭/千山万岭挡不住/千山万岭挡不住/迈大步/奔向前/迈开大步奔向前

"7961" 班

多年之后，钟扬在谈到中科大少年班时说："那是一个让你永远觉得自己不够聪明的地方。"经过 3 年基础课学习，大四和大五这两年，中科大少年班的学生可以根据自己的兴趣和特长，在全校范围内自由选择专业。因此，1982 年秋天，18 岁的钟扬进入无线电电子学系的信息处理专业。这个系又称六系，钟扬所在的班被称为"7961"。一年以后，他担任了班级的团支部副书记，还是班级的排球队队长。

"796"由 3 个小班组成，开始属于电子系，后来分成电子系、自动化系和计算机系。入校时不分专业，学生们都在一起活动，

1982 年 7 月的同学合影。前排左起：王小理、李喆；后排左起：程新、钟扬、李文渊。照片题字为"到六系去"。

因此，"796"成了这些后来分到不同专业的同学共同的标志。与名声在外的少年班相比，"796"同样人才济济，汇聚了 1979 年高考时 6 省的"理科状元"。

钟扬的黄冈中学校友高扬，在中科大举行欢迎新生聚餐时认识了钟扬。他还记得，一起出去野餐的时候，钟扬为大家做烧烤。高扬在中科大读的是力学系流体力学专业。他回忆说，高中的时候，普遍对于大学里的专业没有什么概念。他在大学读了一两年之后，才发现对于这个专业实在提不起兴趣，非常苦闷。

他就去找钟扬，说自己对计算机比较感兴趣，想转到六系。在高扬眼里，钟扬所在的六系很令人向往。钟扬却说，他对自己的专业也不怎么感兴趣。但是，他还是同高扬分享了一些个人看法。钟扬认为，力学是很成熟的专业。很多理论经验的积累，差不多需要百年的时间。他建议高扬毕业以后，去研究新兴科学。

用钟扬的话说：学最经典的东西，做最前沿的事情。

受钟扬的影响，高扬果然到美国学习计算机。他由于数学和物理基础好，学计算机觉得很轻松。每当回想起钟扬高中和大学时的样子，高扬不胜唏嘘："钟扬年轻的时候很瘦，说话也非常有文采。他如果要说服你，说服力和感染力都很强，也很有热情。"

大五第二学期，钟扬在中科大实习装收音机、电视机。他对所学专业的未来感到迷茫，在1984年4月21日给友人的信中写道：

> 目前完全是全身心赴到毕业实践中，离放假还只有两个多月了，想到这些，心中不免隐隐惆怅。也许是这五年得到的和失去的都太多太多，因而对于这所学校，我的感情是复杂而强烈的。失去的一切，我将在不久的将来努力地追回。

临近毕业时，钟扬在中科大校报连载数篇文章，拿到10元稿费，这在那个年代是一个月的伙食费。钟扬笑称："比照当年校内食堂菜梗炒肉片的价格，还算一笔不错的进项，至少几位好兄弟都曾分过一杯羹。"硅谷数据分析与视觉化专家牟志坚博士，是钟扬在"7961"班的同学。大学毕业那年，他和钟扬一起报考华中工学院（现华中科技大学）无线电专业葛果行教授的研究生。结果，钟扬落榜了。用牟志坚的话说，那个专业不是钟扬的"菜"。中科大向来以扎实

钟扬（后排右一戴帽子者）在"796"班

的理工科基础著称，而钟扬恰恰有一颗不羁的文艺心。

其实，钟扬跨进大学校门时，还是个 15 岁的男孩，正在贪玩的年龄。更何况，失去了高考的压力，远离父母严格的管教和高中那种环境的约束，放松甚至放任自己，几乎是每个大学生都有的经历。钟扬曾经在致友人的信中这样写道：

> 你的来信，我看了很多遍了。你的话语直爽、态度严峻，使我不得不次次按捺住不能平静的心情读着。正如你信中所说的，我变了，一个最重要的问题是不求上进、得过且过。说老实话，愈是在上游的时候，或是在下游的时候，反而能够进取；而在中游的时候就老想安居了，直到有一天又变成下游。我很痛心，印证了董（必武）老的话："逆水行舟用力撑，一篙松劲退千寻。"我这松劲的一篙在什么时候，什么地方呢？我在反省呢！
>
> 进大学后，我变"油"了，什么事都不在乎。大概这是因为此前一路顺风得意的缘故。如此看来，路漫漫其修远兮，不得不"上下而求索"了。近来活动太多，以至于我不得不时时与自己的各种欲望作斗争。学校这球赛、那球赛，搞得不得安宁，此外有很多乱七八糟的事，还有待于今后克服。

从小学到中学，钟扬的学习成绩一直名列前茅，然而，在人才济济的中科大少年班和后来的无线电电子学系，他的学习成绩甚至滑落到"下游"。加上不喜欢自己的专业、过多涉猎文科类书刊、过多参加学校活动，"7961"班唯一没有考取研究生的就是钟扬。考研落榜这件事给他造成的心理阴影，在致友人的信中有所流露。那毕竟是当时所有大学生共同的深造梦想，几乎每一个大学毕业生都首选考研。钟扬刚进入可以选专业课的大学四年级，同窗好友冯珑珑已提前考取研究生，这件事对钟扬影响很大。他在 1983 年 4 月 16 日的一封信中写道：

> 我从开学到现在，忙得不可开交，主要是功课压得太紧。为了此后考研究生方便，下学期课程很少。尽管其中只考三门试，可是时间仍然不够用，身体也没以前强了。

钟扬的"7961"班同学李喆，如此评价考研对钟扬的影响：

> 对很多少年得志的人来说，平凡就是失败。钟扬在大学的后几年里发挥得不好，可能和这个包袱有关。那几年，他很可能暗暗在"失败"的标签下挣扎，占了他青春的大部分。多年以后再看，那段不如意的经历对他人生的影响可能是积极的。他可能更重视成就感，所以在工作之后，发展得很快。看穿了不得志，人会更有勇气，不会因为将来的失败而改变决定。这也许就是他为什么后来写关于"失败"的电影故事，很可能是他对自己人生经历的总结。

周风晴说："钟扬学的是理工科，却把更多时间沉迷于文学艺术，这确实是难解的矛盾。在那个'科学的春天'，数、理、化才是王道。很多同窗的超常智力对他形成很大压力，以至于一直成绩平平，但他要有所作为的心并没有改变。钟扬的心性不服输，但没找到适合他

1984 年 6 月 25 日，中国科学技术大学"7961"班学生毕业留念，最后一排右三为钟扬

的土壤，所以很苦闷。但是，他对成功的渴望一直很强烈，这是
他参加工作后有所作为的动力来源。"

在外人眼里，钟扬是中国恢复高考制度最典型的受益者。然
而，经历过备考的寒窗苦读，经历过大学 5 年的校园生活，后来
30 多年耳闻改革高考制度的呼声，让他对高考有了更多的思考：

> 高考改革，问题为何越改越多？现在回想起来，那
> 时的高考纪律也没有到三令五申的地步，但违法乱纪和
> 徇私舞弊之事并不多。我自己后来当上了大学教授，也
> 多次参与过学校本科和研究生招生工作。与当年相比，
> 如今招生的多元化、个性化、信息化程度更高，领导越
> 来越重视，程序越来越规范，公示越来越详细，但为什
> 么民众越来越紧张，质疑也越来越多呢？

> 说实话，我极不愿意参加名目繁多的高等教育改革
> 会议，尤其是涉及所谓教育公平性的讨论。大量的会
> 议，几乎耗尽了我们这个民族宝贵的时间、智慧和耐
> 心。其实，我们每个人心里都清楚，任何时候、任何地
> 方都不存在绝对的公平，教育如此，高考亦然。但是，
> 倘若决策者和管理者的子女总能规避不公平，并且又总
> 是让普通人承受不公平的话，我们的制度肯定有什么不
> 对劲的地方。

> 不信？看看甭管多么重要的会议和多么贴心的沟
> 通，究竟还有多少侃侃而谈的领导和专家，能同大家分
> 享一下自己孩子真实的教育故事呢？如果真能这样做的
> 话，无休止的会议一定会少掉许多。即使非开会不可，
> 讨论的时间也将大大缩减。

> 高考是否就是选拔青年学子接受高等教育最有效的
> 方式，其实一直存有争议，但它一直以来几乎是我们教

育"最公平"的标志和象征。如今，这一点也遭到普遍质疑和挑战。近40年来，尽管高中毕业生上大学的机会，已从10%以下上升到50%以上（甚至更高），但优质高等教育在我国依然是一种稀缺资源。这就迫使主导教育资源分配的决策者和管理者，不仅要制定出相对公平的方案，而且要有推己及人的情怀。显然，只靠新闻发布和文件传达，很难化解民众发自内心的焦虑。目前所做的，大多只能算是危机公关罢了。

在高考的压力之下，从小学到中学，学生们根本没有时间和动力去思考或学习课本之外的东西，在世界观、价值观开始形成的成长年代，在中学时期无法得到正常的延展。考入大学之后的前两年，恰恰非常关键，沉重的应考压力刚刚解除，自由支配的学习、休息时间，与见识和思考的时间一起到来。在这样的情况下，一个学校的风气、环境和文化传统，会影响每个学生的一生。

今天重读钟扬的这篇文字，不能不说发人深省。钟扬是一个睿智的思考者，他的睿智不是抽象的聪明，而是凭着对国情的切身了解、对社会现状的深刻洞察、对现行高考制度的深入思考。这就是真正忧国忧民的钟扬。肯为国家和民族的教育事业担忧的人，才是一个清醒的教育工作者。

少年好时光

中科大开办少年班的创举，不仅在教育界产生了巨大影响，也是全社会的关注热点和媒体的追踪对象。当年，刚刚入学的钟

扬曾经在写给友人的信中，自豪地写道：

几天来，新华社记者也到我们班采访、照相。我们班同学的情况，学校已经汇报给华（国锋）主席、邓（小平）副主席等中央领导同志。在开学典礼大会上。我们亲耳聆听了方毅副总理、严济慈副院长（中国科学院），以及教育部、中国科学院等为校庆和开学典礼发来的贺电。会后，校党委书记杨海波同志（团中央原书记），副

《人民画报》1980年第4期刊登的中国科学技术大学少年班照片，图中戴帽子者为钟扬

校长、著名物理学家钱临照同志，以及数学家史济怀……还有一个化学家以及校领导，接见了我们少年班全体同学并照相。

我们几乎每天都看到了宁铂、谢彦波等这些早已在我们心目中所美慕的人，我们同桌共餐，充满了革命大家庭的乐趣。每当我们唱起科大的校歌和我们第三期少年班的班歌时，都满怀激情，感谢我们伟大的党，感谢英明领袖华主席。

1979 年 9 月 25 日，钟扬写给黄梵的信

当时的中科大还有一个优势，就是与世界各顶尖大学有密切的学术交流。对少年班学生开阔视野来说，这是一个得天独厚的平台。中科大外事办公室对少年班格外开绿灯。诺贝尔奖获得者杨振宁、李政道、丁肇中，以及吴健雄、袁家骝和陈省身这些大科学家，还有非华裔的世界著名科学家纷纷到访。少年班的孩子有机会接触这些世界顶尖科学家，甚至直接对话，对于他们打破神秘感、增强自信心至关重要。

钟扬的班主任朱源回忆，钟扬那个班刚入学不久，李政道造访中科大。他对学生们说："我和太太专门从美国坐飞机来看你

前排左起：李政道、中国科学技术大学党委书记、副校长杨海波、李政道夫人秦惠箬、中国科学技术大学副校长、物理学家钱临照、中国科学技术大学副校长、化学家杨承宗，和少年班学生在一起

们，你们不讲话，我来干吗？你们可以随便提问。"当时，学生们面对这位诺贝尔奖获得者都吓傻了，不敢提问。李政道就说："你们都不讲，那我只有出题给你们做了。"结果，他出的题目，学生们都能做，但还是不敢提问。李政道提示道："提问是一个科学家最基本的素质。你们正当少年，要敢于问为什么牛顿力学是对的。"在他的启发和鼓励下，学生们开始提问，从基础知识到前沿的物理知识。李政道说："我非常高兴，这说明你们中科大的教育是成功的。"

2017年11月，中国科学院院士、中国科学技术大学校长包信和在接受钟扬传记影片《种子》摄制组采访时说，中科大地处合肥，不在北京、上海或广州这些经济发达地区。当年从北京搬来的时候，中科大一贫如洗，几乎损失殆尽。据说，搬来的东西总共才800多吨。改革开放之后，中科大发展得非常迅速。这与它的文化密切相关，文化又与其基因紧紧相连。钟扬从一个15岁的懵懂少年，成为一个科学青年，再变成一个伟大的科学家，应该说，与当时在中科大受到的教育有着非常紧密的联系。这就是一个学校的传统和精神、一种文化熏陶，他带着母校中科大深深的烙印。

回忆20世纪80年代在中科大读书时的情景，少年班的许多学生都非常感慨和庆幸遇到了一些优秀的老师，让他们受益终生。钟扬在上大学后第一个学期致友人的信中写道：

我的数学老师张景中是四川人，生在河南，今年四十多岁，但已经显得很苍老了。他曾经是北大有名的才子，没满二十岁就和同学杨路一起发表论文，大学没毕业，功课已全部免修。但"反右"前，他和杨路登台演说，在北京大学掀起轩然大波，和杨路作为最"毒"的右派，发配到农村，前几年才回到科大。他生活简朴，至今仍未结婚。但是近几年来，他在《数学通报》《中国科学》《科大学报》等刊物上发表了大量论文，在科大很有名。

他给我们班上的数学课太好了。我这次考试成绩也好。下个星期，他就前往北京，听美籍数学家陈省身讲

中国科学技术大学少年班第三期同宿舍的同学合影，左一为钟扬，左二为伍晓东，右一为冯珑珑，右二为杨维明

课、下学期回。而这段的课，由杨路担任。我想，他们
如果没有这样的遭遇，也许会成为数学界的明星，但是
万恶的"四人帮"整整耽误了他们半生啊。

往事如烟40年，归来依然是少年。

截止到2018年，中科大少年班创办整整40年，总共有
3970多名毕业生，其中90%左右获得了更高学位，包括硕士和
博士，20%左右成为教授和研究员。他们分布在国内各高校、科
研机构和企业，还有100多人任职美国、英国及欧洲等世界各地
的大学和研究机构。在美国的常青藤大学和排名前50名的学校
中，有40多位教授来自中科大少年班，其中5人在哈佛大学担
任教授。

中科大少年班的毕业生中，35%进入世界500强企业工作。

1984年，大学毕业时的钟扬

2013年，美国科学院增补院士，3位华人
学者入选，其中两位来自中科大少年班。
一位是1981级的骆利群，来自上海，目前
在斯坦福大学生物系任终身教授；还有一位
是来自合肥的庄小威，现任哈佛大学化学
与化学生物系、物理系双聘教授。据哈佛
大学官方网站的信息，哈佛大学有史以来
最年轻的教授为31岁的尹希，是中科大少
年班1996级的学生。他12岁入读少年班，
16岁到哈佛大学读博士，又先后历经博士
后、副教授、正教授。

微软公司前全球高级副总裁张亚勤，
是1978级的中科大少年班学生，12岁进少
年班，近年回国加盟百度集团任总裁。在
中科大少年班40年的历程中，出现了11

岁的年纪最小的大学生、15 岁的硕士研究生、16 岁就出国的博士研究生、18 岁的大学助教、21 岁的博士、26 岁的副教授、30 岁的正教授、31 岁的美国电气和电子工程师协会的会员和 40 岁的美国科学院院士。这些少年大学生出身的英才，与按正常年龄读书的同事相比，一般要小 3 到 9 岁。

　　中科大创立少年班的尝试不仅受到社会广泛关注，同时也得到中央领导人的密切关注和高度重视。1984 年，邓小平在北戴河接见丁肇中，谈到中国人才培养问题的时候说，中科大的少年班很见效，也是破格提拔，其他几个大学都应办少年班，不知办了没有。至少北大、清华、复旦、上海交大应办一点少年班。自此，中国高校的智力超常生教育开始朝纵、横两个方向发展。

《人民画报》1980 年第 4 期刊登的中国科学技术大学少年班的照片：同学们来到梅山水库，体验先辈创业的艰辛

钟扬的大学毕业文凭

北大、清华、北师大、吉林大学、上海交大、复旦大学、浙江大学、武汉大学、华中理工大学、南京大学、南京工学院和西安交大等 12 所高校，相继进行少年班办学试点；同时，北京八中、南昌十中、江苏天一中学、河南新乡一中等学校先后创办少儿班，超常教育出现一个热潮。

1985 年，中科大在总结和吸收少年班办学成功经验的基础上，又针对高考成绩优异的学生，仿照少年班模式开办了教学改革试点班（简称"试点班""零零班"）。这两类学生由少年班管理委员会统一管理，相互补充、相得益彰。在 2008 年少年班创办 30 周年之际，中科大将少年班管委会（系级建制）升格为少年班学院。

钟扬后来回忆中科大少年班 5 年学习生活的时候说："我计算过，在大学大概花了 1 万个小时在学习，这与学习成绩高低无关。你付出的时间必定在将来有所收获。"

来自钟扬母校中国科学技术大学的回忆

第三章
植物王国

迷茫的省城

　　1984 年 7 月，钟扬从中国科学技术大学毕业，获工学学士学位。这时的钟扬血气方刚，风华正茂。他不再是 5 年前那个挑着扁担来上学的、土气稚嫩的小男生，而是一个高高大大、梦想满怀的小伙子了。这年 8 月，钟扬被分配到中国科学院武汉植物研究所。武汉是湖北的省会，距离他的出生地黄冈不过 60 公里，也是他当年报考中科大少年班时考试的地方。

　　这一年，他 20 岁。武汉植物研究所的前身是 1958 年创办的

中国科学院武汉植物园，首任主任为陈封怀①。

几乎每一个刚刚走出大学校园的学生，都遇到过幻想与现实的第一次碰撞，正所谓"理想很丰满，现实很骨感"。武汉植物研究所位于武昌东湖之滨、磨山南麓。在 20 世纪 80 年代，那里闹中取静，几乎与世隔绝，只有一路公交车——59 路经过。平常最快也是一个小时才有一班公交车，末班车的时间是傍晚 7点。所以，那里非常闭塞。

钟扬学的是无线电电子学信息处理专业。此时此刻，名校和少年班的光环依然环绕着他。在那个电子计算机技术还很落后的年代，他在这座鸟语花香的偌大植物园里有些迷茫，感觉完全是用非所学。要知道，"文化大革命"累积了 10 年间错过高考机会的不同年龄段的学子，因此，在高考制度刚刚恢复的前几年，考生的年龄跨度很大，从十八九岁到 30 多岁不等。这时的钟扬才20 岁，实在太年轻，是正常年龄的大学生大二左右的时光。在常人看来，这个时候，他应该在校园里读书。

刚刚经历研究生考试落榜的钟扬，回到家乡的省城——素有"九省通衢"之称的大武汉，心情多少有些落寞。在那个年代，大学毕业后继续攻读硕士研究生，几乎是每一个梦想满怀的学子

① 陈封怀（1900—1993），中国植物园创始人之一，祖籍江西省修水县。曾祖父陈宝箴，被曾国藩称为"海内奇士"，曾任湖南巡抚，提倡振兴，与谭嗣同、梁启超等人创设时务学堂、算学堂、湘报馆、南学会、武备学堂等；祖父陈三立，进士，授吏部主事，戊戌变法失败后与陈宝箴同时被革职，此后潜心诗文，为同光体诗派代表人物、近代江西诗派的领袖；父亲陈衡恪，曾东渡日本留学，为民国初年的国画大师，著有《中国绘画史》等。陈封怀曾就读于金陵大学、东南大学，1934 年考入英国爱丁堡皇家植物园，1936 年归国，历任庐山森林植物园主任、中正大学园艺系教授、江西省农业科学研究所副所长，以及中国科学院南京中山植物园主任、武汉植物园主任、华南植物园主任、华南植物研究所所长等职。

规划未来的首选。从小在黄冈当惯了"学霸"的钟扬，第一次尝到落榜的滋味，那是一种从未有过的"被淘汰"的苦涩。

考研落榜意味着什么？置身于人海茫茫的武汉，远离父母，也远离校园里熟悉的老师和同学，他要独自一个人去思考许多从未考虑过的问题：意味着一朵早慧的花要凋零吗？意味着社会上对少年大学生纷纷流传的"揠苗助长"吗？钟扬也一定会联想到伤仲永的故事……这些问题都是钟扬需要面对，却没有能力解答的。

钟扬从小学到大学，一直是被动地学习，为了考试而学习。走上社会工作后，"自由"不但没有带给他轻松和释放，反而是一种无所适从的困惑。多年以后开始流行的赵传的一首歌——《我很丑，可是我很温柔》，就是对这种生存状态最形象的描述："在钢筋水泥的丛林里／在呼来唤去的生涯里／计算着梦想和现实之间的差距……"钟扬这个曾经的黄冈"神童"，还来不及细细打量武汉这座曾经让他心驰神往的大都市，因为他要立即走上工作岗位，要上班。植物学是什么？是花花草草的名字吗？在当时，钟扬不可能想象到，十几年后，随着计算机技术的迅猛发展和广泛应用，计算机与诸多学科的边缘科学应运而生。在中科大少年班打下的扎实的理工科和电子技术方面的基础，会让他在包括植物在内的生物基因分析、计算领域找到用武之地。

面对一个变革的时代，最大的魅力就在于未知的神奇。

荷花与爱情

1984 年秋天，还有一个大学毕业生被分配到中国科学院武汉植物研究所，她就是来自北京林学院（现北京林业大学）的张晓艳①。他们几个新来的大学生与前几年分配来的同事，家都不在武汉，白天一起上班，晚饭后一起参加活动，或者交流工作上的问题，自然会接触很多。

当年，武汉植物研究所只有一台电子计算机。钟扬的工作就是管理这台计算机，并建立了第一个计算机室。在武汉植物研究所的植物专业学者们看来，钟扬从事的完全是非主流的辅助性工作。在那个年代，不要说用计算机进行植物学的学术研究，就连财务算账都不敢想，还停留在算盘时代。

1984 年，钟扬（左一）和张晓艳（左三）在武汉参加公益活动

① 张晓艳，同济大学生命科学与技术学院教授、博士生导师，先后获美国新墨西哥高地大学硕士学位、复旦大学理学博士学位；曾主持国家自然科学基金项目"基于 HBV 病毒感染人群 HCC 大规模医疗文本信息抽提与时间序列分析方法研究""睡莲科的系统发育研究"，上海市卫生局科研项目"建立疾病相关基因突变信息分析平台"，上海市自然科学基金项目"病毒整合位点模式特征识别"。

张晓艳在中国科学院武汉植物研究所工作时留影

　　张晓艳被分配到荷花课题组，组长是黄国振，主要研究荷花品种的分类和栽培。湖北号称"千湖之省"，荷花的栽培非常广泛。对于武汉植物研究所来说，荷花研究具有得天独厚的条件和良好的基础。

　　当时，钟扬在作数学模型方面的研究。因为很多人对于荷花的分类还停留在主观判断和认识上，张晓艳和钟扬就大胆设想，能否通过数学模型，对荷花作客观的品种鉴定和分类。其实，荷花课题组的主要工作是荷花种质资源的保护、栽培和引进，并不是荷花品种的分类和鉴定，所以，张晓艳和钟扬的想法不仅有点"异想天开"，而且还"不务正业"。

　　荷花盛开的季节很美，荷花也开得很早。为了全程测量和记录荷花的数据，张晓艳每天都要起得很早。这项工作看似轻松、浪漫，其实非常耗时，也很辛苦。采集到第一批荷花数据之后，

张晓艳就和钟扬商量，尝试用数学模型进行分析。

有一天，张晓艳对钟扬说："在你的计算机数学模型里，这些数据就是一个个冰冷的数字。实际上，这些数据都来自荷花鲜活的生命，你能感受到每一个数字都是一个生命吗？"张晓艳是一个美丽而文静的南方姑娘，声音很轻柔，但是，她的话让钟扬感到惊愕和震惊。尽管钟扬有一颗文艺心，但他毕竟是习惯于严密、冷峻思维逻辑的理工科学子。难道数字不是抽象而枯燥的吗？数字里还有生命的色彩和温度吗？

张晓艳对他说："我觉得，你需要跟我一起去采集一次荷花数据，让你感受到那些数据背后生命的存在。只有在荷塘中，在波光云影的映衬下，近距离地观察并感受荷花的根茎、叶片、花

1984 年，张晓艳（后排右二）大学毕业时，在北京五道口与同学合影

朵和果实，你才会联想到，看似弱不禁风的荷花，为什么自古以来被文人咏叹，为什么被称为'活化石'，能够穿越亿万年的沧海桑田，至今仍顽强地生存在地球上。"

从那一刻起，钟扬才真切感受到理工科与文艺其实有着天然的联系，科学其实非常美丽。就这样，钟扬和张晓艳一起工作，持续了荷花的一个完整生长期。这批荷花数据由钟扬建立数学模型，进行整理和分析，最后形成他与张晓艳合作的第一篇学术论文——《荷花品种的数量分类研究》，这也是钟扬从事植物学研究的第一篇学术论文，在1987年刊于《武汉植物学研究》第5卷第1期。这篇论文后来获得1988年湖北省优秀学术论文奖，

张晓艳收藏的荷花图片，花盆上是研究编号

对于荷花品种的收集和研究具有很高的科研价值；更可贵的是，在国内开创了将数学方法应用于生物学研究的先河。

正是因为这次合作，荷花成就了钟扬与张晓艳之间的缘分，张晓艳也成为钟扬的专业引路人。这是多么文艺的科学、多么浪漫的机缘，堪称科学版的《荷塘月色》。尽管张晓艳是个腼腆的姑娘，但是，就钟扬的情商而言，对于张晓艳，他的心已然完全陶醉于荷花般的爱慕之情中。

这段"荷花爱情"非常浪漫和美好。几年之后，钟扬和张晓艳确定了恋爱关系，曾经一同到南京旅游。钟扬的高中好友黄梵借了两辆自行车，他们一起到灵谷寺玩。其间，黄梵问钟扬为什么喜欢张晓艳。钟扬说："你知不知道，一个很漂亮的女生，又擅长科学研究，这已经很罕见了，还有事业心，这在概率上就更

钟扬与张晓艳合作的第一篇学术论文《荷花品种的数量分类研究》及获奖证书

1991 年，张晓艳摄于中国科学院武汉植物研究所

小了。对我来说，这就叫作人生的缘分。"黄梵回忆那段往事时说："钟扬和张晓艳结识，就是上帝给他的一个礼物。在那样一个时刻，真的改变了他的一生。"

爱情的果实

与钟扬结束了一个完整的荷花生长期合作之后，张晓艳第一次到北京参加学术会议。1985 年秋天，张晓艳被武汉植物研究所派往北京的中科院植物研究所从事一项合作研究，那个课题组申请到了自然科学基金的支持。这两年也是她和钟扬初恋的开始，每周都会有两三封信鸿雁频传。每到夏天荷花盛开的时节，张晓艳会回到武汉采集样本，他们才有短暂的相会。

张晓艳在北京继续从事与荷花相关的研究，那里的设备更加齐全，包括电子显微镜等等。所以，她每年夏天会回到武汉，

1986 年在北京工作期间，张晓艳（第二排右）和同学在北京植物园

把相关的资料采集回来。这项研究工作的后半程，张晓艳离开北京，到中科院上海植物生理研究所继续工作。她和钟扬的恋爱也继续保持鸿雁传书的模式，其中饱含着天各一方的相思之苦。

无论如何，荷花都是钟扬和张晓艳工作与感情的缘分，也是后来钟扬转行研究植物的机遇，凝聚着这两个年轻大学毕业生的事业和爱情。张晓艳在北京和上海工作期间，钟扬深知自己缺乏生物专业背景，就用业余时间到武汉大学生物系旁听。重回校园，尽管只是一个旁听生的身份，但唤起了钟扬一直耿耿于怀的研究生梦。他在 1986 年 2 月 28 日写给黄梵的信中说：

这学期的时间，准备到武汉大学听些课，如果条件允许的话，我明年可能要考研究生，不知兄有何打算。现在考起来跟在学校大不一样了，事实上，这件事情的重要性已经逐步在降低了。

1986 年 11 月，张晓艳在中国科学院上海植物生理研究所

那时，交通很不方便。钟扬靠一辆自行车，风雨无阻去听课，就这样把生物学的整个课程全部学完。钟扬的默默努力也许少不了爱情的力量，不管怎样，他不辞辛苦、勤奋学习的努力，赢得了张晓艳的芳心。时隔多年，张晓艳还非常感慨地说："他非常努力，也非常聪明，甚至在辨认植物方面很快就超过了我，所以说，他在生物学方面的知识储备是相当充足的。"

黄梵保存的钟扬来信

钟扬在辨认植物方面进步非常快

　　在武汉大学听课期间，钟扬结识了陈家宽[①]老师，从此开始合作，他们的友谊也从那时开始一直延续。后来，正是陈家宽力邀钟扬到复旦大学。可以说，陈家宽是钟扬在生物专业领域获得迅速提升的引路人。

　　中国科学院武汉植物园研究员李伟在武汉大学读书期间，陈

---

① 　陈家宽（1947— ），植物学家、教授、博士生导师，曾任武汉大学教授、复旦大学生物多样性科学研究所所长、国家环保总局国家级自然保护区评审委员会副主任、国家林业局国家级自然保护区评审委员会副主任、中国环境与发展国际合作委员会生态安全组成员、科技部"973"项目综合评审专家、科技部国家最高科技奖励评审委员会委员、国家自然奖专业评审委员会委员、教育部科技奖生物组召集人，主持 10 余项包括国家自然科学基金委员会重大项目在内的课题。研究方向：生物多样性理论与方法、自然保护区、天然药物。作为主要研究人员，承担"中国泽泻亚纲（Alismatidae）系统植物学与演化生物学研究"项目。

家宽正在孙祥钟①教授门下攻读博士学位。孙祥钟是中科院武汉植物研究所创始人之一，又担任过所长。陈家宽博士论文的数据工作是在中科院武汉植物研究所完成的，协助他处理数据的正是钟扬。当时，李伟到中科院武汉植物研究所给陈家宽帮忙，就这样认识了钟扬。后来，钟扬和陈家宽成了李伟的本科论文导师，这篇论文是李伟科研生涯中第一篇变成铅字的论文。李伟硕士论文的实验数据处理，也是在钟扬的协助下完成的。

1988 年，钟扬（左）与陈家宽在日本参加国际会议

①　孙祥钟（1908—1994），植物分类学家、教育家，中国水生植物学奠基人。1933 年毕业于武汉大学生物系，1936 年赴英国专攻植物分类学和植物园艺学，次年加入英国爱丁堡皇家园艺学会，为终身会员。1939 年回国，曾任武汉大学教授。新中国成立后，历任武汉大学教授、生物系主任、教务长，中国科学院武汉植物研究所所长，中国植物学会第五、六届常务理事。1950 年加入中国共产党。专于植物分类学，在植物区系学、生态学、中国水生维管植物及标本采集方面均取得成果。主编《中国植物志》第八卷，撰写了《中国五加科植物之分布》等论文。

因而，李伟毕业之后毫不犹豫地选择到中科院武汉植物研究所工作。那是 1991 年 3 月，李伟来报到之后，被分配和钟扬用一个办公室。办公桌面对面，就这样坐了几乎 10 年。当时，数据分析在国内刚刚开始兴起。在水生植物和系统发育这个研究领域，陈家宽和钟扬也是国内较早的研究学者。将数据分析的方法引入水生植物生态学，钟扬、陈家宽和李伟也是最早的一批探索者。这种方法虽然目前成了一种常规技术，但在当时非常超前，因而并没有引起业内的广泛重视。

李伟到中科院武汉植物研究所工作后，开始了与钟扬、陈家宽的合作，成果颇丰。不到 5 年，李伟的名字就和钟扬一起出现在两本书的封面上。回忆起来，李伟坦言，钟扬对他的影响很大："钟扬是一个非常有行动力的人。任何事情，只要他想做，都非常有热情，并且能够鼓动周边的人跟他一起做，效率也非常高。"

钟扬（右）和李伟在中国科学院武汉植物研究所计算机房工作

武汉大学孙祥钟教授指导的硕士、博士研究生的论文中的数据处理工作，几乎都是在钟扬的研究小组完成的。当时，孙祥钟团队研究的是系统发育方向，李伟则研究生态学，但是，他们都要借助数学方法。李伟深有感慨地说：

"钟扬的眼光相当敏锐。因为他不是植物学专业出身的，反而科班出身的研究者看起来习以为常的东西，他从数学的角度去看，会发现研究中隐含的很多假设和不足。他看问题的角度很客观。"

　　钟扬的努力自然得到了回报。1985 年，在湖北省暨武汉市植物学会代表大会与学术会议上，钟扬作为青年代表之一作大会报告，并被推荐参加中国植物学会会员代表大会；从 1986 年开始，钟扬的学术成果一发而不可收，他独立撰写或合作撰写的《协同理论及其在生态学中的应用》《植物群落演替过程的预测模型》《湖北省油橄榄适生气候的主成分分析》《电子计算机在植物学中的应用》等多篇论文先后发表和交流，其中包括他与张晓艳合作撰写的《荷花品种的模糊聚类分析》，刊登于《华中农业大学学报》；1987 年，钟扬发表了《计算机辅助三维重建技术及其应用》；这一年年底，他破格获得助理研究员职称，并分别加入了湖北省暨武汉市植物学会和中国植物学会。

　　1986 年 5 月 11 至 14 日，钟扬（第一排左八）参加在湖北武昌湖滨饭店举行的全国第一届数理生态学及其应用学术讨论会

1988 年，他独立撰写或合作撰写的《国内植物数量生态学研究概况》《湖北樟属数量化学分类研究》《生态系统演替过程的数学模型》《植物栽培区划的模糊数学模型——以油橄榄（Olea europaea L.）为例》《植物生殖的定量细胞学研究进展》《荷花品种综合评选的数学模型》《居群间性状变异的谱分析模型》等论文相继发表。这一年，他担任了湖北省暨武汉市植物学会常务副理事长。

钟扬在学术上的努力和成果让张晓艳非常欣慰，但她是独生女，起初并不想在武汉谈婚论嫁，希望回到无锡父母身边。而她的性格比较被动，尤其是面对情感炽烈又才华横溢的钟扬。起初，张晓艳十分犹豫，因为在那个年代，不跟父母居住在同一个城市，调动工作会是一件十分困难的事情。幸运的是，钟扬和张晓艳的家长都是 20 世纪五六十年代培养的知识分子，对于他们恋爱，非常通情达理。于是，他们的恋情水到渠成般地发生了。

张晓艳结束了在上海的工作后回到武汉，钟扬到火车站接她，见面第一句话就是："我已经把单位证明开好了。"张晓艳疑惑地问："什么证明啊？""我们结婚的证明啊！"张晓艳哭笑不得地说：

1988 年 3 月，钟扬与张晓艳的结婚照

"我还没同意呢，你怎么就把证明开了呢？而且，单位也不应该这么做呀，没有征得我的同意，怎么可以开这个证明呢？"

钟扬对张晓艳说："大家都觉得我们两个人结婚没问题，恋爱时间也够长了。"

1988 年 3 月 25 日，钟扬与张晓艳在武汉喜结连理，从而开启了这对"姐弟恋"科学伴侣的佳话。

钟扬妻子张晓艳的回忆

出国深造

1989 年，钟扬与陈家宽、邹洪才、李伟合作撰写的《中国慈姑属系统发育的研究（英文摘要）》，入编日本京都第四届国际植物物种生物学术讨论会论文集。他与 H.T. Clifford 合作撰写的

1989 年 10 月，钟扬（最后一排右十一）参加中国第一届数量分类学交流会

《浸水条件下禾本科种子发芽力的分类学意义》发表于《种子》杂志。这一年，钟扬获得湖北省"新长征突击手标兵"称号。

1990年10月，钟扬与陈家宽、黄德世（后改名为黄德四）编著的《数量分类的方法与程序》由武汉大学出版社出版。该书系介绍数量分类学方法的入门书，主要内容为数量分类的基本概念和常用方法，如系统聚类、图论聚类、主要成分分析等；以及一些正在发展的方法，如模糊聚类和数量分支分析等。同年，钟扬、张晓艳、黄德世合作撰写的论文《睡莲目的数量分支分类学研究》，发表于《生物数学学报》。此外，钟扬还与李伟、陈家宽、黄德世等人合作发表了《世界慈姑属植物的数量分类研究》《计算机辅助分支分析：方法和程序》等论文。这一年，钟扬被中国植物学会授予"优秀青年植物学工作者"称号。

1991年，钟扬与何景彪、孙祥钟、黄德世合作撰写的《海菜花属的分支学研究》发表，相关工作后来被列为国家自然科学基金资助项目。这一年6月，钟扬加入了中国共产党。1994年1月，中央电视台《新闻联播》节目的《中华学人》栏目，报道了年仅30岁的青年植物学家钟扬的事迹。这一年，他开始享受国务院政府特殊津贴。

在20世纪八九十年代，国内外的学术信息交流还很不通畅，科研水平的差距也很大，获取国际学术界的最新资讯非常难。钟扬首次出国参加学术活动，是在1988年，赴日本京都，出席国际植物物种生物学家组织（International Organization of Plant Biosystematists，IOPB）的学术会议。1990年9月，他又赴苏联科学院遗传研究所访问。这些国际学术交流活动，让他深感很有必要去科技发达国家学习深造。其实，钟扬一直在努力争取到国外学习的机会。那个年代，对出国的限制较多，但他一直没有放弃。直到1992年，他争取到了去美国做访问学者的机会。

1988 年 7 月，钟扬（左一）赴日本京都出席国际植物物种生物学家组织的学术会议

1990 年 9 月，钟扬赴苏联科学院遗传研究所访问

1992 年，已获得副研究员职称的钟扬，接受时任美国密歇根州立大学（Michigan State University）标本馆主任约翰·比曼教授的邀请，初次赴美深造。这一年，钟扬和李伟编译的《水生植被研究的理论与方法》由华中师范大学出版社出版，陈家宽作序。该书编译了有关水生植被研究理论与方法的综述与专论 10 篇，系统介绍了该领域的研究进展和发展趋势，并附录关于我国内陆水生植被研究概况的专题综述。

密歇根州立大学地处美国东北部，是一所规模很大的州立大学。钟扬到美国半年后，觉得张晓艳也应该体验一下国外的科研状况。于是，钟扬以访问学者身份、张晓艳以访问学者配偶的身份一起去了美国。张晓艳申请出国还颇费了一番周折，因为在当时，科研工作者出国之后，大多留在了国外。钟扬已经人在国外，如果张晓艳也出国的话，回来的概率可能为零。但是，中国科学院武汉分院的领导相信他们会学成归来，张晓艳这才得以成行。

初来乍到，钟扬在一个传统的植物标本馆工作，导师比曼是国际著名植物学家。看到钟扬的专业背景，比曼问："你是学计算机和无线电的，为什么要转行搞我们这个传统的行业?"钟扬的回答把比曼逗笑了："在我认识的所有科学家里面，生物分类学家都是很长寿的人。我学这个专业是想长寿。"

密歇根州立大学的中国留学生很多。张晓艳到来的时候，钟扬正紧锣密鼓地张罗中国学生学者联谊会的工作。中国春节到了，国内的演出团体和很多知名演员将到此慰问演出，联谊会忙着接待。每当有外国友人参与表演节目，钟扬就发挥他的书法特长，给每人写一幅字——"中国"。在那些天，钟扬和张晓艳住的公寓像俱乐部一样，整天人来人往。他们负责编辑密歇根州立大学中国留学生的月刊《密友》，自己打字，并收集资

钟扬和张晓艳在美国

美国密歇根州立大学中国学生学者联谊会委员会成员合影，右一为钟扬

料，需要很多时间。头一期杂志刚出刊，又要准备下一期的稿子，而且都是利用业余时间。刊物印出来还要投递。起初，校园里有免费投递；后来，学校觉得他们的刊物不算学术信件，不负责投递了。密歇根州立大学有 3 个生活区，相距很远，自己投递很辛苦。

后来，每出一期《密友》，联谊会的人就分工投递给邻近的中国留学生。很多中国留学生在国外多年，能够看到来自国内的信息，他们非常兴奋。钟扬和联谊会的同事也为此感到，辛苦很值得。当时，联谊会还承担了诸如协助中国留学生家属办签证等等事情。来自中国台湾地区的学生同样有联谊会，这两个联谊会也有联谊活动，增进了海峡两岸学生的互动和了解。

1993 年 10 月，钟扬参与完成美国国家科学基金会（NSF）

钟扬在美国密歇根州立大学中国留学生春节联谊会工作现场

的资助课题"等级分类学数据库设计"。美国导师挽留他继续工作和深造，并且允诺会增加工资，但他婉言谢绝，和张晓艳一起回到了中科院武汉植物研究所。在那个年代，出国归来的人都会

1992 年，钟扬在美国

买一些国内紧缺的商品，比如彩电和冰箱，这在当时很令人艳
羡。钟扬和张晓艳觉得，中科院武汉植物研究所要作大型运算，
对计算机的性能要求很高。于是，他们决定用积攒下来的钱，买
一整套计算机设备，回国以后，全部捐献给了单位。到海关提货
的时候，海关人员听说他们用自己的钱给公家买设备，都觉得不
可思议，盘查了好几天才予以放行。

第四章

青年实验室

计算生物学

    受到张晓艳的影响，钟扬更加理解了野外调查的重要性。1991年秋天，他与江明喜、李伟等同事一起到咸宁和武汉交界的斧头湖，作水生植物野外调查。湖边的生活很艰苦。附近没有招待所，钟扬他们就住在一所小学里，在当地农民家里吃饭，整天穿着长筒雨靴，

1991年5月，钟扬（后排左二）和同事张敏华（后排左三）、江明喜（后排左四）在湖北斧头湖野外考察时，与驻地农民一家合影　李伟　摄

浑身都是泥水。

这次野外调查的目的，是把数学方法用在水生和湿地植物的研究中。钟扬知道自己在植物学方面的知识背景比较弱，所以，他更加注重通过野外调查，加深对植物的认知。那次野外调查之后，他先后与同事合作发表了《我国内陆水生植被研究概况》《湖北斧头湖湖滨湿地植物的联结与相关分析》等论文。

钟扬在中国科学院武汉植物研究所温室

随着数量分类等技术在生物学的应用，钟扬慢慢意识到生物数学是非常好的研究领域。他早期发表的几篇文章，都相对集中于纯粹的生物数学方面的研究。最为系统的一次，是把数量分类和分支分类的方法，应用到陈家宽博士毕业论文中的系统发育研究中。也正是从这次合作开始，钟扬对系统发育和进化的研究领域产生了浓厚兴趣。

20 世纪 80 年代末到 90 年代初，是中国大陆科技界的计算机技术从起步到发力的开端，这个历史机遇确实是属于钟扬的。到

钟扬从美国带回一整套计算机和复印机设备，捐赠给中国科学院武汉植物研究所

了 1994 年，中国科学院鼓励年轻的科研工作者成立青年实验室。于是，以钟扬所在的计算机室为依托，创建了中国科学院武汉分院第一个以计算生物学冠名的青年实验室，30 岁的钟扬被任命为实验室主任。实验室共有 5 名研究人员和 3 名硕士研究生。这一年，钟扬还担任了湖北省青年科协常务理事，并成为国际植物分类学会会员、中国植物学会数量分类学专业委员会副主任委员。

计算生物学并非一个故弄玄虚的名字，而是一门计算机和生物学相融合

钟扬建立起中国科学院武汉分院第一个以计算生物学冠名的青年实验室

的、崭新的交叉学科，也是国际上关于植物以至于生物计算，进而扩展为金属和其他材料计算的起步阶段。然而在当时，无论微观分子尺度还是宏观形态尺度，仍然以实验研究方法为主。多数人还在质疑，生物学怎么可以和计算机相结合？难以理解通过建模和计算来进行生物分类，究竟以分子数据为主，还是以形态数据为主。

传统的分类学一直是利用形态特征分析系统发育，尽管有人曾经试图采用化学分类、血清学分类、数量分类等方法，但是都不很成功。直到分子系统学出现后，用分子数据来研究分类和系统发育的意义得以彰显。这依赖于运用电子计算机分析分子数据，从而产生了生物信息学和计算生物学。钟扬是国内最早介入这种新方法学的青年学者之一。

曾经在中科院武汉植物研究所与钟扬共事的陈凡，如今是中

钟扬（右二）与陈凡（右一）参加会议

国科学院遗传与发育生物学研究所研究员、博士生导师。他回忆："计算机刚出现的时候，人们的认识还停留在它比人工方便，可以减少工作量。用计算机建立数学模型作植物分类，钟扬可以说是国内最早的探索者。尤其到美国深造之后，他认识到计算机手段是未来发展的方向。对于传统植物学专业出身的人来说，几乎不会考虑数学与生物学的结合。钟扬恰恰是用数学的思想来思考生物学，后来演变成了一个新学科。"

在计算机诞生之前，科技界的研究方式是肉眼观察和人工实验。计算生物学是通过数学建模、计算机仿真技术等手段，开发和应用数据进行分析的理论方法。它的最终目的不仅仅局限于加速计算，而是运用计算机的思维解决生物学问题，用计算机的语言和数学的逻辑构建、描述，并模拟生物世界。目前，生物学的数据量和复杂性不断增长，比如基因研究产生的数据每 14 个月就翻一番，单单依靠观察和实验难以应对。因此，必须依靠大规模计算模拟技术，从海量信息中提取有用的数据并进行统计分析。

陈凡回忆钟扬

生物信息学和计算生物学同样是交叉学科，前者略偏于数据分析，后者略偏于计算；前者侧重数据的提取、挖掘和分析，后者侧重计算的运用。例如运用计算生物学，有望直接破译核酸序列中的遗传语言规律，模拟生命体内的信息流过程，从而认识代谢、发育、进化等一系列规律。

20 世纪 80 年代，随着计算机科学与技术在西方发达国家的高校和科技界兴起，生物化学、分子生物学的系统论开始建立，1989 年的一个标志性事件，是在美国召开的生物化学系统论与生物数学国际会议，讨论了生物系统理论的计算机模型研究方法，从而开创了计算生物学的发展前景。化学生物学、计算生物学与合成生物学，构成系统生物学和系统生物工程的实验数据、数学模型与工程设计的方法体系，即系统生物技术，开启了 21

世纪系统生物科学在全球蓬勃展开。

当前，计算生物学和生物信息学在研究的方法和对象上已经趋同，在基因与蛋白质的计算机辅助设计、比较基因组分析、生物系统模型、细胞信号传导与基因调控网络研究、专家数据库、生物软件包等领域发挥着重要作用。计算生物学的研究内容主要包括：生物序列的片段拼接、序列对接、基因识别、种族树的建构、蛋白质结构预测和生物数据库。

实验室夜晚的灯光

作为新生事物，计算生物学在开始的时候并不为传统的主流生物学界所接受，因而难以得到足够的重视和肯定。由于计算机技术在当时的局限性，传统的业界人士很少高瞻远瞩地看到计算生物学给人类带来理解生命的方式，也很难相信它可以让生物学的概念变得严格和可检验，进而将生物学转变为定量科学。甚至在西方，有墨守成规的科学家，将从事计算生物学研究的人鄙视为"研究寄生虫"。道理很简单，像钟扬这样没有生物学知识背景的人，试图从计算机角度切入植物学领域，这让那些科班出身又著作等身的"专业人士"如何理解和接受呢？

事实上，钟扬基于计算机技术来作生物分类，这项工作也确实遇到很大阻力。当时，国家有很多生物学研究方面的基金，但缺乏专业背景的钟扬，完全被当作生物学的外行，申请经费的难度可想而知。数学方法在生物学领域的应用，尽管在国际学术界已经开始，而以此说服国内的很多生物学家，还需要时间。

其实，钟扬一直希望生物问题能用类似化学反应式的方式来解决，特别是对于杂交品种，希望能实现两种物质反应后形成一种化合物。这个思想的来源是荷花品种的分类，钟扬希望有一种方法通过现有的品种来推测原始的品种。感谢那个对年轻的科学工作者足够宽容的年代，让钟扬这个睿智的头脑得以做他想做的事。如今，很多科研项目经费申报中必填的一个项目是"重要意义"。对此，曾经因为对 DNA 测序方法的贡献而获得诺贝尔化学奖的沃尔特·吉尔伯特说："试想一下，如果我们让本杰明·富兰克林论证他发现的'火花'的重要性，今天还会有电吗？"

通过大型数据收集，数据库和统计数据相结合，计算生物学为生物学展示了一张参考地图。生物图谱与个人洞察力结合在一起，为未来的生物学研究提供了蓝图和执行策略。

坚守传统科研手段的科学家们对计算生物学的成见和质疑，很快就被这门新兴学科突破性的进展无情地击碎。1998 年，沃尔特·库恩和约翰·波普尔由于量子化学方法获得诺贝尔化学奖；时隔 5 年，2013 年，美国科学家马丁·卡普拉斯、迈克尔·莱维特、阿里耶·瓦谢勒也获得诺贝尔化学奖，获奖理由是"为复杂的化学系统创立了多尺度模型"。正如诺贝尔化学奖评选委员会在 2013 年的化学奖发布新闻稿中所说："现在的计算机对于化学家来说如同试管一样重要"，"理论与实验研究紧密结合，使得解决一些以前无法有效解决的问题成为可能"。

1998 年和 2013 年的诺贝尔化学奖，离不开两个重要原因，就是理论方法的发展和计算机技术的进步。这两项理论化学的成果，宣告了化学家在使用计算机定量研究物质结构和运动规律方面取得了重要进展，也使得理论与计算化学成为化学研究中不可或缺的工具，简单地说，就是创新。

2011 年 6 月，美国奥巴马政府发布了《材料基因组计划》

（*Materials Genome Initiative*，*MGI*）白皮书，希望通过推动材料基因组工程加速材料研发。这个计划是在美国制造业整体外移海外，造成大量国内工人失业的背景下提出的。中国制造业的快速发展，给美国造成极大压力。美国此举，意在重新夺回在全球制造业的领先地位。

众所周知，制造业的基础是材料与工业，材料科学实际上是制造业发展的瓶颈。因此，美国提出材料基因组计划，正是借用人们耳熟能详的生物基因概念，来表述材料科学的重要性。它的突出特点，就是强调实验、计算和数据库三个方法的高度融合。

回忆 20 世纪 90 年代初中国科学院建立青年实验室的往事，李伟说，对青年实验室的名字，他们讨论了很长时间，最后定名

1990 年 11 月，钟扬（第三排左六）参加各省、自治区、直辖市植物学会秘书长会议

为"计算生物学青年实验室"。在当时的学术背景下，一个地方研究所的几个年轻人能够如此精准地把握学科专业方向，在国内具有首创性。李伟说，钟扬工作起来非常"疯狂"。1990年的时候，中科院武汉植物研究所的很多单身宿舍还没有拆迁。钟扬虽然已经结婚，但依然住在那里。晚上经常看到，只有青年实验室的灯是亮着的。

那个年代，信息交流远远没有如今这么畅通。那时，钟扬和黄德世、李伟三个人在同一间办公室。他们根据有限的条件自己编软件，黄德世具体负责编程，遇到过很多难题。用BASIC语言做简单分析没有问题，但是，植物数量分类和数量排序这些方法刚刚引入国内，大家的认知十分有限，如果不了解清楚方法和算法的本质，会影响到计算的结果。

1994年12月，钟扬、李伟、黄德世编著的《分支分类的理论与方法》由科学出版社出版，钟扬撰写了前言。该书概述了分支分类学的主要原理与方法，详细介绍了分支分类的操作步骤与算法。全书分为引论、分支分类学原理、分支分析、分支树的优

钟扬（左一）出席中国科学院武汉植物研究所举办的学术研讨会，前排右二为施苏华

化与分支分类、分支分类学的若干应用 5 章，并附录 700 多篇参考文献和拉丁名索引、英汉词汇索引。该书出版了简装本与精装本，在业内堪称非常经典、实用的一本书。

也是在这一年，钟扬与中山大学教授施苏华相识于一个青年植物学者的小型学术会议，那次会议研讨了国内植物系统进化和分类学领域的状况，从而也开始了这两个优秀青年学者长达 20 多年的合作与友情。

猕猴桃的故事

当时，中科院武汉植物研究所有一个重点研究对象，就是猕猴桃。猕猴桃被誉为"水果之王"，质地柔软，颇有草莓、香蕉和菠萝混合的味道；而且，酸和甜的比例会随着时间变化。猕猴桃除了丰富的有机物、微量元素和人体所需 17 种氨基酸，还含有丰富的维生素 C、葡萄酸、果糖、柠檬酸、苹果酸和脂肪，具有药用价值。猕猴桃在《诗经》中已经有记载，李时珍的《本草纲目》中也有描绘。

钟扬被分配到中科院武汉植物研究所工作之后，得知这种被称为"奇异果"的水果，原产地竟然在中国，其种质母体是来自湖北宜昌农村的 20 根左右野生猕猴桃枝条，感到非常震惊。在此后的职业生涯中，他经常以此为例，表达对植物研究的热忱与动力。

猕猴桃本来是一种野果，直到 1904 年，一位新西兰女教师从中国湖北宜昌地区把它带回国。它从野生到栽培的发展过程，颇具传奇色彩。在 20 世纪之初，英联邦国家的一些传教士和植物学者曾经到中国寻求各种奇花异草，亦称"植物猎人"。

　　学习了植物学知识之后，钟扬发现，当年那些野生猕猴桃枝条被带走，简直是个意外。植物学家后来研究发现，猕猴桃这种植物是雌雄异株，所以，如果只剪回去雄的或者雌的枝条，是无法结果的。在当时，全世界的生物学家还没有人知道植物雌雄异株的机制，直到日本科学家在中国的银杏中发现植物精子，才知道植物有雌雄之分。大多数植物是雌雄同株的，一株植物上既有雌花也有雄花，它们可以授粉，可以繁育后代。而像猕猴桃这种雌雄异株的植物，则需要巧合。20 多根野生猕猴桃枝条，最后居然用一个父本、一个雄株和两个雌株进行杂交，在新西兰得到了一个非常重要的品种——"Hayward"。

　　时隔多年，有一次，钟扬应新西兰国家生物资源会议邀请，作大会报告。主持人不乏幽默地说："钟教授将告诉我们，新西兰如何从中国'偷'猕猴桃的故事。我用的英文词叫'引进'，他用的是'偷'。确实，因为没有签证，也没有向任何部门申报。"钟扬非常肯定新西兰植物学家的巨大努力，筛选出世界上最好的品种之一——Hayward。而且，新西兰人显然想遮掩这个品种的母体来自中国的历史，巧妙地把它的英文名字"Chinese Gooseberry"改成了"Kiwifruit"。"Kiwi"是新西兰的国鸟，这个名字听起来很新西兰化。"Kiwi"被翻译成中文，就成了"奇异果"。

　　让钟扬感到辛酸的是，来自中国的猕猴桃已成为新西兰的第一大产业。为了保证新鲜的猕猴桃在 3 天之内能运到世界各地，新西兰在猕猴桃种植区附近建设了机场。反观中国，种植猕猴桃往往经常在偏僻的地区，结果是很难吃到新鲜的猕猴桃。钟扬和他的同事在湖北收集了 70 多种猕猴桃。这些野生品种并不好吃，甚至长得也不好，但作为来自原产地的植物基因，是广义上的"种子"，是宝贵的植物种质资源。

1990 年，钟扬与洪树荣、傅俊、柯善强的合作成果——《正交拉丁方实验在猕猴桃组织培养中的应用》发表于《武汉植物学研究》第 8 卷第 2 期。然而，直到 2008 年 11 月 6 日，在新西兰举行的国际猕猴桃大会上，19 个国家的 200 多位专家才一致认定：中国是猕猴桃的原生中心，世界猕猴桃的原产地在湖北省宜昌市夷陵区雾渡河镇。

以植物学家的专业眼光，钟扬认为，新西兰植物学家对于他们国家最大的农业产业一定心存危机感，因为猕猴桃的植物基因是来自中国的 20 多棵野生植物。可以设想，当时剪走的这些枝条，如果不是猕猴桃种群里最好的呢？如果有一种病虫害对它进行了毁灭性打击呢？那么，新西兰的农业将会遭受多少惨重的损失！所以，新西兰植物学家心里明白，猕猴桃真正的遗传宝库在中国。

很文艺的美食家

20 世纪 80 年代中期，中科院武汉植物研究所下属的植物园免费开放；后来，开始收门票，但票价很低，收入寥寥无几。钟扬认为，应该把扩大游客量和科普宣传、增加门票收入统一起来，大胆尝试开发植物园的科普旅游资源，让植物园更加开放、更加社会化。那段时间，园艺中心要平整一块地。他就打着赤脚，光着膀子，推着板车挥汗如雨。老同事黄德世回忆说："钟扬做事总是亲力亲为，能吃得了苦。"

钟扬调整了植物园的植物配置，开放了园区，吸引大批中小学生前来春游或秋游。1994 年年初，他担任了中国科学院武汉植物研究所植物园主任，使植物园成为青少年的科普基地。如

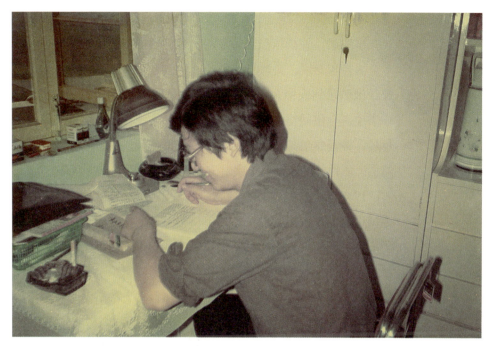

钟扬在武汉家中撰写数量分类学著作

今，中国科学院武汉植物研究所已经恢复了创建之初的原名——中国科学院武汉植物园，成为中国三大核心科学植物园之一，也是国家 AAAA 级旅游景区。

钟扬写的字，是公认的漂亮、洒脱。他喜欢用蘸水笔，而且非常用力，曾经被张晓艳调侃为"吃笔"，一支钢笔一两个月就要换笔尖。他写字又快又好，在与李伟合作写书的时候，还没有用计算机打字，原稿都是钟扬动笔誊写的，工整和规范程度，常人难以企及。

在中科院武汉植物研究所繁忙的工作中，钟扬深感跨界到新的专业领域如鱼得水，但其他的爱好难以兼顾。他在给同学的信中就流露过这样的心迹："目前的情况总的说来还好，工作事业上较满意，文学方面的兴趣受到很大的挫伤，这不能不说是一件

可悲的事情。"

事实上，钟扬依然保持着对文艺的喜好，笔耕不辍。他开有多个博客和专栏，文章非常受欢迎。他撰写的《要做时间的主人》，曾经被收录到安徽少年儿童出版社出版的《少年大学生谈学习》一书中。李伟回忆，他刚刚结婚不久，还住在单身宿舍。有一天早晨，钟扬急匆匆地跑来，说办公室太嘈杂，借他一个地方写一篇小说。钟扬说着就把里屋门一关，一口气写了一篇小说。

1989年，中科院武汉植物研究所组织了一次大型文体活动。钟扬自己创作剧本，说了一个单口相声，还拉着同事江明喜表演了一个对口相声。江明喜回忆说，他到中科院武汉植物研究所后就在植物分类与生态研究室工作，和钟扬同属一个研究室。开始的两年，江明喜大多时间在跑野外，和很多人都不熟悉。那次说相声，让他和同事的关系拉近了。

有一年，中科院武汉植物研究所举办年终联欢会，钟扬写了

钟扬（左）和江明喜一起说相声

一首《水杉颂》，因为水杉的发现地是湖北利川。据老同事回忆，钟扬当时写的歌词不止这一首。1991年，全国系统与进化植物学研讨会暨第二届青年学术研讨会在中科院武汉植物研究所举行，钟扬是研讨会的主要负责人。大家还记得，钟扬把中国植物学会的会标——银杏，印在了文化衫上。

谈起钟扬的厨艺，中科院武汉植物研究所的老同事至今还津津乐道。李伟当年住单身宿舍的时候，经常到钟扬家蹭饭。他回忆："在我认识的科学家里，钟扬有专业厨师水平。"钟扬说，他父亲钟美鸣就很会做菜，诸如红烧肉、红烧排骨，烧鱼和煲汤也很拿手。受钟美鸣影响，钟扬一直喜欢研究厨艺。有一次，他在食堂看到厨师正做馒头，回到家里就对钟美鸣说："我如果学会了做馒头，一定比食堂的好吃。"

钟扬的厨艺在出国做访问学者期间派上了用场。由于饮食习惯的差异，他会到超市买一些食材，自己研究做法，把做菜当成一种乐趣。果然，李伟后来出国的时候，专门向钟扬请教如何在国外做饭。钟扬告诉他，首先要学会用微波炉，也有很多菜谱；其次教他"一鸡三吃"的做法，国外鸡肉很便宜，买一些鸡腿、鸡翅回来，可以做麻辣鸡丝、鸡肉饼和骨架汤。

武汉植物园里有密林、湖泊和草地，钟扬引进了美国式烧烤。夏天的时候，他们会到湖边的草地上，用竹子搭棚，大家一起吃烧烤、喝啤酒。李伟回忆说："好像会把整个湖都喝下去的感觉。"此外，钟扬在湖边挖了几个沙滩排球场，打完排球一身汗，再到湖里游泳，休息一下继续打球，非常惬意的快乐时光。加拿大学者周进博士回忆："钟扬还引进了美式学术午餐会，请青年学者在午餐时间作学术报告。他带头作的第一个午餐报告是在美国的研究成果：一种新的分类算法及人工数据的验证。我们边吃边听他的报告。当时，我们质疑他的人工数据，

中国科学院武汉分院计算生物学青年实验室的同事们合影。前排右起：钟扬、李伟；后排右起：余清清、黄德世、洪亚平、张晓艳、程玉。

提出为何不用一个现有的、研究成熟的分类群作验证。他大讲使用人工数据的好处。后来，他的这篇文章发表在美国权威杂志'Taxon'上。"

黄德世比钟扬大9岁，一起共事16年。钟扬调到复旦大学之后，仍与黄德世一直保持着密切来往。黄德世回忆说："大家聚餐的时候，钟扬吃得最多，大口吃肉，大碗喝酒，还讲故事。大家都把碗筷放下，听他尽情地讲，然后一起大笑。"黄德世很怀念和钟扬一起相处的日子。谁有问题或者困难，钟扬的建议或者思路，都能给他很大的启迪和帮助。"他是我结识的最好的一个朋友、最好的一个兄弟，也是我工作和学习中的老师。"黄德世这样说。

直到2000年去复旦大学工作，钟扬在中科院武汉植物园依然留下他的身影，依然关心着武汉植物园的实验室。有关生物信息学、水生植物学和进化植物学最前沿的信息，他总是在第一时间传递给过去的同事。黄德世说，钟扬给大家的感觉就是永远在思考。他想的很多问题都有些超前，很多时候甚至无法得到所有人的共鸣。

来自中国科学院武汉植物园的回忆

再度出访

1995 年 4 月，钟扬担任中国科学院武汉植物研究所所长助理兼青年实验室主任；5 月，他以高级访问学者身份，分别赴美国加州大学伯克利分校、密歇根州立大学。这一年，他发表了《植物分类信息系统概述》，并与戴思兰、张晓艳合作发表了《中国菊属植物部分种的数量分类研究》。张晓艳与他一起再度出国，但是，她此行是到美国新墨西哥高地大学（Highlands University）生命科学学院攻读硕士学位。

1996 年，钟扬作为第一作者的论文《计算机技术在不同系统分类中间的融合与比较》，发表于国际植物分类学会会刊《分类》，在国际上率先提出一种新的交互分类数据模型（UNIC），并据此建立基于分类本体论思想的交互分类信息系统（HICLAS），为不同生物分类系统的整合提供了技术保障。这个杂志在生物分类领域非常传统，也非常经典，影响力很大。钟扬的这篇论文产生了很好的反响。

此外，钟扬与张晓艳的一项发明——《比萨饼乳酪添加剂及其配制方法》，由国家专利局刊发《发明专利申请公开说明书》。这一年的年底，钟扬由中科院武汉分院特批研究员职称。

　　1997年7月，香山科学会议①第七十九次学术讨论会，在北京香山饭店举行。本次会议的主题为"人类基因组计划与21世纪的医学"。在"生物进化的新理论和新方法"议题中，钟扬就系统发育重建方法中的数据处理和计算方法等若干问题作专题发言。这一年，他参与撰写了《分子生物学数据库概述》《交互分类信息系统和电子植物志的设计与实现》，并担任《数量分类学与微机信息处理研究进展》一书的副主编。

1997年，钟扬第三次赴美

――――――――――

① 香山科学会议，简称"香山会议"，由科学技术部（原国家科委）发起，在科学技术部与中国科学院共同支持下，于1993年正式创办，相继得到国家自然科学基金委员会、中国科学院和学部、中国工程院、教育部、中央军委科学技术委员会、中国科学技术协会、国家卫生和计划生育委员会、农业部、交通运输部等部门的资助与支持。香山科学会议是我国科技界以探索科学前沿、促进知识创新为主要目标的，高层次、跨学科、小规模的常设性学术会议。香山会议实行执行主席负责制，以评述报告、专题报告和深入讨论为基本方式，探讨科学前沿与未来问题。

1998 年，钟扬（左）到日本国立综合研究大学院大学拜访长谷川政美教授

　　1997 年，应美国密歇根州立大学计算机科学系 Sakti
Pramanik 教授邀请，刚刚担任中国科学院武汉植物研究所副所
长的钟扬，第三次赴密歇根州立大学访问和讲学。启程之前，他
的论文《一种基于子树相似度的树比较的通用方法及其在分类数
据库中的使用》发表在《生物系统》杂志上。

　　1998 年 5 月，钟扬结束了第三次在美国密歇根州立大学的
访问学者工作，到日本参加一个学术会议，顺访日本国立综合
研究大学院大学（The Graduate University for Advanced Studies）
统计数理研究所所长谷川政美[1] 教授。长谷川政美是国际上研究
分子系统发育的知名学者。分子系统发育，简而言之，就是在

---

[1]　长谷川政美（Masami Hasegawa），国际著名生物信息学和分子进化生物学
家，1973 年获日本东京大学博士学位，1986 年任日本国立统计数理研究所
教授，1988 年任日本国立综合研究大学院大学教授，2007 年任中国复旦大
学生命科学学院教授，长期从事动植物的分子系统发育与进化以及遗传多
样性研究。

1999 年，在中国科学院武汉植物研究所，右起：钟扬、长谷川政美、王丁、Andy Shedlock

DNA 水平上探讨生物界各类群的进化历史，通过构建系统发育树，研究不同生物体之间的系统发育关系。2018 年 5 月，长谷川政美教授在日本国立综合研究大学院大学，接受了钟扬传记影片《种子》摄制组的采访。他回忆："钟扬到我工作的统计数理研究所来拜访我，那是我们第一次见面。当时，我主要在进行生物信息学研究，就是如何处理 DNA 等各种生物学数据、开发提取信息的方法。钟扬也在作这方面的研究。我们都不是那种只满足于研究开发方法的人。为了开发真正有用的方法，我们都认为必须实地观察生物的实际生活环境。在这一点上，我们两人非常相似。"

1999 年，长谷川政美教授的团队与中国科学院水生生物研究所合作，研究长江白鱀豚。此行还有他的学生曹缨、Andy Shedlock 博士、二阶堂雅人等团队成员。得知长谷川政美到访武汉，钟扬立即赶去拜见，并邀请长谷川政美访问了中国科学院武汉植物研究所。两人意气相投，从此结下深厚友情，开始了之后长达 19 年的学术合作与师生关系。在中国重逢，也为他们一同到西藏开展野外科考埋下伏笔。

日本东京工业大学生命理工学部生命科学科准教授二阶堂雅人回忆："第一次见到钟扬老师，我还在读硕士二年级。他是一个性格豪爽、精力充沛、很有激情的人。记得我们一起乘火车从西安到西藏，他担心我不适应高原气候，一直很关心我，向我介绍车窗外出现的稀有野生动物，并让我多睡觉，消除疲劳。尽管氧气稀薄的卧铺车厢里令人不安，但是在他的细心关照下，旅途非常愉快。"

从海外回到中科院武汉植物研究所之后，钟扬和余清清等人合作的论文《传统药物及天然产物信息系统间的交互运行技术》《一个中药信息系统原型的初步设计与实现》先后发表。1998 年，钟扬先后被武汉大学生命科学学院聘请为该校植物学专业硕士论文答辩委员会委员及博士学位论文评阅人，还应邀担任湖北省第七届自然科学优秀学术论文评审委员会委员，又参加了中国科学院第十一期所级干部上岗培训班学习。

　　钟扬（前排左二）在日本文部科学省统计数理研究所担任客座教授时与研究室同事合影，前排左一为二阶堂雅人、左三为长谷川政美、后排左五为曹缨

钟扬回国前，张晓艳在美国新墨西哥高地大学获得科学硕士学位，接着在密歇根州立大学攻读博士学位。后来，她放弃已读了一年半的学业，在钟扬回国一年之后，于1999年到复旦大学生命科学学院继续攻读博士学位。

1999年，钟扬参与撰写的"*HICLAS: a taxonomic database system for displaying and comparing biological classification and phylogenetic trees*"，发表于生物信息学著名学刊《生物信息学》。此外，他与张弛合作的《衣藻属的系统发育分析——基于形态形状和nrDNA ITS序列》、与崔心红等人合作的《特大洪水对鄱阳湖水生植物三个优势种的影响》、与张亮等人合作的《生物多样性信息学：一个正在兴起的新方向及其关键技术》，在2000年分别发表于《武汉植物学研究》《水生生物学报》和《生物多样性》等业内学术刊物。

2000年5月，36岁的钟扬离开中国科学院武汉植物研究所，

钟扬（后右）与岳父张金海（后左）、岳母洪凤梅（前左）、妻子张晓艳在美国合影

来到复旦大学，担任生命科学学院教授。当时，他已经担任副局级职务。很多人对他的这个抉择感到不解和惋惜，认为他放弃了大好前程。但是，在钟扬看来，做一个学者或者说一个科学家，始终是他心中神圣的理想和目标。他一直没有被"官本位"的社会观念动摇和同化。这是他与众不同的价值观，尽管已经显得不合"潮流"。关于这个问题，他的真实心境在 2016 年的一篇文章中流露过：

> 几十年前的高中毕业生居然也算"知识分子"，现如今，乡领导就算是"官"了。只不过，以前再小的知识分子当了再大的官，大家还是觉得此人还像一个知识分子。而现在有着博士头衔的知识分子去当一个乡干部，大家也觉得此人就是一个当官的。

人各有志。也许，钟扬回想起 20 多年前写作文畅想 2000 年的往事，他已然实现了当一个科学家的梦想。这个理想带有 20 世纪刚刚改革开放之际的时代色彩，代表着那个年代有志青少年的主流价值观。然而，到了 20 世纪末，钟扬依然没有忘记初心。在他心里，不仅要实现做一个优秀科学家的梦想，还注定要像他父母一样，做一个优秀的教师。

第五章

旦复旦兮

36 岁的教授

　　2000 年，钟扬应陈家宽邀请，离开中国科学院武汉植物研究所，到复旦大学生命科学学院担任教授。这一年，他 36 岁，对更高的科学理想充满向往，也开辟了计算生物学等新的前沿学术方向。可以预见，高等学府将为他从植物学走向生物学的广阔空间提供更好的学术条件。正是在复旦大学，钟扬把学术目光投向了生物多样性领域。

　　对钟扬来说，陈家宽亦师亦友。当年，钟扬到武汉大学旁听生物学课程，在那里结识了正在攻读博士学位的陈家宽，后来又协助陈家宽及其学生进行论文的数据处理。1997 年，陈家宽由

1989 年，钟扬（右）与陈家宽（中）、诸葛仁参加全国中青年进化与系统学研讨会

大学同班同学、时任复旦大学生命科学学院环境与资源生物学系（生态与进化生物学系前身）主任的吴千红引荐，从武汉大学回到母校担任教授和博士生导师，主持生态学科建设，并接任复旦大学生物多样性科学研究所①所长。这一年，陈家宽 50 岁。复旦大学的生物多样性研究刚刚起步。陈家宽说："年满 50 岁，机

① 复旦大学生物多样性科学研究所（Institute of Biodiversity Science at Fudan University，IBSFU），是我国第一个以生物多样性为主要对象的专门研究机构和教学基地，成立于 1996 年。研究领域包括：生物多样性科学的理论和方法、种群和进化生态学、生物入侵的生态学、基因多样性与生物安全、城市化过程与生物多样性维持和丧失、生物多样性与可持续发展。目前，在系统与进化植物学、生物多样性信息学、保护生物学、种群与进化生态学和生物安全等 10 个方向上招收博士研究生。该研究所依托生态学专业先后于 2000 年和 2011 年被批准为二级学科和一级学科博士点，2002 年被批准为国家级重点学科。在 2012 年教育部进行的第三轮学科评估中，该研究所的生态学一级学科排名全国第三。2004 年，成立了我国第一个生态与进化生物学系。2012 年，设立生态学博士后流动站。

会已经不多了。幸运的是，我作出了回到复旦大学这一最好的
选择。"

复旦大学生命科学学院的前身，是 1923 年成立的复旦大学
心理系，在 1925 年成为复旦大学心理学院，1926 年又成立了复
旦大学生物系。创始人是美国留学归来的郭任远博士，他也是一
位优秀的科学家，培养了复旦大学历史上第一个研究生。郭任远
曾经作了一个颠覆动物本能的实验，轰动心理学界，就是把猫和
老鼠一生下来就放到同一个笼子里喂养，猫和老鼠长大以后亲密
无间。

复旦大学生物专业在民国时期就享有盛名，培养了童第
周①、冯德培②等著名学者。谈家桢③早在 1961 年即兼任复旦大学
遗传学研究所首任所长。1986 年 4 月，在生物学系和生物工程
系的基础上，复旦大学创办全国高校第一个生命科学学院，谈家
桢担任首任院长。

为了重振母校辉煌，陈家宽力邀 3 位优秀的年轻学者加盟，

---

① 童第周（1902—1979），生物学家、教育家、社会活动家，中国实验胚胎
学的主要创始人，中国海洋科学研究的奠基人，生物科学研究的杰出领导
者，开创了中国克隆技术的先河，被誉为"中国克隆之父"。1955 年，当
选为中国科学院学部委员（院士）。曾任中国科学院海洋生物研究所所长、
中国科学院副院长等职。

② 冯德培（1907—1995），神经生理学家，中国科学院生物学部主任委员、
中国科学院院士、原中央研究院院士、美国国家科学院外籍院士、第三世
界科学院院士、英国伦敦大学学院院士、印度国家科学院外籍院士，神经
肌肉接头研究领域国际公认的先驱者之一，中国生理学、神经生物学的主
要推动者之一。

③ 谈家桢（1909—2008），国际遗传学家、中国现代遗传学奠基人。获美国
加州理工学院博士学位，1980 年当选为中国科学院学部委员（院士）。1999
年，国际编号为 3542 号的小行星被命名为"谈家桢星"。谈家桢发现了瓢
虫色斑遗传的"镶嵌显性现象"，被认为是对于经典遗传学发展的重要补充
和现代综合进化理论的关键论据。

钟扬（左）与谈家桢合影

其中就包括钟扬，此外还有卢宝荣教授和李博教授。当时，高校教师的待遇不高，科研经费也很少，难以吸引优秀人才。陈家宽问钟扬："你在武汉已经是副局级干部，父母又住在武汉。你能下决心跟我来吗？"钟扬回答："我绝不后悔！"

陈家宽回忆钟扬

  2000 年，钟扬从武汉来到上海，告别了工作 16 年的中科院武汉植物研究所。那里是他和张晓艳爱情的萌芽地，也是他转行生物学专业的启蒙地。离开武汉，也意味着远离父母。但是，在钟扬看来，在复旦大学这样的高等院校工作，并且和陈家宽一起共事，比起中科院武汉植物研究所，具有更加宽广的学术空间，尤其是跨界研究与合作。钟扬认为，在复旦大学这片天地里，可以做自己喜欢的事情。此外还有重要的一点，就是他从小向往教师的情结。

  复旦大学中华古籍保护研究院院长、复旦大学原校长杨玉良院士回忆："我第一次认识钟扬时，他刚刚调进复旦大学，跟陈

2005 年 3 月，钟扬（左二）与陈家宽（右一）、卢宝荣（右二）、李博在一起

家宽老师一起组建生态学科。那时，老生物楼各方面的条件都很差；而且，学校没有给他们一分钱。当时，我是分管科研工作的副校长，从科研处给他们拨款 20 万元，这在当时是很小一笔钱。但是，在他们共同努力下，这个学科后来成为教育部重点实验室，而且成为重点学科。可以想象，钟扬他们在很短的时间要花费多少艰辛、努力。"

　　阔别大学校园 16 载，来到复旦大学，对于钟扬来说，这是一种陌生的熟悉。"日月光华，旦复旦兮"①，上海滩上的复旦与

———————

① 复旦大学的校名源自《卿云歌》。1905 年年初，马相伯准备筹建一所公学，他采纳于右任的意见，取《尚书大传·卿云歌》"卿云烂兮，纠缦缦兮；日月光华，旦复旦兮"中的"复旦"二字为校名，隐喻恢复马相伯曾经创办的震旦学院，以及复兴中华的双重含义。1905 年 9 月 14 日（清光绪三十一年八月十六日），复旦公学正式开学。1917 年，复旦公学改名为私立复旦大学，"复旦"一名延续至今。

合肥中科大的校园风格不尽相同。然而，钟扬是有着文艺情怀的"理科男"，复旦对他来说并不难适应。

　　刚到复旦一个月，钟扬就受命担任刚刚开始筹建的生物多样性与生态工程教育部重点实验室①副主任。主任由北京师范大学张大勇教授担任，卢宝荣教授担任学术委员会主席。

　　生物多样性是地球演化的独特产物，是人类赖以生存和发展的基础。生物多样性科学（Biodiversity Science）则是以生态学为核心学科，联合植物学、动物学、微生物学、遗传学、进化生物学、生物地理学等分支学科形成的新科学，是研究生物多样性的起源、维持与丧失过程及其机制，生物多样性的生态系统功能，以及对其进行管理、保护和持续利用的一个高度交叉的学科体系。

复旦大学生命科学
学院同事的回忆

　　早就涉足这一领域研究的钟扬与张亮等人合作撰写的论文——《生物多样性信息学：一个正在兴起的新方向及其关键技术》，刊登于《生物多样性》杂志 2000 年第 8 卷第 4 期。2000 年，钟扬继续保持学术著述的旺盛势头，有多篇学术论文在国内外期刊发表。

---

①　生物多样性与生态工程教育部重点实验室（Ministry of Education Key Laboratory for Biodiversity Science and Ecological Engineering），是国内唯一以生物多样性研究为核心的重点实验室，由北京师范大学和复旦大学联合建立，在生物多样性维持机制、濒危雉类人工种群建立、生物入侵的过程与影响、植物种质资源与生物安全等方面的研究得到了国内外同行的关注和认可，为生物多样性保护和退化生态系统的恢复与重建提供了科学依据，起到了学术引领作用。2000 年 6 月获准建设，2005 年 8 月 30 日通过验收，2010 年通过教育部重点实验室评估。该实验室立足国际生态学发展前沿，以生物多样性科学为主干，以具有国际影响的原创成果为科学发展目标，紧密结合国家生态建设、生物安全及可持续发展的战略需求，重点开展生物多样性维持与保育方面的基础与应用基础研究，为维护我国生物多样性国家主权、生物多样性的保育和持续利用提供科学决策依据，建设成为世界知名的生物多样性科学研究与人才培养基地。

钟扬在日本访问

　　2001 年 4 月，钟扬被复旦大学学位评定委员会批准为生物学一级学科植物学专业博士生导师。此前一个月，钟扬和卢宝荣、李博一起担任复旦大学生物多样性科学研究所副所长，成为陈家宽所长的左膀右臂。这一年 5 月，钟扬应邀担任日本文部科学省统计数理研究所客座教授。

双胞胎儿子

　　2002 年是钟扬人生中一个特别值得记住的年份。这一年 3 月，他到长谷川政美任职的日本国立综合研究大学院大学生物系统科学系，在职攻读博士学位，终于圆了他的研究生梦。他的双胞胎儿子也在 9 月 9 日出生。这时，钟扬和张晓艳已经结婚 14 年，39 岁的张晓艳已是高龄产妇了。

　　张晓艳后来回忆，结婚后，两人都忙于学习和工作，终于到了钟扬提出想要孩子的时候。张晓艳担心，按照他的性格，很难顾及家里和孩子。尽管钟扬信誓旦旦地说，有了孩子，他一定会改变，会多花时间照顾家。事实上，钟扬并没有做到这一点。

两个孩子出生那天，钟扬正出差在外地，参加一个"973"项目申请讨论会。张晓艳临产了，她父亲张金海只好打电话给钟扬和张晓艳的老同事南蓬。复旦大学生命科学学院副教授南蓬和经佐琴老师一起赶到医院，正赶上两个孩子从手术室被抱出来。听到孩子出生的消息，钟扬连夜赶回上海，到医院已经是第二天凌晨两点多了。

给孩子取名字让钟扬颇费心思，开始还不知道是双胞胎，就

2006 年，钟扬获得日本国立综合研究大学院大学博士学位

2002 年 9 月 9 日，钟扬的双胞胎儿子大毛（右）和小毛出生

给孩子想好了一个男女通用的名字——"海桑"，来自他正在研究的红树，后来改成了"云杉"和"云实"（乳名"大毛""小毛"）。云杉是裸子植物①，云实是被子植物②。

他笑称："花花草草很多，孩子不容易重名。如果人们都喜欢用植物给孩子取名字，那就说明最好的科普时代到来了。我的童年是伴随着一套残缺不全的《十万个为什么》长大的，所以我相信，科学能深入儿童的心灵。"

云杉和云实诞生后，钟扬的学生在复旦大学的 BBS 上发帖："钟扬教授和张晓艳博士的遗传学实验取得巨大成功，结果为两个新种：钟云杉、钟云实。"刚刚做了父亲的钟扬，将心中幸福万丈的喜悦用电子邮件分享给亲朋好友，说他发现了两个新的植物物种。北京大学教授顾红雅回忆说："当时收到他的邮件，我就说，哎呀，你这么厉害呀！就真的以为他发现了两个新物种，还问他拉丁学名取好没有。他告诉我是双胞胎儿子。我说，哎呀，我真笨呀，都没有想到这一点。"

两个孩子出生之后，一家人自然是一片忙乱。突如其来的辛

---

① 裸子植物门（Gymnospermae）是植物界的一门，既是颈卵器植物，又是种子植物；为多年生木本植物，大多为单轴分枝的高大乔木，少数为灌木，极少的为藤本；通常归为 13 科、70 余属，约有 800 种，分布在世界各地。裸油杉子植物最初的裸子植物出现在约 3.95 亿年前至 3.45 亿年前之间的古生代泥盆纪，历经古生代的石炭纪、二叠纪，中生代的三叠纪、侏罗纪、白垩纪，新生代的第三纪、第四纪。从裸子植物产生到 21 世纪，地质气候经过多次重大变化，裸子植物种系也随之多次演变、更替，老的种类相继灭绝，新的种类陆续演化出来，种类演替繁衍至今。

② 被子植物门（Angiospermae）是植物界的一门，也是当今世界植物界中最进化、种类最多、分布最广、适应性最强的类群。现知全世界的被子植物共有 20 多万种，占植物界总数的一半以上。我国已知的被子植物有 2700 多属、3 万余种。被子植物与人类有着极为密切的关系，中国的被子植物可提供食物的达 2000 余种，果树有 300 多种，花卉植物数不胜数，是药用种类最多的类群。

8 个月大的大毛（右）和小毛

苦和琐事，让钟扬、张晓艳这对中年夫妇毫无思想准备，感到手
足无措。钟扬和张晓艳刚到上海不久，新的工作刚刚起步。家里
是双方父母轮流照看孩子，最忙的时候还请了两个保姆。

钟扬对张晓艳说："带小孩，我确实不擅长。我们这样约定
吧，孩子 15 岁以前，你就多管一点，15 岁以后都交给我管。"
张晓艳当时觉得，15 年真是很漫长。但她知道，钟扬的工作也
确实难以分心，尤其是钟扬决心到青藏高原去开垦种质资源，非
常有意义，应该理解和支持他。于是，张晓艳决定独自承担起抚
养孩子的重任。然而，她也有自己的事业，毕竟不是全职家庭主
妇。为了找到工作和家庭的平衡点，张晓艳放弃了植物学研究，
到同济大学从事新开创的生物信息专业。除了带研究生，她还有
大量的本科生教学任务，但大部分工作可以在电脑上完成，工作
时间和空间相对灵活，可以免去很多出差任务，有更多时间照顾

家里。张晓艳回忆说，那段时间，如果备课或者工作，无论孩子在旁边多么吵闹，她都可以完全忽略。这也是无奈的情况下锻炼出来的心理定力。

2004年9月9日，大毛（前左）和小毛两岁生日时，在幼儿园与爷爷钟美鸣、奶奶王彩燕、父亲钟扬、母亲张晓艳合影

2006年2月，钟扬一家人在日本东京迪士尼乐园

120

张晓艳曾经很严肃地与钟扬交流过："如果你不能够陪伴孩子成长，那么以后肯定是会有遗憾的。"钟扬回答说："我明白，但是一个人的精力有限。现阶段，我有更重要的工作去做。我承诺，今后一定会很好地陪伴他们。"就这样，一个长达15年的约定，成为他们夫妻之间的默契，这个遥远的日子也成了张晓艳心中的一个动力。钟扬和张晓艳的父母都是知识分子，也都非常支持钟扬全身心投入到工作中，让他没有后顾之忧。

两个宝贝降临之后，这个家一直是聚少离多。2006年3月，钟扬在日本获得国立综合研究大学院大学颁发的论文博士（理学）学位证书。借此，他们一家在日本度过中国春节，一起到东京的迪士尼乐园游玩，留下了很多照片。那是一段难得的欢乐时光。

和学生零距离

2003年6月，钟扬担任复旦大学生命科学学院常务副院长，辅佐金力院长推进教学和科研改革，同时指导多名硕士和博士研究生。他曾经对学生说，搞科研很艰辛，要有浓厚的兴趣，否则会非常痛苦。做科研必须具备四种动物的品质：狗一样的嗅觉——知道哪些是科学前沿问题和有价值的研究方向；兔子一样的敏捷——马上动手去做，一个好的科学问题，全球可能有上百个实验室在研究；牛一样的勤奋——不断收集、整理和分析大量数据并反复验证，有只问耕耘、不问收获的精神；猪一样的心态——因为科学研究的道路上一直伴随着失败，要有超脱的心态。

兼任过复旦大学生命科学学院教授的长谷川政美回忆："我和钟扬在复旦有几年时间在同一个研究室，有着非常密切的交往。他经常往返于西藏和上海，同时还会去很多其他的地方。他的努力非同寻常，非常惊人。但不管多么辛苦，只要回到上海，他一定会把学生们召集起来，听取他们的研究进展。会散之后，一起去吃饭。在饭桌上，大家继续讨论各种课题。他非常重视与学生的交流。"

长谷川政美回忆钟扬

芬兰投资署大中华区总监朱彬在复旦大学生命科学学院读本科的时候，大三升大四的暑假，到天目山实习。钟扬作为学生心目中的"大牛教授"，到野外实习基地来作辅导。回到学校后，朱彬去找钟扬，想在他的实验室实习，当时也是抱着尝试的心态。没想到，钟扬当场就答应了。从那时开始，整整 8 年时间里，朱彬几乎一直和钟扬朝夕相处。

钟扬的博士生王莉回忆："我当年报考钟老师在中科院武汉植物研究所的研究生，考上之后，钟老师已调到复旦。如果我在武汉植物研究所读，就面临换导师的选择。钟老师让我感觉做科研是一件非常有趣的事，我愿意跟着他学习，就决定放弃在武汉学习，第二年重新考一次。"

上海自然博物馆展教服务处副处长唐先华，是钟扬在中科院武汉植物研究所指导的硕士研究生。她回忆："我在毕业那一年获得了中国科学院院长奖学金，这也是源于钟老师在学术上一个很大的成果，我也非常珍惜这个荣誉。我的先生是钟老师到复旦之后招的第一批博士研究生之一，所以，我总是说，我们一家人都是钟老师的学生，非常荣幸。"

钟扬的博士生顾卓雅回忆："刚进实验室，我们都会问钟老师，我要做什么课题？钟老师就会说，这个不要着急啊！他会给出很多参考文献。如果你能提出自己想做的东西，他都会很支持，从来不会把你的观点直接否定掉，会让你积极去尝试。如果你实在想不出来，他也会给你一个比较好的思路，让你自己去实验，鼓励你再去试一试。如果遇到很大的问题，他会用丰富的经验指导你去克服。他会教给你自己思考和探索的方法，'授人以鱼，不如授人以渔'，而不是简单地灌输知识。尽管当年我已经拿到两个美国全奖 Offer，还是想留在钟老师这里，继续完成我的博士学业。从我的本科到硕士，直到现在的博士阶段，除了科研，钟老师还在为人处世、日常生活等方面给了我很多指导，并分享他的经验。他确实是一位很好的人生导师和良师益友。"

曾经跟随钟扬做博士后研究的黄艳燕说："我在上海交通大学读博士，钟老师是我的毕业答辩委员会主席。他的知识非常丰富，为人非常风趣。之后，我就希望有机会跟他继续学习。他会引发你对某一件事情的热爱。你可能在某些方面做得不对，或者某个实验做得不好，会很紧张。他就告诉你，学生嘛，你要是什么都知道了，那还是学生吗？那还要我来干吗？你做错了事，他就说没事没事，我们一起来想办法解决。这是他的口头禅。所以，跟着他没有心理负担，积极性、主动性会被调得很高。这是他非常独特的人格魅力。"

唐先华率真地说："钟老师对人总是很亲切，面带笑容，但让人感觉到有一种威严在。在我毕业那一年，论文等各方面确实压力很大，也很紧张，感觉要流泪，也不敢当着钟老师的面哭，只能偷偷流泪。其他的老师就说，钟老师，您没必要给学生那么大压力。钟老师知道了就安慰我，总是很亲切，像对孩子一样。但是，他不会放松要求。"

顾卓雅坦言："钟老师是一个很聪明的人，也是一个很勤奋的人。更重要的，他是一个非常乐观、非常豁达的人。我们跟钟老师在一起，心里非常放松，不会惧怕尝试，也不会惧怕犯一些错误，因为钟老师不会责怪我们。即使再艰苦、再困难，他总是能用幽默感让整个工作非常流畅、非常轻松。我们每次遇到问

题，他总是安慰我们，说问题一定能解决。这种特别乐观的心态一直在影响着我们，让所有人都情不自禁地受到感染，把很多看似不可能的事情坚持下去做好。"

钟扬工作繁忙，经常随手拿一张用过的打印纸，裁成一半或者四分之一，在背面密密麻麻地写上近期的行程，完成一项就划掉一条，这样就很有成就感。直到划到最后一条，他就把纸条撕掉。用生物学的术语来说，他的工作方式就是"断点续接""快速切换"。他可能同时做十几件事，但有很清晰的脉络。他的这些工作习惯对学生们的影响非常大。

钟扬的学生们都熟悉他常说的一句话："不让一位同志掉队。"有些研究生由于各种原因中断学业，或者觉得读不下去了，坚持不住，申请退学或转专业。即便有的学生坚持要中断学业去工作，但还是被钟扬劝回来了。那些基础比较薄弱、研究没有方向，甚至一时毕不了业的学生，钟扬会收到他的名下，一个个谈心，一个个指导，最后让他们顺利地毕业，甚至成为优秀的毕业生。顾卓雅深有感触地说："有一些学生可能毕业遇到困难，或者找不到喜欢的课题，钟老师会以很开放的心态，把他们接纳到我们的实验室。他觉得，不能放弃任何一个学生，要让他们好好完成学业。"

餐桌上的"头脑风暴"

常人很难相信，钟扬每天只睡三四个小时，早上8点多就来到办公室。开始，他还多带一份早餐，哪个学生第一个来，就能获得这份早餐。最后发觉，跟着钟扬工作的学生都跟不上他的节奏。结果，他只好自己吃这两份早餐。很多人都知道钟扬喜欢美

钟扬为学生们做拿手好菜

食，不仅会吃，还酷爱做菜。

　　朱彬回忆，钟扬最拿手的菜是大盘鸡，烧得最好的一道菜是红烧鱼。其实，很多人忽略了一点：他给学生做菜的时候，同时也是讨论学术问题的"头脑风暴"时间，相互交流最近的研究和观察到的一些趣事。钟扬打过一个比方："学生一直是饥饿的。这句话一语双关：年轻学生都能吃，这是生理上的饥饿；他们对知识和未来的期望，是精神上的'饥饿'。对于学生的这种'饥饿'感和渴求，要特别认可与呵护，然后去督促和启发他们。"从这个意义上说，钟扬给学生做饭，既是工作餐，又是"学术餐"，里边饱含着潜移默化的教育，而不是空洞的说教。

　　钟扬会给学生讲很多小知识，比如你知道什么菜只有上海人吃，别的地方的人不吃？他说是草头，其实就是苜蓿，原来是喂马的。他还说，上海的马桥香干、咸菜蚌肉都是特色菜。钟扬

说："我们去浙江南部采莪花，那里吃辣，是为了去湿气；那里蒸菜特别多，是因为湿气重，柴火湿，烧不熟东西，只能把菜焐熟了。"

朱彬回忆起有关钟扬的很多细节："我们和钟老师相处，丝毫没有距离感，休息的时候一起打牌或者喝酒。虽然他的年龄大上十几岁，但和我们这些比较亲近的学生在一起，有时候也有孩子气的一面，跟我们开玩笑，甚至互怼。而且，他很享受这种氛围。那时候，复旦大学的生物楼晚上 10 点半要锁门，我们经常在锁门后才离开。钟老师不愿意影响值班的传达室师傅休息，就翻窗出去。但是，钟老师的体重有 200 多斤，雨水管经受不住，他就从门上链锁的缝隙钻出去。他比较魁梧，钻得很辛苦，但他就是这样，不愿意轻易打扰别人。"

黄艳燕回忆，钟扬对科研有很多奇思妙想，而且对最新动向把握得非常好。人家可能觉得他是一个天才，实际上，他平常大量阅读，付出了很多。除了天赋，一般人看不到，他其实那么努力。钟扬说，现在的学生看书太少了，要接受很多新知识。他有一个习惯，就是每天浏览美国国立生物技术信息中心的网页，把最新的资讯过一遍，看题目，看摘要，然后分享给学生们。有一次，钟扬要作一个讲座，早上起来就对着镜子练，练了十几遍，基本上可以把稿子倒背如流，而且很自然。后来，主办方告诉他，讲座只有 5 分钟时间。他又把讲稿浓缩成 5 分钟。表面上看，他做每一件事情都非常简单。其实，他背后付出的辛苦挺多的，只是别人没看到。

陈科元经常跟钟扬一起外出工作，有很多难忘的回忆。他说："有时候，钟老师半夜才忙完工作，会发短信通知第二天的早饭时间。他如果很早就要赶往机场，就会说：我把早饭做好了，放在锅里焖着。然后，他才忙自己的事。有一次在西藏，晚上 11 点了，他说，我们把笔记本电脑拿出来，准备明天上课用的 PPT。到了第二天凌晨 1 点半，钟老师说，你早点休息吧，3 点半起床。在西藏的一些工作还要理一理。3 点半钟，钟老师准时把我叫起来，他开始把一项一项工作理顺。到 4 点多钟，他说，科元，你去煮一碗面吧，就是那个酱油面，只在面里放点酱油。趁着我煮面的时候，他去洗了个澡，然后吃完面，就赶到机场飞回上海。"

中国科学院院士、复旦大学副校长金力教授，与钟扬共事多年，他感慨良多："钟扬在复旦大学任教 17 年，培养了 80 多位研究生。他上的生物信息学课，是生命科学学院最受欢迎的课，我的学生都选了他的课。他始终坚持有教无类、因材施教，根据每个学生的特点进行有针对性的培养。每次午饭，他会跟不同的学生吃。他说，这样才能跟学生有更多接触，更好地了解学生的特点。"

中国科学院上海生命科学研究院副研究员杨桢身患肌肉萎缩症。攻读硕士学位期间，他读的是生物信息学专业，毕业后很想继续深造。当时，国内这个学科的实验室还很少，由于身体原因，他的申请被许多实验室婉拒了。杨桢最后抱着试试看的想法，给钟扬发了一封邮件，讲述了他的经历和求学意愿。没想到，竟然收到钟扬的热情回复。2008 年，杨桢如愿进入复旦大学，成为钟扬的博士生。杨桢满怀深情地回忆：

在钟老师的实验室读博的这几年，无论学业还是生活，我都得到了他的悉心关怀和照料。记得刚到校的时候，我因为身体原因，不方便爬楼梯。钟老师马上去找学校，帮我把寝室调换到二楼。他给我分析说："南方的一楼在黄梅天会返潮，住久了对你的身体不好。如果楼层太高，你也不方便，还是住二楼吧。"我当时完全

没想到，这位每天事务缠身的大教授，居然会细心考虑到一个普通学生的生活琐事。

我家远离上海，读博第一年的寒假，留在学校没走。其他同学陆续启程回家了，钟老师担心我一个人在实验室孤单，就每天陪我一起工作。大年三十晚上，他专门跑去买了年夜饭，陪着我在实验室吃。那是我最难忘的一顿年夜饭！

在学业和工作上，钟老师对我参与的每一个课题，从原理方法到工具使用，再到最后数据的记录，都按照最严格的标准要求。我的论文更是被他反复修改，甚至连一个标点符号都不放过。正是在钟老师的实验室扎

钟扬（后排左三捧花者）和同事、学生们在一起

实、良好的科研训练，为我后来的工作打下了坚实的基础，至今受益无穷。

博士毕业后，我又继续在钟老师指导下从事博士后研究。我出站后，他积极为我推荐工作单位。考虑到我是北方人，钟老师就为我着想，设法让我回北方城市，但最后未能成行。钟老师最终把我推荐到中科院，在这里，我真正开启了自己独立的学术生涯。我对钟老师的感激之情，怎样说都不为过。

钟扬学生们的回忆

129

第六章
学术豪情

攻坚非典

　　2002 年年底，中国广东顺德出现首例非典①病例，并迅速扩散至东南亚乃至全球，导致包括医务人员在内的 900 多名患者死亡，引发全球性恐慌。2003 年 4 月 15 日，世界卫生组织将新加

---

①　非典，即传染性非典型肺炎，是一种由非典冠状病毒（SARS–CoV）引起的急性呼吸道传染病。世界卫生组织（WHO）将其命名为重症急性呼吸综合征。非典的主要传播方式为近距离飞沫传播，或接触患者呼吸道的分泌物。2003 年 4 月 16 日，世界卫生组织根据 11 个国家和地区 13 个实验室的合作研究结果，正式宣布重症急性呼吸综合征的致病原为非典病毒。2003 年 7 月 13 日，全球非典患者人数、疑似病例人数均不再增长，这次非典过程基本结束。

坡、中国台湾地区、加拿大多伦多、越南河内，以及疫情始暴发地区的中国广东省、山西省及中国香港地区列为疫区。

2003 年，钟扬参与了中国科学院上海生命科学院赵国屏研究员领衔的非典冠状病毒分子进化分析工作，对 61 个非典病毒全基因组序列进行了系统发育分析，对流行病学划分的非典在中国暴发经历的不同阶段的同义置换与非同义置换比率进行分析，发现非典冠状病毒在早期传播时存在不同的选择样式。论文 *Molecular evolution of the SARS coronavirus during the sourse of the SARS epidemic in China*，发表于《科学》（*Science*）杂志①2004 年第 303 期，署名为 "*The Chinese SARS Molecular Epidemiology Consortium*"。钟扬为并列第一作者，在非典病毒基因组分子进化分析中起到重要作用。中国科学院院士赵国屏回忆：

> 防治非典的关键是认识到它的病原。为什么全世界都恐慌？因为非典可以通过空气传染，并且可以致死；开始的时候，又不知道它的病原、病因，就像打仗，不知道跟谁打。只有对这个病毒有比较全面的认识，才可以采取措施，比如设计疫苗、寻找诊断靶点等等。
>
> 德国法兰克福的一个实验室最早测了这个病毒的一小段，认识到这是一个新的冠状病毒。香港大学的实验

---

① 《科学》（*Science*）杂志，是综合性科学周刊，也是世界上最权威的学术期刊之一，出版重要的原创性科学研究成果和科研综述，宗旨为"发展科学，服务社会"；《科学》杂志在 1880 年由托马斯·爱迪生投资 1 万美元创办，1894 年成为美国最大的科学团体——美国科学促进会（American Association for the Advancement of Science，AAAS）的官方刊物。全年共出版 51 期。它的科学新闻报道、综述、分析、书评等部分，堪称最权威的科普资料，也适合一般读者阅读。20 世纪初，《科学》杂志发表的重要文章包括托马斯·亨特·摩尔根的《果蝇遗传》、阿尔伯特·爱因斯坦的《引力透镜》，以及埃德温·哈勃的《螺旋星系》等。

室最早分离了这个病毒，而且从一定证据上证明它的致病性。接下来，美国和加拿大各测出一个非典完整基因组。之后一个很重要的任务，就是看它怎样从一个很弱的病毒、本来并非人携带的病毒，最后传染到人，变成人之间的快速传播。我们需要了解它的基因组发生了什么改变，才会成为这么严重的病毒。或者，我们至少可以去跟踪它，看它如何变化。在此期间，新加坡的科学家作了第一次贡献。

2003 年 5 月 2 日，我到广州参与这项工作。当时，国际学术界有一句话，说中国科学家在非典病毒研究上是失败的。我作为科学家，对这种评价有受屈辱的感觉，它是很难承受的一种压力。中国做了这么多年基因组研究，也建立了传染病防控体系，为什么在这项研究起步的时候这么惨！

我们首先获得了广东疾病预防控制中心提供的很好的样本来源，也有很好的信息基础，到 6 月中、下旬，就基本上对非典传播中最重要的 29 株病毒做了早期和中期测序。要注意，其他国际研究机构作的都是很晚期的测序，而非典病毒最重要的变动就在早期和中期。

我们获得了别人没有的，而且很完整的信息，接下来的分析工作是个难点。就像你写了一个很好看的故事，但是要有很扎实的科学依据做基础。于是，从 8 月份开始，我们与芝加哥大学的吴忠义教授、复旦大学的钟扬教授合作，搞清楚这个病毒进化过程中的真正动力，它是怎样进行基因组变异的，以及这个变异与它在各个阶段的关系，通过对非典病毒进化过程中的参数进行计算，作出定量的分析。

　　9月底，我们的论文投稿到《科学》(Science) 杂志，经过严格的审稿，在2014年年初正式发表。当时，国际上对这篇论文的权威评论有三句话：(1) 做了非常有远见的早期样本收集；(2) 根据这些样本素材做了很好的测序和分析；(3) 这项工作完成得很快。

　　我们的论文表明，在2014年年初，我们基本上从非典病毒基因组看到了它的进化轨迹，看到了它是怎样从动物到人，又从人到人的传染过程。这一点具有普遍意义，不仅是针对非典，而且对于各种人畜共患病，找到了从畜到人传播的共同规律。2013年，人类抗击非典病毒10周年之际，《自然》杂志专门发表了一篇回顾性文章——《理解我们的敌人》，其中大概一半多引用了我们研究非典的三篇论文。可以自豪地说，我们那篇论文可以说是站在了人类认识非典的最高峰，所谓中国科学家很失败的说法已经不攻自破了。

钟扬（右四）与赵国屏（右二）、李亦学（左一）、魏冬青（左二）、王侃侃（左三）、曾嵘（右三）、魏武（右一），在论文答辩会上

曾经参与赵国屏院士当年领衔攻坚非典项目组工作的中国科学院上海巴斯德研究所研究员、博士生导师郝沛回忆："2003年，我刚刚开始跟着钟老师读博士；同时，在李亦学老师领导的上海生物信息技术研究中心从事项目研究，这个研究中心也是当时非典病毒数据交汇和分析中心。我有幸参加了赵国屏老师领导的非典攻关小组，和钟老师一起整合了当时 NCBI[①] 发布的所有非典基因组序列，以及攻关小组收集到的从广东地区非典病人分离出的病毒基因组序列，并进行分析、计算。通过广东早期非典病人与中、晚期病人体内的病毒基因型比对，我们发现广东早期非典病人体内分离出的病毒更接近从野生动物果子狸中分离出的病毒，展示了非典病毒跨宿主传播过程中的变化；建立了位点分组最小突变率的打分方法，从大量的病毒序列数据中提取有效数据，来描述其分子进化轨迹，评估病毒突变和进化过程的关键分支点，检索出病毒传染过程中的关键突变位点，并建立突变位点和病毒传播过程中接合能力的关系；发现非典病毒的 SPIKE 基因的重大变异，并推断其与受体结合域内 6 个氨基酸的改变，在非典病毒从果子狸到人类的传播中起重要作用。"

对该项研究成果，吴家睿研究员在《科学通报》（*Chinese Science Bulletin*）2004 年第 3 期作了专门评述：它"标志着我国科学家在非典研究方面取得了重要进展，而且充分体现了在后基

---

① NCBI（National Center for Biotechnology Information），即美国国立生物技术信息中心，由美国国立医学图书馆成立于 1988 年 11 月 4 日。计算机科学家、分子生物学家、数学家、生物化学家、实验物理学家和结构生物学家组成的一个多学科研究小组，集中于计算分子生物学的基本和应用研究。它的使命是建立关于分子生物学、生物化学和遗传学知识存储与分析的自动系统；进行关于用于分析生物学重要分子和复合物结构与功能的、基于计算机信息处理先进方法的研究；加速生物技术研究者和医学治疗人员对数据库与软件的使用；加强全世界范围内收集生物技术信息的合作努力。

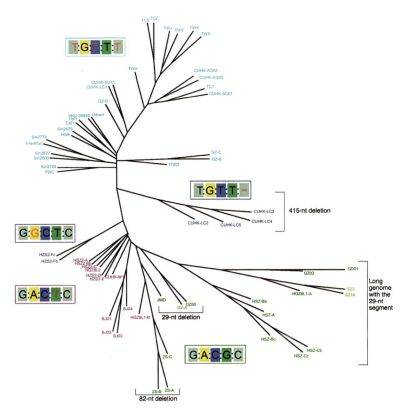

《科学》杂志 2004 年第 303 期中，赵国屏、钟扬、郝沛等人论文的插图：SARS 病毒的关键突变位点和分子进化轨迹

因组时代开展病毒研究的新思路"。

随后，钟扬课题组于 2004 年在《科学通报》上发表的论文《SARS 冠状病毒 S 基因的最近共同祖先序列重建及 SPIKE 蛋白的适应性进化检测》，通过共进化理论计算，提出了一个预测性假说，并且很快得到了确凿的实验证据支持。这篇论文的第一作者张原是钟扬的博士生，他撰文回忆：

> 当时已经有了很多非典病毒基因组序列，最关键的
> 问题却仍然无法回答——作为一种新生传染病的病原
> 体，非典病毒此前只是存在于动物宿主之中，为什么突

然获得了感染人类的能力？我们这个课题组关于非典冠状病毒刺突蛋白（即 SPIKE 蛋白）的分子进化研究，预测了刺突蛋白上面的 3 个突变，很可能是非典冠状病毒能够有效识别与结合人类细胞受体 ACE2 的关键。也就是说，这 3 个突变极有可能使得非典病毒具备了从动物跃迁到人类的能力。这个预测完全是基于公开数据的再分析，是破解非典暴发之谜的关键。那是我的第一篇 SCI[①] 论文，得到了钟扬老师的悉心指导。

该预测很快受到世界上第一个发现非典冠状病毒细胞受体 ACE2 的研究团队——哈佛大学医学院李文辉课题组的重视，并获得了强有力的实验验证——3 个突变中的 2 个确实使得非典病毒不再局限于天然的动物宿主，而是能够有效地感染人类细胞，进而快速地在人群中形成大规模暴发，成为震惊世界的新生传染病。同时，北京大学邓洪魁教授和赵国屏院士合作的团队，完全从实验出发得到了相同的结果。中国科学家的计算预测，很快得到了中国、美国科学家的同时实验证实——这正是国际科技合作的完美典范，也是非典病毒基因组学研究的一段佳话。并且，这一实例充分显示了分子进化分析的预测能力，为此后的大规模病原生物进化基因组学研究（例如血吸虫的比较基因组学）铺平了道路。

---

① SCI，即科学引文索引（Science Citation Index），是于 1957 年由美国科学信息研究所（Institute for Scientific Information, ISI），在美国费城创办出版的引文数据库。SCI（科学引文索引）、EI（工程索引）、ISTP（科技会议录索引），为世界著名的三大科技文献检索系统，是国际公认的、进行科学统计与科学评价的主要检索工具，其中以 SCI 最为著名。SCI 创办人为尤金·加菲尔德（Eugene Garfield，1925—2017）。

新的甲型 H1N1 流感

2009年4月15日和17日，美国疾病预防与控制中心（Centers for Disease Control and Prevention，CDC），将分别来自两名患病儿童的流感病毒，定为新的甲型 H1N1 流感① 病毒。序列同源性分析表明，这个新病毒是以猪流感病毒为主、包含了人流感病毒和禽流感病毒基因片段的新型三源重组病毒。钟扬参加了阵容庞大的流感研究上海协作组，由赵国屏院士牵头，对 H1N1 开始合作研究，最后的学术成果《新甲型 H1N1 流感病毒血凝素基因（HA）突变网络结构》发表于《科学通报》② 2009 年第 54 卷第 12 期。在同期杂志上，钟扬与赵国屏院士共同撰写了《从战争中学习战争》一文，文中写道：

> 2009 年 3 月，一种新的甲型 H1N1 流感从北美暴发，并很快在全球传播，目前感染人数已超过 1.7 万名。世界卫生组织（WHO）宣布的警备级别也迅速上升到五级，标志着人类与流感已持续至少一个世纪的"军备

---

① H1N1，是病毒抗原血球凝集素（Hemagglutinin）和神经氨酸酶（Neuraminidase）的缩写，意为具有"血球凝集素第一型"和"神经氨酸酶第一型"的病毒。H1N1 是一种 RNA 病毒，属于正黏液病毒科，宿主是犬科动物、鸟类和一些哺乳动物。H1N1 病毒引起的严重疾病大多发生于家禽和宠物，人类很少出现。但经过鸟类和以犬科动物为主的哺乳动物的传播和变异，可能导致疫情或人类流感大面积传播。

② 《科学通报》（Chinese Science Bulletin，中文版，1950 年创刊；Science Bulletin，英文版，1966 年创刊），是由中国科学院、国家自然科学基金委员会出版的中、英文版杂志。主要报道自然科学各学科的基础理论和应用研究方面，具有创新性、高水平和重要意义的研究成果。它的报道及时快速，文章可读性强，力求在比较宽泛的学术领域产生深刻影响，设有点评、进展、评述、前沿、论文、快讯、论坛、争鸣、动态和书评等栏目。

竞赛"又进入了一个新的阶段。

就在 6 年前，严重急性呼吸综合征非典在我国暴发。突如其来的、不知病因的流行病，使处于医疗卫生预防和医学科学研究体系均准备不足状态下的我国医务工作者、科技工作者、政府官员乃至普通民众，都经历了一次前所未有的考验，最终在举国抗击非典的努力下，还是打赢了这场"遭遇战"。随后，相关卫生预防体系有了极大的改善，科研投入大幅度增加。我国科学家陆续在国内外学术刊物上发表了一系列有关非典冠状病毒分析的论文，标志着我国的病毒学以及流行病学研究，真正进入了后基因组时代。

北美暴发甲型 H1N1 流感的消息传到国内，对非典记忆犹新的中国科学家立即组成协作组开展相关研究，根据国际公开的分子序列及部分流行病学调查数据，进行了生物信息学和进化分析。甲型 H1N1 流感病毒研究，反映了中国科学家在该领域独立进行研究的能力，也为中国控制和治疗流感以及相关研发工作提供了依据，尤为可喜的是，跨学科和跨地区的合作优势已初步显现。《从战争中学习战争》还写道：

从非典到甲型 H1N1 流感频繁的流行病暴发，对研究者们不啻是巨大的挑战。全球化社会对控制流行病的要求越来越高，而留给我们的反应时间似乎越来越短。唯有从战争中学习战争，我国与流行病预防治疗及其基础相关的众多科学技术和临床领域的研究水平，才能不断提高。

众所周知，1918 年的大流感，使全世界约 1/5 的人感染，数千万人死亡，超过了两次世界大战的死亡总和。《人类与病毒共舞》一文写道：

1918 年大流感悲剧并不会重演，但下一次流感大

暴发的危险从未消失……一部医学的历史就是一部人类
与流感共舞的历史，也是关于疾病的"认知史"，还是
人与自然、人与社会关系"共生与适应"的历史……由
于 H1N1 的一个远亲还存在于世，这场流感引发瘟疫的
可能性相对较小，但对绝迹已久的 H2N2 可能更需要警
惕……流感的暴发是没办法预测的，流感病毒也和其他
生物一样，是这个世界的一部分，是一个进化的产物。

日本血吸虫研究

2002 年，钟扬参加了中国科学院院士陈竺领衔的、国家人
类基因组南方研究中心的日本血吸虫全基因组分析工作。这项研
究是国际上首次报道的扁形虫基因组学研究成果，成为血吸虫研
究历史上的里程碑式工作。钟扬作为 PI（Principal Investigator，
科研项目负责人）之一，负责系统发育分析，对 5000 个功能基
因进行了适应性进化检测，获得了日本血吸虫进化及其与宿主间
相互作用的分子证据。论文 "The Schistosoma japonicum genome
reveals features of host-parasite interplay"，发表于《自然》杂
志①2009 年第 406 期。该文还与一篇关于曼氏血吸虫测序的文章
并列，作为该期《自然》杂志的封面，为血吸虫病的诊断和防治
技术的发展提供了科学依据。

---

① 《自然》杂志，是英国著名杂志，也是世界上最早的国际性科技期刊，
1869 年创刊，始终如一地报道和评论全球科技领域最重要的突破。办刊宗
旨为"将科学发现的重要结果介绍给公众，让公众尽早知道全世界自然知
识的每一分支中取得的所有进展"。《自然》出版集团（The Nature Publish-
ing Group）出版的姊妹刊物，包括8种研究月刊、6种评论杂志、2种工具书。

杂交旱稻研究

在我国，农业生产的耗水量约占全国总耗水量的70%；其中，水稻又占了农业生产耗水量的70%。在我国的云南、贵州、湖南等缺水的山区也有水稻种植，虽然产量并不高，但这些水稻有很好的耐旱性。钟扬参加了上海农业生物基因中心的工作，和首席科学家罗利军教授一起，收集云南、贵州、湖南等地山区栽种的旱稻品种。

加拿大学者周进在回忆文章中说："钟扬对水稻计算并不陌生。早在1990年，我研究野生稻的种内变异，找到钟扬解决数

钟扬在西藏进行科学考察

量分类的计算问题。当时，钟扬的计算机自编程序丢失，是钟扬请人按照他那本《数量分类的方法与程序》后面的附录现场录入。我看着他记录下题目、数据库大小、运行时间、文件名等信息，逐一向我解释结果，制作分类草图，并提出他对分类结果的看法。那时还没有互联网，我带上初稿，多次骑着自行车到中科院武汉植物研究所，和钟扬一起讨论论文结果和我对分类结果的看法。最后，我负责生物学解释，他负责方法论的部分。"

2003年，上海农业生物基因中心选育出世界上第一份杂交旱稻不育系"沪旱1A"，表明中国在全球杂交旱稻的研究中率先取得突破性进展。2004年，世界首例杂交旱稻组合在上海诞生。在袁隆平获得2013年度国家科技进步奖特等奖的同时，"水稻抗旱基因资源挖掘和节水抗旱稻创制"项目获得国家技术发明奖二等奖，论文发表于《美国科学院院报》（PNAS）和《核酸研究》。

这个项目建立了水稻QTL和基因发现数据库及C3植物光合作用代谢模型，通过计算机模拟，发现缺水状态下，其代谢通路间的协调性增强，为水稻抗旱基因挖掘和节水稻机制提供了理论依据。在灌溉条件下，杂交节水抗旱稻的产量、米质与水稻持平，但可节水50%以上。另一个重要的意义是，水稻是模式作物，破解了旱稻节水、抗旱、抗病虫害的基因密码，将给世界作物的绿色生长带来巨大的影响。因而，钟扬甚至尝试在西藏栽种水稻。

学术火花

加盟复旦大学的生态学科团队之后，钟扬更加意气风发、激情四射，科研智慧火花飞迸，学术著述成果迭出。2001年12月，钟扬、张亮、赵琼主编的《简明生物信息学》由高等教育出版社出版。该书为全国高校本科生和研究生使用的生物信息学首批中文教材，由复旦大学生命科学学院和计算机科学系"生物多样性信息学"联合研究组集体编著，概述生物信息学的基本概念、必备的计算机基础知识和主要的信息学资源，介绍DNA序列分析、系统发育分析、基因组分析以及蛋白质组分析等分析方法、关键技术和常用软件。除列有阅读材料、参考文献和思考题外，还附有生物信息学相关网址和刊物简介。

　　钟扬开启的生物信息学系列讲座生物信息学引论，从2004年在中国科学院武汉教育基地开课，到2018年已经举办了14届，钟扬生前每次都亲自带队授课。这个课程的听众目前累计超过2000人，主要来自中国科学院的水生生物研究所、武汉病毒研究所、武汉植物园、武汉物理与数学研究所，以及武汉大学和华中科技大学的硕士、博士研究生。这个系列课程的目标是，让生

2006年10月，钟扬在中国科学院武汉教育基地讲授生物信息学引论

命科学相关专业的研究生学习并掌握生物信息学的基本原理、方法和工具，学习并了解国际生物信息学领域的最新技术和进展，掌握生物信息学研究的基本技能，包括各类核酸序列数据库检索、序列比对方法和工具、系统进化发生分析和工具、组学大数据分析等基础知识与技能，并将生物信息学的方法应用到不同前沿领域。

郝沛不仅和钟扬一起参与了生物信息学引论全程授课，还合作了多个科研项目。2003 年，为了满足大规模基因组和蛋白质组分析的实际需求，他们设计并实现了新的多蛋白查询整合信息系统（MPSS）。该系统整合了国际上通用的蛋白质数据库，建立了一个高通量蛋白注释分析工具，为同时提取多个蛋白质的相关信息提供了新的平台。当时，不少国内外学者使用 MPSS 系统来开展蛋白质组分析工作。中国科学院院士贺福初等人在 2007 年出版的《生命科学》上发表的《我国蛋白质组学研究现状及展望》中，将 MPSS 系统列为我国建立的大规模蛋白质组数据生物信息工具，称其"有效服务于国内外一系列蛋白质组研究重大专项和合作计划"。

钟扬与母校中国科学技术大学的施蕴渝院士合作撰写的论文"*Solution structure of Urm1 and its implications for the origin of protein modifiers*"，发表于《美国科学院院报》（*PNAS*），在中国科技大学获得 Urm1 泛素结构的基础上，建立泛素超家族的进化关系，

2007 年，钟扬（右三）参加国际分子进化学术研讨会

提出 Urm1 作为分子化石的新见解，并提出基于结构信息的进化分析新方法。

钟扬充满智慧、创造性和勤奋的学术研究工作，为他后来在 2009 年荣获"杰青"①和"长江学者"②称号打下坚实基础，让他实至名归。

再造"开化纸"

很少有人知道，钟扬在众多的科研工作中，对于古籍修复纸张的研究与贡献。复旦大学中华古籍保护研究院院长杨玉良院士

① 国家杰出青年科学基金（The National Science Fund for Distinguished Young Scholars），简称"杰青基金"，创立于 1994 年，是中国为促进青年科学和技术人才的成长，鼓励海外学者回国工作，加速培养造就一批进入世界科技前沿的优秀学术带头人而特别设立的科学基金。它支持在基础研究方面已取得突出成绩的青年学者自主选择研究方向开展创新研究，资助全职在中国内地工作的优秀华人青年学者从事自然科学基础研究工作。

1994 年度"杰青基金"评审会于 1995 年 2 月在北京举行。经过以朱光亚为主任的评审委员会认真讨论、评审和无记名投票表决，评定出 1994 年度"国家杰出青年科学基金"获得者 49 名，资助金额为：一般实验科学，每人 3 年 60 万元；数学、纯理论物理学和管理科学，每人 3 年 30 万元。"十五"计划期间，国家杰出青年科学基金每年资助优秀青年学者 160 名左右，每人获得的资助经费一般为 80 万—100 万元人民币，研究期限为 4 年。

实践证明，这项基金已经成为行之有效的、促进我国高层次优秀青年科技人才脱颖而出的重要途径之一，涌现出白春礼、陈竺、李静海、李家洋、王志新、刘德培、田刚、卢柯等一批又一批杰出青年科学家，其中 30 多人当选为中国科学院院士或中国工程院院士，成为我国科技界的栋梁之才。

② "长江学者奖励计划"是中华人民共和国教育部与李嘉诚基金会为提高中国高等学校学术地位、振兴中国高等教育，于 1998 年共同筹资设立的专项高层次人才计划。该计划包括实行特聘教授岗位制度和长江学者成就奖两项内容。

在接受钟扬传记影片《种子》摄制组采访时，讲述了这个故事：

> 我们复旦大学中华古籍保护研究院在恢复一种古代造纸方式，就是寻找到这种造纸原料——瑞香科的荛花。这个造纸原料是一种植物纤维，主要产地是地处浙、皖、赣三省七县交界的浙江开化县，用这种原料造的纸故称"开化纸"。因为荛花品种很多，经过去各地考察，钟扬选出了最好的野生瑞香科荛花。用相当于植物克隆育苗的生物学方法，在实验室里育苗，很快就实现了大面积种植。虽然目前种植存活率还不高，但植物克隆的方式比较容易进行。通过反复尝试，成功率会越来越高，这样就能够生产大量的荛花。所以说，钟扬的工作是奠基性的。

参加这个项目工作的黄艳燕博士回忆："开始，我们对'开

钟扬（前排右一）和黄艳燕（前排左二），在浙江省开化县寻找北江荛花

化纸'的原料来源并不确定，通过查阅一些古籍，模模糊糊知道大概是周边的某种植物。钟老师就带着我们进山去找这种植物，后来找到的是'北江荛花'。之后，制定了一个比较详细的方案，进一步了解它的生态分布和具体的生长环境、它的多样性。以开化县为中心，向周边慢慢延伸，从居民区扩展到自然保护区。"

杨玉良院士介绍说：

现在造纸业的加工方式是做纸浆，就是在纸浆生产过程中加入强碱。为了让纸白，就要漂白。我们的研究结果发现，如果用漂白或强碱处理，植物纤维的寿命就会大幅度缩短，缩短到原来的10%多一点。所以，我们提出用生物学方法，就是把植物纤维当中的墨汁素，或者一些果胶和蛋白质，用微生物吃掉。钟扬对这个非常感兴趣，他说可以来做这个实验。

如果他活着的话，相信他一定会把用生物做纸浆的方法研究出来。我觉得，他对古籍的意义有非常深入的理解，热爱这个事业，是一位在人文和科学两方面都有很高造诣的科学家。他利用植物学和生物学的知识，帮助我们进行"开化纸"的复原工作。考虑到我们的研究院刚成立，很难获得比较多的经费支持，他做了这么多工作，却没有花古籍保护研究院一分钱。

修复古籍的纸张要求做得极其薄，每张纸每平方米的重量在两克左右，目前做出来的"开化纸"已经能够达到这个程度。经过考察发现，荛花应该是一个非常重要的"开化纸"的制造原料。"开化纸"的韧性很好，强度很高，非常白，水墨印刷效果非常好，而且也可以用于铜版印刷。一般的纸张加大压力会破裂，但这种"开化纸"虽然很薄，但可以不爆裂。因为荛花的纤维非常长、非常好，即使一张纸放在洗衣机里洗一小时，拿出来展开，仍然是一张纸；你可以拼命搓它，然后手一捋就平了。今后，"开化纸"可以在古籍修复、补强中起到非常重要的作用。因此，我们研究院人人都非常怀念钟扬老师。如果不是英年早逝，相信他会为这个事业作更大的贡献。

杨玉良回忆钟扬

为了培养古籍保护与修复学科的专门人才，钟扬还考虑到研究生的名额问题。就在他殉职前不久，这个专业获得了二级学科博士学位授予资格。由于钟扬的贡献，在浙江"开化纸"的恢复、再造上，复旦大学中华古籍保护研究院已经能够做出非常好的"开化纸"。这种纸张在古籍修复、典籍印刷，以及古籍善本再造、重印等方面，能作出更大贡献。用荛花这种原料做出来的纸张，经过初步测算，它的预期寿命可以达到 2800 年以上。古籍是历史文化最重要的载体，国际上一些收藏亚洲书籍的图书馆，都面临着古代典籍的保存和复制问题。

钟扬在 2016 年提出召开一个国际学术会议，研讨手工纸的制作、它的寿命以及其他一些理化性能。这个重要的提议已变成了现实。来自国内几大图书馆、台湾故宫博物院，以及美国、欧洲一些大图书馆的负责人，专门研讨了"开化纸"，包括如何鉴定它的纸本、如何用现代科技手段再

钟扬在浙江省开化县寻找北江荛花

造"开化纸"。与会者普遍认为，这次会议是"开化纸"复原、重生的一个标志性事件。明清以来，"开化纸"一直作为皇家书籍用纸，以及宫廷抄书、印书的专用纸张。从保存的明末清初版本可以看到，凡是用"开化纸"印制或抄写的古籍，现在依然洁白如玉，而且没有明显的老化现象。古籍善本再造，按照现代纸张的保存时间，一般三五百年都算很长了。所以，"开化纸"的重生具有千秋万代的文化意义。

复旦大学生命科学学院党委副书记、微生物学与微生物工程系教授钟江介绍，钟扬还提出使用电子显微镜，用分子技术分析植物特征的方法，来判断古籍纸张的年代。这样，就可以对"古籍"的真伪作出判断。

国际视野

钟扬的国际学术足迹，最早可以追溯到 1988 年首次出访日本。他的学术成果首次进入国际领域，应该是在 1989 年，与陈家宽、邹洪才、李伟合作撰写的论文《中国慈姑属系统发育的研究（英文摘要）》，入编《日本京都第四届国际植物物种生物学术讨论会论文集》。1990 年，他还与李伟、陈家宽、黄德世一起发表了《世界慈姑属植物的数量分类研究》。

从 1992 年到 1998 年，钟扬先后在美国密歇根州立大学、加州大学伯克利分校（University of California，Berkeley）任高级访问学者。到复旦大学工作那年，他出访了加拿大女王大学（Queen's University）。其间，他一边准备学术报告，一边马不停蹄地拜访不同的教授，并与这些教授建立了学术交流和学生培养工作的联系。如今，女王大学与中国的合作已开花结果，还专门

2003 年 3 月，钟扬（左二）与任文伟（左一）、长谷川政美（左三）等人在日本西表岛考察红树

在复旦大学设立了驻中国办事处。由 2001 年至 2006 年，钟扬三次担任日本文部科学省统计数理研究所客座教授，其间与长谷川政美教授的团队开展了关于红树、非典、日本血吸虫等多项研究，发表了多篇学术论文。

日本文部科学省统计数理研究所外籍研究员曹缨博士回忆："我第一次见到钟老师，是在长谷川政美教授的研究室。当时，我在那里做博士后。我们团队用 Maximum Likelihood Method（最大似然法，通常称 ML 法）方法，作分子系统发育研究，在国际上也是领先的，在《自然》《科学》等杂志上都发表了一些文章。但是，基于最大似然法的计算复杂，计算量大。当时，国内在作植物系统发育研究方面，比较多的还只做到分类，用 ML 法的很少。钟老师向长谷川政美教授学习用 Maximum Likelihood 建立分子系统树（指用核苷酸或氨基酸等分子数据构建系统发育

钟扬与长谷川政美（左）、曹缨在一起

树）的方法，对如何选择红树植物的分子数据相应统计模型进行了探讨。这为以后几年内，钟老师在国际学术杂志上发表多篇论文，以及在研究红树科系统发育关系及适应性进化方面取得成果打下了基础。钟老师对各门学科的独特见解，包括植物学、统计学、计算机学，以及对跨学科的融会贯通，给我留下了深刻的印象。2003 年非典后，我们还一起作了有关非典冠状病毒 SARS CoV S1 蛋白适应性的分析，对非典病毒为何能很快地适应对人体细胞的侵入以及快速感染进行了探讨，并在 2005 年和 2007 年发表了合作撰写的论文。"

2002 年，钟扬邀请中科大同学、美国加州大学河滨分校（University of California，Riverside）的姜涛教授，加入上海生物信息技术研究中心，并作为子课题负责人承担了国家"973"项目，课题是关于药物分子设计的相关生物信息学研究。同时，他们还共同培养学生，开发了利用基因在基因组上的排序，研究直系同源基因的新方法。直系同源基因存在于不同物种里，比如人类、小鼠类、鸡或者病毒等等，它们的功能是相似的。基因的功能在进化中不会因为物种的分化而改变，但是，基因在复制的时候会发生功能改变，没有经过复制的同源基因就被称为直系同源基因。钟扬与姜涛合作研究怎样通过基因组信息，找到直系同源基因，并共同发表论文"*MSOAR: A High-Throughput Ortholog Assignment System Based on Genome Rearrangement*"。

姜涛回忆："钟扬很珍惜同学友谊。不少同学去西藏访问，都把他在拉萨的宿舍作为落脚点。我去过三次西藏，都和钟扬有关。2004年，在拉萨附近的山上采红景天，我记得在庙里住了一夜。当时，头很疼，拉肚子，发烧，一夜未眠，晚上也没吃东西。第二天，又从海拔4500米继续向5000米爬，我跟不上他们。他们在前面跑，我只能在后面慢慢地爬。2010年，钟扬邀请一批生物信息学国际同行，参加在青海西宁举行的一个学术会议。他希望能向中国西部地区宣传生物信息学，并满足大家去西藏的愿望。钟扬不厌其烦地为外国同行办理进藏手续，并且邀请年龄较大的学者进藏。钟扬承担了很大责任和风险。2011年，我第三次进藏。我女儿在美国临近高中毕业，和我一起到西藏，参加植物标本的采集和分类活动。我和女儿学到不少植物标本的制作知识。那一次，我们还到了珠穆朗玛峰大本营。我女儿觉得有非常大的收获。"

姜涛回忆钟扬

2010年，钟扬（右三）和姜涛（左一）在美国加州大学河滨分校，与姜涛实验室成员合影

英国牛津大学的 James C. Crabbe 教授与钟扬相识于 2006 年。他们共同参与了复旦大学研究生院和牛津大学沃弗森学院的多项合作，还一起在西藏和海南进行野外科学考察；他们合作发表了 11 篇学术论文，Crabbe 教授与钟扬指导的博士后学生也合作撰写了多篇论文。Crabbe 教授回忆："我与钟扬教授合作的第一篇论文，是关于常年寒冷潮湿气候下的植物适应性问题。他对植物充满感情，尤其对在西藏发现拟南芥高海拔生态型非常自豪。他深爱西藏，是那样激情满怀，希望通过教育迎接这个世界的挑战。他对生物信息学有很深的造诣。我们还合作过'大熊猫为什么吃竹子'等课题。"Crabbe 教授对钟扬充满怀念之情，常常回忆起相处时的很多难忘往事。他说："钟扬身上体现了一种激昂向上的精神——只要心在飞翔，道路就永远在远方。"

James C.Crabbe
教授回忆钟扬

纵观钟扬的学术旅途，很容易发现，他在行万里路的同时，还胸怀著万卷书的理想。"著书立说""著作等身"这些字眼儿在平常人看来如同苦海，又如险峻陡峭的山峰。但是，钟扬的著

钟扬与 James C. Crabbe 教授（左）、Michelle Ma（右）在一起

述如浩荡春风，一纸飞行。在超过 30 年的学术著述生涯中，他十分注重国际合作学术研究，注重在国际学术期刊上发表论文。例如，他与美国密歇根州立大学的桑涛教授合作的论文 "*Testing Hybridization Hpyotheses Based on Incongruent Gene Trees*"，提出一种检验不一致基因树中杂交事件的新方法。

2000 年 12 月，钟扬（左一）在加拿大与女王大学的研究生合影

此外，钟扬还花费大量精力翻译国外学术著作，其中包括科学史方面的专著。有他参与翻译的作品，也有他率领团队集体合作的译作，包括根井正利、库马所著《分子进化与系统发育》，D. W. Mount 所著《生物信息学》，E. 奇文、A. 伯恩斯坦所编《延续生命——生物多样性与人类健康》，詹姆斯·D. 沃森所著《基因·女郎·伽莫夫：发现双螺旋之后》，菲利普·R. 赖利所著《林肯的 DNA：以及遗传学上的其他冒险》，肖恩·卡罗尔所著《造就适者——DNA 和进化的有力证据》。尤其值得一提的是，他的译作《大流感——最致命瘟疫的史诗》一书，成为科普书籍登上

畅销书榜的范例。

钟扬曾经到过很多国家和地区进行学术交流活动。同时，出于对推动中国科技发展的使命感和责任感，他以敏锐的目光考察了所到之处的学术状况和经验。比如，他从关注日本的科学研究开始，关注诺贝尔奖，提出"原创的就是世界的"这一论断，希望能够对中国的科研体制和学者有所启发。

2001年，钟扬到日本担任文部科学省统计数理研究所客座教授。就在那一年，日本出台了"第二个科学技术基本计划"，明确提出日本要在50年内获得30个诺贝尔奖。这一口号在当时引起强烈异议。很多科学家认为，科学研究具有不确定性，不能像生产丰田汽车一样"生产"诺贝尔奖。就连诺贝尔化学奖得主、日本名古屋大学教授野依良治，都公开批评日本政府提出这样的目标"没有头脑"。出人意料的是，在接下来的十几年中，日本果然将十几个诺贝尔奖收入囊中。

钟扬考察后发现，获得诺贝尔奖的日本科学家发表在《自然》《科学》等国际顶尖学术期刊上的论文并不多，甚至竟然有的论文没有出现在英文期刊上。例如，日本第一位诺贝尔奖获得者汤川秀树，首次提出著名的介子学说，预言了介子的存在。这篇论文《论基本粒子的作用》只发表在《日本物理·数学会刊》上。

另外一位日本科学家益川敏英，甚至不能用英文在国际刊物上发表文章，也很难用英文与国际同行交流。他几乎不看国外刊物，获得诺贝尔奖之后，竟然提出领奖时说日语，而且那次领奖是他人生中第一次出国。钟扬认为，"原创"才是最重要的；并且，随着大数据时代的到来，可以开展数据驱动型科研，或者基于大数据的科研，一些非常宝贵的数据很可能导致原创性成果。以前写成论文是原创，现在分析数据也是原创。要抓住机会，多做原创性的事情，多思考基本的科学问题。

日本的本土科学刊物给人们的启示是：要通过国际化提高自信心，而不是通过国际化丧失自信。另外，钟扬认为，我国现阶段的教育和科研过多依赖于考核手段。他曾经开玩笑说："如果诺贝尔奖通过考试获取，不吃不喝，考上七天七夜，第一名肯定是中国人。我们很难理解，一个不懂英文的日本人竟然可以获得博士学位。在我国，这样的人可能在幼儿园阶段就输在起跑线上了。"

钟扬尖锐地指出，我国发表的论文越来越多，但原创思想并不多，这与科研方向的引导、科研经费的走向密切相关。事实上，只有科学家自己才最了解科学工作本身。对学术刊物影响因子的过分依赖，在很大程度上反映了我们还没有足够的自信，不能通过自己的眼睛判断论文的水准，只能通过他人的标准来评价自己。美国学者也常说，一个国家高等教育成熟的标志是：所谓一流的大学不可能在所有领域保持一流，也不可能容许一个二流的大学在所有领域都是二流。

"只要是原创的，就是世界的"，这就是钟扬对中国学术界的忠告。

第七章
青藏高原

"世界最高学府"

　　2001 年 8 月 17 日，钟扬率领一个 6 人野外科考小组，首次登上青藏高原。复旦大学与西藏自治区高原生物研究所的这个合作项目，邀请了东京大学长谷川政美教授、北京大学顾红雅教授、中山大学施苏华教授，以及复旦大学张文驹副教授和任文伟博士。

　　张文驹回忆："有一次吃饭，服务员不慎，将一盆辣椒火锅的水泼在了钟老师的大腿上。服务员吓坏了，钟老师却哈哈一笑，显得宽容大度。在拉萨一下飞机，很多人感到头晕。钟老师笑着说，我不晕，我体积大，储藏的氧气比你们多。当晚住进宾馆后，有一位日本教授高原反应严重，出现肺水肿，意识模糊。

2001 年，野外科考小组在西藏米拉山口，左起：长谷川政美、施苏华、任文伟、顾红雅、张文驹、钟扬

陪同人员紧急求助懂日语或英语的人。钟老师二话不说，就去协助沟通、联系医院，一直忙到很晚。"那次在西藏林芝鲁朗镇，他们遇到 4 个放学的孩子，见到他们就大方地跳起舞来。钟扬十分开心，与孩子们一起合影，还送给他们礼物。

钟扬到西藏科学考察并非偶然，向他推荐研究西藏植物资源的两位老师，是曾经在西藏大学前身——西藏师范学院工作过的吴千红和刘少初。这要追溯到 20 世纪 70 年代中期，上海市援建西藏师范学院的历史。1974 年，上海市高教局接受了支援西藏高校建设的任务，从全市相关高校抽调教师，到拉萨负责西藏师范学校升格为西藏师范学院这个项目。每批援藏教师任期两年。

第一批援藏教师从 1974 年至 1976 年进行基建工作，盖铁皮房和平房作为教室及师生宿舍；从 1976 年至 1978 年，第二批援藏老师继续搞基建并开始招生。生物学专业的学生全是中小学文化程度的藏族孩子，入学后先补习两年汉语。

157

西藏师范学院于 1975 年宣告成立，吴千红当年是第三批援藏教师，1978 年到西藏后工作了两年，担任数理系生物学教研组组长。吴千红回忆，他那批援藏干部，上海全市共 33 人，其中复旦大学有 13 人。那时的西藏条件艰苦，生物系白手起家，连教学用的标本都没有。他带领学生与同事，采集了 2000 多幅植物标本和上千具鸟类等各类动物的标本，至今还在使用。1978 年，刘少初从湖南师范学院（现湖南师范大学）毕业，被分配到西藏师范学院，和吴千红成为同事。刘少初长年在西藏从事科研和教学，对当地植物资源和分布非常熟悉。

世界自然基金会（WWF）中国淡水项目主任、同济大学和加拿大女王大学兼职教授任文伟博士，是当年随钟扬首次赴西藏科考的成员之一，曾经在长谷川政美门下做博士后研究。他

2001 年，钟扬（前排左一）与长谷川政美（前排左二）等人参加西藏雪顿节开幕式

2001 年，野外科考小组在西藏米拉山口，左起：任文伟、钟扬、施苏华

回忆："钟扬从那时开始，和长谷川教授合作进行分子系统发育研究，其间说到他的梦想，就是在不同尺度寻找不同生命之树的'根'。像青藏高原这种高海拔地区，是研究生物进化的绝佳之地。"

　　连钟扬本人也没有预料到，2001 年首次西藏之行，奠定了他此后矢志不移的学术方向和人生梦想。从此，他每年都到西藏工作，直至生命结束。钟扬说："去西藏，与其说是支援，不如说是学习。这是因为，对研究生物学的人来说，西藏就是世界的第三极，是我们最重要的财富。我去西藏，是因为对西藏的生物多样性资源非常感兴趣。和当地同行共事之后，我想，靠我一个人的力量有限，他们研究当地的生物多样性有天然的优势，我有责任和他们一起把西藏的生物学科建设好。"

　　钟扬喜欢称西藏大学① 为"世界最高学府"。他刚踏进这座海拔 3000 多米的高等学府时，西藏大学申报的国家级项目还是空白，老师们没经验，不知道怎么申报，也没人敢申报。钟扬就挨个给老师们做工作。他不仅义务帮西藏大学的老师们修改项目申请书，还提供申报补助。只要申报了国家项目，无论是否成功，每个项目，他都自掏腰包补助 2000 元，用于支付申报过程中产生的费用。

　　2001 年，钟扬和西藏大学副教授琼次仁一起申请国家自然科学基金，申报项目是"西藏大花红景天的居群分布、化学成分

2013 年，钟扬与藏族博士生拉琼（左）、德吉（右）在复旦大学药学院实验室

---

① 　西藏大学（Tibet University），简称"藏大"，是西藏自治区所属的综合性大学，"211 工程"重点建设大学，"中西部高校基础能力建设工程"高校，西藏自治区人民政府与教育部共建高校，国家"双一流"世界一流学科建设高校，"卓越医生教育培养计划""卓越农林人才教育培养计划"改革试点高校，2013 年被列入中西部高等教育振兴计划，并成功获批为博士学位授予单位。西藏大学的历史可追溯到 1951 年的藏文干部训练班，历经西藏军区干部学校、西藏地方干部学校、西藏行政干部学校、西藏师范学校（1965 年）、西藏师范学院（1975 年）等阶段，1985 年 7 月成立西藏大学。

变化及地理信息系统研究"。说起这个项目，还有一段渊源。当时，钟扬在复旦大学生命科学学院指导的学生雷一东正在撰写这个方向的博士论文，主要内容就是西藏大花红景天的遗传多样性和它的化学成分研究。原来，雷一东在中国科学院武汉植物研究所期间，曾经在钟扬管理的部门工作。当时，中科院武汉植物研究所安排钟扬拜著名植物学家傅书遐为师。傅书遐是我国著名的植物分类学家，蕨类植物、景天科植物专家，也是胡先骕①在新中国成立前培养的最后一个弟子。不料，在即将举行拜师仪式之际，傅书遐不幸病逝。雷一东回忆这段往事时说："钟老师选择这个项目，有这样一份师生情怀在。"

这个项目在2002年落选，钟扬鼓励琼次仁说："万事开头难，明年再来！"2003年，这个项目终于申报成功，它是西藏获得的第一个国家自然科学基金项目。为了这个项目，项目组成员一起到西藏和云南采样，并到北京和西安查找相关标准。

2004年，琼次仁被诊断出肝癌和胃癌。钟扬每次从西藏飞回上海，都会专门到成都的医院去一趟，跟琼次仁讲讲野外考察和研究的进展情况，给病床上的琼次仁带去宽慰。2005年，两人最后一次见面。琼次仁紧紧拉着钟扬的手说："钟老师，我还没和你合作够啊！我走时，你抬我！"在藏族礼仪中，这代表着藏族汉子对朋友最深的信任。琼次仁病逝之后，扎西次仁和拉琼两位老师也参与了西藏大花红景天项目，继续这项工作。

钟扬刚到西藏大学的时候，学科建设面临"三无"：理学院

①　胡先骕（1894—1968），植物学家、教育家，中国植物分类学奠基人，创办了庐山森林植物园、云南农林植物研究所，并发起筹建中国植物学会，与钱崇澍、邹秉文合编了我国第一部中文《高等植物学》，首次鉴定并与郑万钧联合命名"水杉"，还建立了"水杉科"，提出并发表中国植物分类学家首次创立的"被子植物分类的一个多元系统"，以及被子植物亲缘关系系统图。

2004 年 8 月，钟扬（右二）和琼次仁（右一）等人在野外考察

无硕士点，植物学专业无教授，老师们都无博士学位。2009 年 9 月 6 日，教育部公布 2008 年度"长江学者"名单，钟扬入选"长江学者"特聘教授，工作单位为西藏大学，是西藏自治区第一人。2010 年 8 月，钟扬作为中共中央组织部选派的第六批援藏干部之一，担任西藏大学理学院副院长。他在全校大会上立下誓言："如果西藏大学拿不到博士学位点，我绝不离开！"那时，西藏大学在理工医学科方面连硕士点都没有。

2011 年，西藏大学生物学一级学科硕士学位授权点获得批准，重点培养高原植物学、动物学和生物物理学等方向的硕士研究生。此后，钟扬又多次陪同教育部专家到西藏进行实地考察，制订富有西藏特色的生态学学科规划和实施方案。到西藏大学以后，钟

来自西藏大学的回忆

扬逐年减少了在复旦大学的研究生招生量，因为他觉得精力有限。他说，在青藏高原，生活节奏必须放慢，培养人也特别慢。他又说："我在复旦大学可以培养很多博士，但我在西藏培养的博士大部分会留在西藏大学，为西藏工作。西藏的学生对这片土地有感情，对这片土地上生长的植物有感情。他们无论走得多远，大部分仍会回到西藏，肩负起推动学科建设和科研发展的任务。"

2013 年 7 月，西藏大学民族学、中国语言文学、生态学三个一级学科获批博士学位授权点。生态学博士点由钟扬主持。这是西藏自治区首批博士点，实现了西藏高校理科博士点"零的突破"，圆了几代藏大人的梦。一个月后，钟扬成为中组部选派的第七批援藏干部之一，担任西藏大学校长助理。

2013 年，钟扬在西藏大学讲课

藏族博士扎西次仁

钟扬在援藏期间逐渐认识到，只有把科学研究的种子播撒在藏族学生心中，在西藏留下一支科研团队，西藏的生态科学研究

才能走得更远。

2002 年，扎西次仁从挪威卑尔根大学（Universitetet i Bergen）硕士毕业，回到西藏大学任教，遇到了正在西藏工作的钟扬。后来，他报考了钟扬的博士生。2007 年 6 月，在钟扬指导下，扎西次仁主持的"青藏高原藏药原植物种质资源库的构建"项目，得到上海市农业生物基因中心 25 万元经费资助，并于 2013 年 1 月完成。

扎西次仁（左）给钟扬献上哈达

2008 年，扎西次仁博士毕业，成为西藏大学第一位获得植物学博士学位的青年教师。2013 年 3 月，在钟扬的鼓励下，扎西次仁主动要求借调到西藏自治区科技厅西藏自然科学博物馆筹备领导小组办公室，负责生物标本和科普文字工作。如今，他成为西藏自治区高原生物研究所种质资源库的首位主任。这个种质资源库是西藏自治区"十二五"重点建设项目，中央预算总投资 5000 万元，建有植物种子库、植物离体库、动物库（脊椎动物库和昆虫库）、DNA 库、微生物库和信息中心等 6 个库。目前，已库存西藏野生生物种质资源标本 388 个、种质资源 3877 份。

2017 年 9 月 30 日，是种质资源库正式启动的日子。8 月初，扎西次仁最后一次见到钟扬时，邀请他出席启动仪式，并为团队举办讲座。钟扬欣然应允，不料，9 月 25 日就传来他遭遇车祸的噩耗。悲恸之余，扎西次仁更坚定了继续收集青藏高原种质资源的决心，以完成钟扬的未竟事业。

同为钟扬的弟子，拉琼在谈到师兄扎西次仁时说："他现在做

钟扬采集的高山植物种子

的事情就是大量采集植物种子，然后存放到库里。他是钟老师培养的第一个博士，可以说，完全继承了钟老师的事业。他经常在外面跑，去采集种子。很多高山植物的种子，一般在 9 月到 11 月才成熟。他对我说，钟老师坚持了这么多年，我们不能放弃。我们还要继续采集，这是钟老师希望我们做到的。"

藏族博士拉琼

西藏大学理学院教授、博士生导师拉琼，还记得 2006 年 7 月第一次见到钟扬时的情景。当时，他刚从国外留学后回到西

钟扬（右一）与朱彬（右二）、扎西次仁（右三）、王庆彪（右四）、曹缨（左二）、南蓬（左一）在西藏考察

藏。钟扬对他一再叮嘱：千万不要把英语丢了。这句话给他留下很深的印象。拉琼回忆："第一次和钟老师交谈，就能感受到他的睿智和幽默、诙谐，而且知识非常渊博。我始终都跟不上他的思路，因为他的思维很多是跳跃性的。很多东西，他认为是常识性的，直接就跳过去，从他的思维逻辑中省略了。后来，我才慢慢习惯了他这种非常活跃的思维方式。"

那时，刚回国的拉琼还没有决定是否继续攻读博士学位。有一次，钟扬从拉萨返回上海之前，在贡嘎机场给拉琼打来电话。这次，他在西藏没有见到拉琼，临走还记挂着拉琼报考博士的事。当时，拉琼因为孩子还小，就把读博士的事推迟了一两年，但钟扬还是一再鼓励他报考。回忆起跟随钟扬学习的往事，拉琼说："第一年很忙，要学很多课程，还要做实验。很多次，钟老师在白天和我们讨论学术问题，讨论课题和论文。到了下午 5 点左右，我们经常一起出去吃饭。在西藏，一般晚饭后各自回去休息。钟老师就说，唉，你怎么回去呢？我们还要回实验室干活。回到实验室，就有干不完的事情，他经常干到第二天凌晨一两点。有时候，我特别不适应，不像在西藏，工作节奏比较慢。"

钟扬与拉琼（左）在西藏拉萨贡嘎机场

藏族女博士德吉

"80 后"藏族女生德吉是西藏日喀则市江孜县人，她的求学道路可以说是藏区孩子的缩影。德吉升初中那年，她的妈妈走了整整两天路，为她从江孜县农村小学申请到报考内地西藏班的机会。1994 年，德吉参加了一年一度的西藏自治区内地西藏班升学考试，被济南西藏中学录取。她 12 岁离家，4 年后回来，妈妈都快认不出女儿了，最后是通过看牙齿，才从一群孩子中认出德吉。在济南西藏中学初中毕业后，德吉到北京西藏中学读高中，并在化学老师的引导下，于 2001 年考取浙江大学化学系。

本科毕业后，她以优异成绩被保送，直升化学系研究生，跟随导师郭伟强攻读硕士学位。2007年，德吉作为急需人才，被引进到西藏大学化学系任教。

2012年，钟扬鼓励德吉报考博士，从事生物化学交叉学科的研究。德吉回忆，她第一次见到钟扬非常紧张。听说他是非常有名的教授，但一进钟扬的办公室，发现钟老师是那么和蔼可亲。钟扬让她先和家人商量。开始，德吉觉得研究生命科学中的植物学，与自己原来的专业跨度很大，但是，钟扬睿智的思想和独特的思维方式深深吸引了她。于是，她当年就报考了钟扬的博士生，成为他门下第一个藏族女博士生。

2017年6月23日，复旦大学2017届研究生毕业典礼暨学位授予仪式上，德吉为导师钟扬献上哈达

2017 年 6 月 23 日，复旦大学举行 2017 届研究生毕业典礼暨学位授予仪式，这也是钟扬作为研究生院院长最后一次主持学位授予仪式。德吉从导师钟扬手中接过博士学位证书后，突然拿出事先藏在袖子里的哈达，为他献上了洁白的哈达。没想到 94 天之后，钟扬就永远告别了他的学生们。

博士毕业后，德吉成为西藏大学理学院化学与环境科学系副教授。她说："钟老师最大的希望是培养西藏当地的人才，他也经常问同事们还有哪些年轻人有培养潜质。钟老师走了之后，我才发现他对西藏最大的贡献是培养了本地人才。获得博士学位之后，我觉得很多工作可以慢慢干。钟老师的走，对我打击很大。我总是告诉自己，如果再不努力，就对不起钟老师。以前钟老师在的时候，我们的科研平台没有那么好，但钟老师一直在努力。很可惜，我们的科研平台快建好了，钟老师却这样走了。所以，我告诉自己：钟老师的工作，我们必须延续下去，不能让钟老师失望。现在，钟老师的学生们都很拼命地工作。"

2017 年 12 月，德吉怀着身孕，坚持来到位于西藏大学的实验室接受采访。她说：

> 教学楼的楼梯口挂着钟老师的照片。按照藏族习俗，一个人去世后，他的照片都要烧的。刚开始，我上楼都不敢抬头看，因为心里非常难过。现在每次上楼梯，我总是跟钟老师说一句心里话，告诉钟老师：我们一定会努力。现在想来，钟老师的照片对我们是一种激励。每次都在无意中告诉钟老师，我有信心做好工作，不会让钟老师失望。有时晚上睡觉时，我会告诉自己不能浪费时间，明天要早起，把钟老师希望我做的事完成好。不然，怎么跟钟老师交代？

德吉还说："钟老师除了在生活上照顾我们，传授给我们知

德吉回忆钟扬

德吉与导师钟扬合影

识，还教我们思考问题的方法。我们一般考虑的，都是自己会有什么成果，但钟老师想的是对西藏大学、对学生、对学科建设有什么好处。钟老师的学生中，有藏族、汉族、哈萨克族、回族。我们这个团队就是一个民族大家庭。钟老师培养每个学生的方式都不一样，但对我们的关爱是一样的。"钟扬生前曾经鼓励德吉申报国家自然科学基金，还与她探讨过选题和内容。钟扬不幸离世之后，为了不辜负他的期望，德吉在怀孕期间毅然决定撰写项目申请书。家人担心电脑辐射对胎儿健康有影响，她就背着家人，挺着大肚子，偷偷用电脑写申请报告。她说："如果这次不写，我怎么跟钟老师交代？"2018年6月，德吉收到了西藏自治区科技厅重大专项立项通知，她欣慰地说："这次申请成功，可以告慰钟老师对我的期待了。"

哈萨克族博士吾买尔夏提

吾买尔夏提是钟扬的博士研究生，来自新疆，是哈萨克族。2004年6月，吾买尔夏提参加了在杭州召开的一次学术会议，钟扬是会议主持人。休会期间，钟扬主动找到吾买尔夏提，谈起他向大会投稿的关于新疆旱生植物研究的论文摘要，详细询问了他的研究方向。吾买尔夏提说，由于受当地实验室条件限制，他主要从形态学角度研究植物分类，还不能从分子水平进行研究；

并表示，希望有机会学一学分子生物学知识和实验技术，回到家乡开展这项研究。钟扬热情地向吾买尔夏提介绍了复旦大学分子生物学研究的进展，还邀请他会后到上海参观实验室。

这次简短的学术交流，向吾买尔夏提悄然推开了新世界的一扇窗。在参观了复旦大学和实验室后，吾买尔夏提找到了自己的梦想落地生根的土壤，这里就是他学习分子生物学知识和实验技术最好的环境。于是，吾买尔夏提向钟扬提出报考博士研究生的想法。钟扬认真地对吾买尔夏提说："读博士不是容易的事情，你要做好一切准备才行。"不过，他也告诉了吾买尔夏提一个好消息：第二年，正好有计划要招收一名少数民族学生。这对吾买尔夏提来说正是好机会，他兴奋地说："明年，我一定考上！"

果然，功夫不负有心人。2005 年 9 月，吾买尔夏提成功考入复旦大学生命科学学院，攻读植物学博士学位，开始了 3 年师从钟扬的博士生涯。对吾买尔夏提来说，适应上海的学习、生活环境，似乎比博士入学考试更难。作为来自偏远地区的一名少数民族老师，与年轻的硕士、博士一起上课，他一开始很吃力。气候、饮食、语言等等，都需要适应。钟扬经常带吾买尔夏提到学校附近的新疆饭馆吃饭，解其思乡之苦；还时常叫上他的其他学生一起聚餐，聊各自的学习和研究，帮助吾买尔夏提更快地融入新集体中。

吾买尔夏提刚到复旦大学时，对电脑操作还不十分熟练。钟扬叫来学生，手把手地教吾买尔夏提。2008 年 6 月，吾买尔夏提顺利完成博士学业，回到母校新疆农业大学。他申请了不少研究项目，并在新疆农业大学建起了分子实验室，实现了他第一次见到钟扬时的梦想。

2004 年 8 月，吾买尔夏提（左）与导师钟扬在新疆

藏族硕士边珍

钟扬的藏族学生、复旦大学生命科学学院生命信息专业2015 级硕士研究生边珍说："平时和钟老师一起讨论一些科学问题，他一直会有一种很强的代入感，会跟你讨论怎么把这个东西做出来。更多的时候，他更像是一种可能性的创造者。我觉得不太可能的很多东西，在他身上就变成很可能。他一直会让你去尝试各种各样想做的事情。很多难题，他从来不会跟你说'特别难'或者'不可能'，一般都会说'可以啊''你试试看'，或者是给你很多方向性的建议。比如，我要独立完成一件事，他就告

诉我，你可以去尝试一下。真正去做的时候，他会给我列出一张表，告诉我接下来可能会遇到的问题，并告诉我应该怎样处理。后来发现，这些问题真的都会遇到。钟老师有很强的预见性。"

钟扬突然离去，对边珍的打击非常大，几天以泪洗面。在为钟扬整理办公室的遗物的时候，她无意中碰到了鼠标，发现钟扬的电脑还是开着的，上面网页显示的是从上海去西藏的航班信息。如果没有那场飞来横祸，边珍硕士毕业后，会继续报考钟扬的博士研究生。她已经规划好了读博期间的研究方向，将继续对西藏酸奶的采样工作，进行更深入的研究。边珍回忆说："钟老师从来不会强迫我们去做什么事，都是以一种商量的口吻对你说。如果你不是很愿意去做，他也不会觉得你不好，或者认为你不应该这样回答。他很尊重我们自己的选择，而且会提一些建设性的意见。钟老师对我的影响，不仅仅是学术上的指导，在我整

2017 年 5 月，钟扬（右二）与边珍（左一）、盛立宇（左二）、拉琼在西藏拉萨

个人生中，包括待人接物的方式、独立思考的能力等等。对我的影响都特别大。"

来自少数民族地区的汉族学生

在位于宁夏银川的北方民族大学读书时，陈科元听到钟扬的报告，被他的健谈、博学和风趣深深吸引。陈科元回忆："当时，我跟钟老师的距离也就三五米，但感觉非常远。后来，我又陆续听到了钟老师很多报告，觉得他对少数民族地区的少数民族学校特别偏爱。他的每次报告都会给人带来不一样的冲击感。"

两年之后，陈科元实现了跟随钟扬学习的梦想，终于可以离他很近。有一次，陈科元要跟钟扬参加一个活动，钟扬让他穿正装。他说没正装，就穿了钟扬的西装。又发现没腰带，钟扬就把腰带解下来给他，自己顺手找了一根绳系在腰上。陈科元这才知道，钟扬真的是只有一条腰带。想起那些天钟扬腰里系着一根绳上下班的情景，他非常感慨，觉得钟扬离学生非常近。

正在攻读博士学位的刘天猛来自云南，在读博士之前，他从未踏出云南。当时，刘天猛只是看过钟扬编写的《数量分类学》，就通过邮件与他取得联系，希望报考他的博士生，又担心自己的英语成绩差。在钟扬的鼓励下，刘天猛成功考取博士研究生，开拓了自己更广阔的天地。"钟老师为我们来自西部地区的学生，创造了很多出来学习的机会。钟老师会找一些很前沿的、高水平的论文，比如《自然》《科学》杂志上的一些科研论文，其中涉及南极的海洋生物多样性、东南亚热带地区的生物多样性等等。通过这些例子，钟老师逐步引导我探索青藏高原生物多样性的起源。"刘天猛回忆道。

2013 年，钟扬在深夜工作

刘天猛还说："我是一个长在农村的孩子，对身边山坡上、地里的一草一木，都有很深厚的感情。钟老师这么多年来往返于西藏和上海，带领学生在青藏高原考察。我也能够感受到，钟老师对于青藏高原的一草一木、对于植物多样性研究的热情和感情。"

培养地方科研团队

面对西藏大学的状况，钟扬意识到建立西藏当地高端科研人才梯队的重要性。他并不仅仅着眼于科研成果、科研项目申报和学术论文发表，而是具有战略眼光，用更长远的思维考虑科学问题。他更想通过培养起西藏的科研团队，与西藏的学生和教师一起，将青藏高原的生物多样性科学研究推向世界。钟扬说："在西藏大学申请一个生物学博士点或许没有那么难，但是，要使这项研究达到国际水平，不是一朝一夕就能完成的。"

赵国屏院士说："钟扬对种子事业的执着、对植物资源宝藏的热爱，变成了他很具体的行动。他对培养少数民族青年一代是

175

2013年8月，钟扬在西藏日喀则进行野外科考途中

有passion（激情、酷爱）的。他的实验室里有那么多藏族和其他少数民族的年轻人，我从来没有在别的实验室见过这样的情景。"

2016年8月，武汉大学生命科学学院教授、西藏大学理学院副院长刘星援藏期满。但西藏大学当时正处于申请生物学硕士点、生态学博士点以及建设一流学科的关键时期，理学院希望他能继续援藏。刘星有些犹豫，和钟扬一起参加在成都召开的会议时，便向钟扬征询意见，是否继续参加第八批援藏工作。

钟扬给了刘星坚定的答案：留下来。他说：我们都是做生物多样性和生物进化方向研究的。青藏高原有得天独厚的资源，对一名科学工作者来说是难得的机会。而且，西藏大学的学科建设和科研工作，正急需内地有经验、懂专业的人一起推动。

钟扬对西藏大学的学生厚爱有加。他出资发起"西藏大学学生走出雪域看内地"活动，组织了80多名藏大学生赴上海学习，开阔眼界。整个活动花费了数十万元。谁都没想到，前前后后都是他自掏腰包。钟扬从不提起，直到好几年后，大家才发觉。有的学生做大学生创新创业项目，资金不够，他就出钱补上。西藏大学给了钟扬一笔科研奖励费，他分文不动，主动提出给几个经费不足的学院用。

来自少数民族地区的学生，也许因为起跑线各不相同，在高层次的学习中，会比其他同学吃更多的苦头。但是，钟扬也很清楚，他们学成之后，可能就是家乡或者母校在该研究领域的佼佼者，也许就此诞生这个地区或这所学校历史上的第一位植物学博士或者生态学博士，为该区域、该院校学术上的发展奠定坚实基础。

2001年，钟扬第一次踏上青藏高原，跋山涉水，寻草访树。从2010年起，他连续成为中组部第六批、第七批、第八批援藏干部，在沪藏之间"飞行工作"。2011年9月，青海省政府聘请钟扬为"昆仑学者"特聘教授；2012年，钟扬担任大连民族学院特聘教授……作为援藏干部，一般一轮是3年。每一轮援藏快结

2007年8月，钟扬（右二）与团队成员在西藏野外吃工作餐

束时，钟扬都有无可辩驳的理由说服妻子张晓艳，让自己继续参加下一批援藏——第一次是要盘点青藏高原的植物家底，第二次是要把西藏当地的人才培养起来，第三次是要把学科带到一个新的高度。

2014年，钟扬被评为"全国对口支援西藏先进个人"；2016年5月17日，他受聘为北方民族大学客座教授。钟扬为少数民族地区培养了一名又一名植物学、生态学等学科的优秀博士，奠定了人才基础。至2017年，钟扬培养了7名少数民族博士。十几年间，钟扬的学生遍布西藏、新疆、青海、甘肃、云南、广西、四川等多个少数民族地区。

2016年，教育部公布"创新团队发展计划"滚动支持名单。钟扬作为学科带头人的西藏大学"青藏高原的生物多样性与分子进化"创新团队入选，获得经费300万元。随着学科建设的加强，

2013年，钟扬参加复旦大学与西藏大学的联谊活动

2016 年 10 月 22 日，左起：李国旗、陈彦云、曹君迈、钟扬、宋乃平、李伟、刘秉茹，在宁夏大学

西藏大学的研究生招生规模也逐步扩大。以前，可能一个学院都不到 10 个招生名额；2017 年，仅生态学方向就招收了 21 个研究生，生物学方向也有 9 个学生。在钟扬开创的联合培养计划基础上，又增加天津大学作为联合培养单位。他有一个梦想：在复旦大学为中国每一个少数民族培养一位博士。

复旦大学国际关系与公共事务学院院长助理扶松茂回忆："钟扬希望复旦大学国际关系与公共事务学院能够在西藏招一批 MPA 学员，为西藏输送人才。这实际上是站在民族团结和少数民族发展的高度，是非常崇高的家国情怀。他做工作不是为自己，而是为国家、为民族。钟扬院长的格局非常高，而且有长远规划。目前，复旦大学研究生院和国际关系与公共事务学院都在积极推动西藏 MPA 项目，希望尽早实现钟扬的愿望。"

钟扬认为，在学科布局和方向上，不能忽略区域特色。高校的人才培养工作，应优先考虑区域社会发展需求，探索适合不同地区的人才培养模式；同时，要加强国际合作，让学生具有国际视野。诺贝尔奖获得者哈拉尔德·楚尔·豪森①访问复旦大学期间，钟扬邀请他到西藏大学办学术讲座。西藏自治区林业调查规划研究院的助理工程师许敏回忆说："当时，我还在西藏大学读书。许多同学都争着去听那个讲座。诺贝尔奖获得者就在我们眼前，觉得这太不可思议了！"

为了给西藏大学的学生营造更广阔的学习空间，钟扬推动建立了与武汉大学联合培养学生的"1+2+1"模式——从西藏大学遴选优秀本科生，大一在西藏大学打好基础，大二和大三到武汉大学学习，大四回到西藏大学，使学生能享受到优质的教育资源。2017 年，西藏大学送 22 名本科生、8 名硕士研究生到武汉大学学习。这些学生中，有的第一次走出西藏，人生地不熟。钟扬放心不下，好几次专门到武汉看望，一去就带着他们在东湖边吃武昌鱼；还自掏腰包，给每个学生发 1000 元现金作为生活补助。钟扬的父母住在武汉，周末会请这些学生到家里，亲自动手给他们做饭。钟扬的父亲钟美鸣也会做他的拿手好菜，给学生们吃。

钟扬还帮助过一名素不相识的藏族女孩。那个女孩是孤儿，生活在西藏那曲市尼玛县。她是复旦大学一个藏族学生的小学同学，患有一种罕见疾病。钟扬以自己患有肌肉萎缩症的博士生杨桢为例，鼓励和关心那个女孩，并介绍拉萨医院的医生为她检查

---

① 哈拉尔德·楚尔·豪森（Harald zur Hausen），病毒学家、海德堡德国癌症研究中心教授，2008 年度诺贝尔生理学或医学奖获得者。他从 20 世纪 70 年代开始，进行人乳头瘤病毒研究，发现了导致宫颈癌的人乳头瘤病毒（HPV），明确了 HPV 与宫颈癌之间的联系，使得医学界最终认识到，几乎所有宫颈癌皆由高危型 HPV 感染引起。他的这一发现使得宫颈癌成为迄今病因最明确的一种癌症，奠定了在癌症研究领域的基石。

和治疗。复旦大学研究生院综合办公室副主任包晓明回忆："钟院长特别关心少数民族和西部地区。他多次邀请西藏大学及其他西部贫困地区中小学的老师到上海，给他们上课。他叮嘱我说，这些老师和孩子到上海来看一看，开阔视野，相信对他们的成长非常有作用。"

牵挂门巴族孩子

2017 年 5 月，钟扬到西藏林芝市墨脱县考察，除了在那里试种咖啡，还探望了背崩乡上海印钞厂希望小学的师生。回到上

2017 年 5 月，钟扬（后排右一）在西藏林芝市墨脱县背崩乡小学

海后，他在8月7日，和上海大学上海电影学院执行院长何小青、摄影系副教授敖国兴、纪录片导演刘深商谈拍摄一部纪录片，并讲述了这所希望小学的来历。

1993年，上海印钞厂原副厂长、离休干部陈正来到墨脱，发现那里的小学破烂不堪，没有食堂，没有厕所。100多个门巴族孩子只能读到二年级，继续读书就要到遥远的林芝八一镇。让陈正老人发誓建一所希望小学，还有一个悲伤的故事。原来，陈正打算到墨脱当老师，还在上海特意学了一年藏语，没想到，墨脱那里说门巴话。陈正就认门巴族小姑娘扎西玉珍当老师。扎西玉珍不仅教陈正门巴话，还给他唱门巴族民歌。

扎西玉珍家住墨脱，在林芝八一镇上小学三年级，每两年的暑假才回家一次。从墨脱到八一镇要翻越多雄拉山，单程要走五六天甚至更久。多雄拉山位于喜马拉雅山脉南段，海拔4500余米，隘口风很大，气温低，大部分时间云雾缭绕，很少见到阳

2013年，钟扬与藏族孩子在一起

光；路上还要穿过原始森林、泥石流、冰雪路段、蚂蟥区和雨季经常被淹没的桥，其间要经过狭窄的山路，身边就是万丈深渊。为了让扎西玉珍那样年幼的孩子就近上学，陈正找到当进政府，提出要在扎西玉珍的家乡背崩乡背崩村援建一所希望小学。回到上海后，陈正的想法得到全厂职工热烈响应，

陈正与孩子们在一起

大家捐资 35 万元，厂里又出资 25 万元，陈正还带上自己的积蓄再度进藏。墨脱当年不通公路，所有建筑材料都要靠人背进去。陈正以 76 岁高龄亲自监工。

1998 年的暑假到了，扎西玉珍要回家了，还说要从家里带黄酒给陈正喝。陈正等了整整一个假期，一直盼到开学的日子，却得到不幸的消息——年仅 11 岁的扎西玉珍在返校途中，永远留在了雪山脚下。陈正捧着她的书包老泪纵横。他想，如果墨脱能有一所完全小学，扎西玉珍就不用小小年纪翻山越岭去读书了。

新建的学校终于在 1998 年 9 月 1 日正式开学，但扎西玉珍已经无缘走进新学校。学校建成 14 年后，曾经六进西藏、两进墨脱的陈正，带着对门巴族孩子的牵挂与世长辞。

听完这个故事，大家沉默良久。钟扬动情地说："你们知道中国最长的国道——318 国道的起点吗？就是上海的人民广场。终点是西藏的日喀则。这条川藏线，是人类创造历史的极限，经过 8 个省份，全程 5476 公里。西藏人都说，沿着这条路，就可以走到上海。这是上海和西藏的缘分。我也是来自上海的援藏

人，陈正老人未竟的事业要有人继承。"

那是一个温热的雨夜。钟扬他们从晚上一直谈到第二天凌晨，分手后又继续在微信群"西藏科学之旅"中交流。凌晨两点多，刘深问那所小学有多少学生。钟扬立即回复："墨脱县背崩乡小学，168 名学生，24 名（可能略有出入）教师。"钟扬的讲述感动了三位电影人，他们约定，一定要把这个纪录片拍出来。这不仅是上海与西藏的缘分，也是电影人的良知和使命。

钟扬说过，在背崩乡希望小学，他为那里的门巴族学生办了一次科普讲座。临别之际，他提出给学校捐款 20 万元，被校长婉言谢绝。校长说："希望您常来，您带来的科学火种千金难买。"钟扬当场答应师生们，他一定再来。没料到，这个约定再无可能实现。

2018 年 7 月，扎西玉珍的姐姐明珠措姆回忆说："妹妹离开我们已经 20 年了。想到当时阿妈说，我们永远地把她一个人留在了荒山野林，心里都是很深的痛。妹妹离开的前一天晚上，我还和她拌嘴，现在想起来很后悔。"背崩乡希望小学校长白玛措姆说："我小时候也和扎西玉珍一样，到八一镇求学。

2017 年 5 月，钟扬在墨脱试种咖啡

如今，家乡变化很大。可惜，陈正老人和钟教授他们都看不到了。我们一定会把背崩乡希望小学越办越好，告慰他们。"

对西藏爱得太深

钟扬在西藏总是喜欢穿藏袍，系一条藏式围裙，戴一顶藏式帽子，加上晒黑的脸庞，完全就是藏族人的模样。钟江教授记得，有一次，钟扬从西藏回来，得意扬扬地展示身穿的藏式袍子。他说，在西藏，不管多冷的天，有这么一件皮袍就可以过冬了。他还脱下来让在场的每个人都试一试，看看有多舒服。

复旦大学退休教职工管理委员会常务副主任周桂发有收藏简报的习惯，其中有一部分是媒体关于钟扬的报道。2016 年 6 月，周桂发在上海《文汇报》上看到了一篇文章——《一个招办主任儿子的高考》。凭着对钟扬的了解，周桂发觉得这应该是钟扬写的文章，但文章署名"索顿"，又让他心生疑惑。后来偶遇钟扬，周桂发当面求证，才知道"索顿"是钟扬的藏族名字——"索朗顿珠"的简称。周桂发请钟扬在剪报本上签名，钟扬还特意签上了"索朗顿珠"。

"索朗顿珠"，钟扬签下的名字龙飞凤舞。这是钟扬的藏族朋友为他起的名字，意思是"有福德，事业有成"。钟扬的藏族学生边珍说，这个签名，钟老师练了很多遍，写得特别好看。他还说，他比边珍更像藏族人。边珍说："有时候，我真的觉得他比我更像藏族人。聊到西藏的一些地名或者特殊植物，他懂的比我多很多。"

张晓艳能感受到，丈夫钟扬对西藏的感情已经深入骨髓："他在努力学藏语，听藏语听力教材。他说，虽然没规定援藏干

钟扬的小儿子小毛在西藏拉萨

部要学藏语，但能够使用藏语，是对藏族同胞表示尊重的最好方式。他已经能听懂四分之一的藏语了！"此外，钟扬还让小儿子小毛，从初中起就在上海共康中学读书。小毛是这所学校西藏班唯一的一名汉族学生。2017 年 6 月，钟扬把小毛带到西藏，去适应当地的海拔和气候，并希望他将来能到西藏工作。

每次回到拉萨，如果没有其他工作安排，钟扬到宿舍后的第一件事，就是进厨房做上一大桌子菜，把他的学生都叫过来，边吃边聊最近的学习进展。几乎每个学生都蹭过钟扬的饭。钟扬做的回锅肉，让藏族学生德吉念念不忘："以前，我不会做回锅肉，是钟老师教会我怎么做的。他说，做饭其实跟做实验一样，加多少盐巴、加多少调料，直接决定饭菜好不

钟扬在西藏大学宿舍的厨房里

好吃。现在，我每次做回锅肉都会想起钟老师。钟老师走了之后，我们再也吃不到他做的饭了。每次去钟老师家，看到那些厨具，我脑子里就出现钟老师做饭的情景，心里非常难过。"

刘星还记得，有一次正和钟扬聊天，钟扬接到母亲王彩燕的电话。当时距离钟扬患脑溢血才半年，医生下了禁令，一年内不许再上高原。放心不下的王彩燕听说钟扬到了成都，担心他又要去西藏，在电话里千叮万嘱。钟扬何尝不知道自己身体状况面临的挑战，他曾经在一次讲演中说：

> 西藏大学是世界上海拔最高的学府，我们在那里讲每堂课都是40分钟，为什么？大多数学生勉强抗得住不睡着，但是老师受不了，因为缺氧，所以，每节课只有40分钟。就是这样，还是给我留下了非常大的心脏。我每年体检的时候，医生都说我的心脏一直在变大。到了前年，医生告诉我心脏不能再大了。造成的结果是什么？就是心跳越来越慢。刚才我上台的时候，大家注意

2013年，钟扬与藏族学生在西藏讨论种子采集工作

到了我的腿是麻木的。这是 10 多年援藏岁月留下的痕迹，但有失必有得。

2016 年 1 月，西藏大学的老师来到复旦大学，在研究生院召开申请一流学科的筹备会，开始做西藏大学进入国家"双一流"学科建设的准备工作。钟扬在西藏大学培养的博士生刘怡萱回忆，钟扬赶回西藏，参加"双一流"学科建设论证会。因为航班延误，直到次日凌晨 1 点，飞机才起飞，起飞后由于天气原因又折回重庆。钟扬在重庆机场熬了一个通宵候机，清晨 6 点才飞抵拉萨。钟扬回宿舍只休息了一个小时左右，刘怡萱开车送他去会场，看着钟扬在副驾驶位置上一直打瞌睡，他真是太累了。但在会上，钟扬又精神饱满地作了关于西藏大学高原科学技术学科群的报告。

钟扬在西藏大学的宿舍，接待过许多来西藏从事考察和科研活动的同行与同学。在这之前好几年，他都住在教工周转房里。

2013 年 8 月，钟扬与藏族孩子在一起

西藏大学给他分配了专家宿舍，他一直不肯搬过去，总说已经习惯了，嫌搬家太耽误时间。最后，还是趁他不在拉萨的时候，几个老师和学生帮他把东西搬进了专家宿舍。

2017 年 9 月 19 日，钟扬遭遇意外前不到一周，在上海市教卫直属机关青年工作委员会作了题为《高原教育实践和感悟》的报告。他以高原工作 16 年的体会，讲述了青年成才必不可少的三种重要品质：毅力、胸怀和创新。他在报告中说："人生没有绝对，不必等到临终才回首自己的人生。只要把每个年龄段该干的事都干了，就不负你的人生。"

第八章

采集种子

高寒生物自然种质库

  自从 2001 年第一次踏上青藏高原，这片神奇的土地就让钟扬魂萦梦绕。除了这里迷人的风光和独特的地域文化，他更向往这个全球高海拔生物多样性最丰富的区域。这里被称为"高寒生物自然种质库"，在全球生物多样性①保护中具有重要的战略地位。

  世界生物多样性研究报告指出，世界上生物多样性最丰富的

————————

① 生物多样性（Biodiversity），是描述自然界多样性程度的一个广义概念，指生物和它们组成的系统的总体多样性和变异性，通常包括遗传多样性、物种多样性和生态系统多样性三个组成部分。

190

国家是亚马孙雨林地带的巴西，居世界第一位，哥伦比亚居第二位，其他生物多样性排名居世界前列的国家有：刚果（金）、印度尼西亚、中国、墨西哥、印度、澳大利亚、秘鲁等。

中国的哺乳动物有 500 多种，居世界第一位；鸟类有 1350 多种，世界排名第六。中国有被子植物 3 万多种，仅次于巴西和哥伦比亚，居世界第三位；中国是裸子植物的故乡，也是世界上裸子植物种类最多的国家。生物物种是否丰富、生态系统的类型是否齐全、遗传物质的野生亲缘种类是多还是少，将直接影响到人类的生存、繁衍和发展。在全球范围内，生物多样性正受到威胁，生物多样性保护刻不容缓。

西藏作为世界上独特的环境地域单元，孕育了独特的生物群落，集中分布着许多特有的珍稀野生动植物，是世界山地生物物种最主要的分化与形成中心，是世界上生物多样性最为丰富的地区之一，也是生物多样性重要的基因库。

由于种种原因，从未有生物学家扎根于此，盘点种质资源①。即便世界上最大的种质资源库——英国的邱园②，也没有一粒种子来自中国西藏。

北京大学生命科学学院教授顾红雅，在 2001 年参加钟扬的西藏科考小组。她深有感触地说："只有身临其境，你才能够感觉到西藏这片土地生物的特殊性。全世界只有中国西藏有这样特

---

① 种质资源（Germplasm Resource），也称"遗传资源"，是指包含生物全部遗传信息、决定生物各种遗传性状和特征的资源，比如植物的种子、花粉、组织培养物等。

② 邱园（The Royal Botanic Gardens，Kew），是英国的皇家植物园，始建于1759 年，坐落在伦敦三区西南角，是世界著名的植物园及植物分类学研究中心，拥有世界上已知植物的 1/8，将近 5 万种植物。

英国邱园温室

殊的生境^①。从地质年代上看，青藏高原的隆起时间相对比较近，由一次比较剧烈的造山运动形成了这样一个生境。所以，这里的生物所经历的演化历程非常特殊，它们的遗传背景、分子生物学机制，与其他地方相比很不一样。"

钟扬的学术合作者、加拿大女王大学生物和环境学院教授、环境生理实验室主任、中加环境与可持续发展中心主任王宇翔说："钟扬不是一个仅仅纠结于某个具体科研项目的人，他有战略思考的大视野。"按照著名比较生理学家、诺贝尔生理学或医学奖获得者克罗格的原则"我们需要的任何一个模型，在大自然中都能找到"，目前，人类在地球上只存在了100万年，其他生物则已经生存了几十亿年。钟扬说过，地球上除了南极、北极，青藏高原是第三极。它有很多极限环境，包括温度极限、低氧极限、低压极限。生物学有一种观点认为，温度越低或者纬度

---

① 生境（Habitat），是生物生活的空间以及其中全部生态因子的总和，指物种或物种群体赖以生存的生态环境。

2001 年，在西藏拉萨布达拉宫前合影，左起：顾红雅、施苏华、长谷川政美、任文伟、钟扬、张文驹

越高，动物体的整个代谢率就越低。动物如果到了极地，它的代谢率就低。通过漫长的进化，动物有补偿机制来维系一定的代谢率。把它放到低纬度或暖和的地方，代谢率会提高很多，这是一个平衡的代谢补偿机制，但这种现象也不尽然。那么，大自然的鬼斧神工是怎么雕琢这种自然差异的呢？这就是极地环境提供给我们进行生物多样性研究的价值。

　　钟扬从武汉调到复旦大学工作后，发现上海在我国的生物多样性排名中倒数第一，北京排名倒数第二。在这两个生物多样性相对贫乏的地区，却集中了我国生物多样性研究几乎一半的人才。在国际环保组织"保护国际"公布的 34 个全球生物多样性热点地区中，中国占 4 个。其中最重要的，就是以横断山区为特

钟扬在西藏

张正旺回忆钟扬

征的青藏高原、喜马拉雅山—雅鲁藏布江一带。

　　青藏高原的植物种类丰富，目前已发现的维管束植物就达212科、1298属，超过5900种。我国的维管束植物有398科、3421属、约3.2万种。西藏维管束植物的科、属、种数目，分别占全国的32.9%、38%、18%。更为重要的是，其中有1000个左右是西藏的特有种。钟扬认为，即便这么庞大的数字，还是被严重低估的。

　　北京师范大学教授、中国动物学会副理事长、生物多样性与生态工程教育部重点实验室主任张正旺回忆："钟扬对我们说，青藏高原的红色特别红，黄色特别黄、特别鲜艳，到底是什么因素导致的？他想从遗传机制上、基因上，来破解这些复杂的生命现象。这些都是他的动力。西藏有丰富的生物多样性，研究它、记录它、保护它，这是作为一个植物学家很重要的责任。"

　　2006年4月，钟扬与英国植物学家W. John Cram、扎西次仁，以及从英国邱园回来的中国西南野生生物种质资源库的蔡杰合作，在《自然》杂志上发表了《气候变化条件下，西藏植物种子亟待保存》一文，阐述全球气候变化条件下，必须有西藏的种子，并且呼吁全世界的科学家关注和收集西藏的种子。

陈凡研究员多次与钟扬一起进行科学考察。陈凡说，很多人不了解野外工作的学术价值，尤其在西藏那样的环境里。其实，植物学是一门理论和实践结合得很紧密的学问，因为环境的千变万化会导致植物的差异化。陈凡说："我们谈论种子，种子有大有小，钟扬首先会问种子最大的有多大、最小的有多小，他一定要具体描述出来。"钟扬、陈凡他们到新疆寻找抗逆材料，原以为那里干旱，植物能适应这种环境，一定是因为耐旱。实地考察后才发现，那里的植物在雨水最充沛、温度最合适的时候才开花、结果。本来三个月的生命周期，它压缩成一个月。这样的植

2014 年 10 月，钟扬（中）和陈凡（左）、李彦夫妇在西藏拉萨

物并不是抗逆，而是通过缩短生命周期来适应环境。钟扬和陈凡等人一起到过珠峰大本营，一起采葡萄，采集了一些古老的物种，研究它们的演化和进化。陈凡说："你不到达那个位置，就看不到科学的点在哪里。所以，钟扬的可贵之处就在这里，他知道，这才是学术基础。"

曹缨博士回忆："钟扬老师搞研究，从来不带先入为主的想法。他研究生物信息学，不是停留在书本上、理论上，仅仅用数学或者统计的方法去分析研究对象。钟老师要研究的植物，一定要去收集，亲眼看到实物，这也是他坚持在西藏采集种子的另一种含义。"

喜马拉雅山脉的四个缺口，形成了日喀则"四大名沟"——吉隆沟、樟木沟、嘎玛沟和亚东沟。其中，珠穆朗玛峰东坡的嘎玛沟被誉为"世界上最美丽的山谷"。嘎玛沟呈东西走向，全长55公里左右，宽8公里，总面积440平方公里。钟扬第一次带队进入嘎玛沟时，骑马单程就需要7天。100多年来，植物学家没有在嘎玛沟这个地方留下记录。钟扬说，现有对西藏植物数目的统计，显然不包括这些地区。

历险对钟扬来说，已是家常便饭。一次，钟扬带队从拉萨前往林芝，要翻越海拔5000多米的米拉山口。为了采集到人为因素干扰最小的植物标本，他们决定继续攀登。拉琼后来回忆："其实，钟老师因为高原反应特别吃力，哪怕再往前只走5米，对他来说都非常艰难。但他说，好，我们走！"就这样，钟扬非常缓慢地坚持登上米拉山口。这时，风雨交加。钟扬披着雨衣，记录下拉琼查找到的植物样本。为了测量植物种群的密度，方便做样本，他们通常要花一两个小时作记录、作鉴定，还包括环境因子的测量、海拔、坡度、坡向等数据，工作很烦琐。

为了采集麻黄植物以及鉴定属、种，藏族女博士德吉用了整整 3 年。由于青藏高原不同地区的物候特征差别很大，即便是同一个种，生长在不同的生态环境中，形态也会有所差异，必须在开花的季节去采集植物的叶片、种子作鉴定。但是，在不同的海拔高度，同一物种的开花时间并不相同。有许多次在拉萨采集了麻黄，准备接着前往日喀则或珠穆朗玛峰。到了那里才发现，珠峰脚下的麻黄还未到花期。德吉只能返回，再等半个月或一个月。她感慨地说："错过了花期，就要等明年。采集一种植物，就要花这么长时间。钟老师在青藏高原许多地方采集了很多种植物种子，再一个个进行属、种鉴定，更加艰苦。"

由于遗传之间的杂交问题，不同个体和品种的花粉之间有可能产生杂交，钟扬要求样本之间的距离不得少于 50 公里。他带领团队每年至少走 3 万公里，采集 600 个样品，每个样品采

2004 年 8 月，钟扬在野外考察

5000 个种子。他们研究的植物，包括西藏大花红景天、独一味、藏波罗花、垫状点地梅、西藏沙棘、山岭麻黄、手掌参、西藏盐井葡萄、绿绒蒿、纳木错鱼腥藻等，分析这些青藏高原特有植物对环境的分子适应机制。

危险与艰辛

越是人烟稀少的地方，越是最原生态的所在。墨脱是很偏远的一个县，位于藏南，被海拔五六千米的雪山环抱，也是中国最后一个通公路的县。钟扬团队采种子的地方，离印度实际控制线最近处只有 25 公里，是 50 年来植物学家很少涉足的地区。

回忆和钟扬一起到墨脱采样的情景，藏族学生边珍说："我

钟扬在西藏墨脱手捧咖啡种子

们住在一个小饭店的楼上，两块木板一搭就是床。早上 4 点多，我迷迷糊糊地听到，隔壁钟老师的房间响起电脑键盘的敲击声。"钟扬在墨脱县背崩乡希望小学看望了那里的师生，还种下一些咖啡豆。他说："如果能种出优质咖啡豆，就能够帮助当地门巴族乡亲脱贫。"

钟扬每年都要带队到波密、墨脱等植物繁茂的地区采集种子和标本，凡是到过西藏的人都可以想象其中的危险和艰辛。南蓬回忆，十几年前，她和钟扬到西藏采标本，一路风光无暇欣赏，眼睛只紧盯着路边的植物。有时候，车开到一半，钟扬他们突然发现一片植物好像没有采过，就停下车采样。看上去不远的山坡，可能要爬一两个小时。

居无定所、食无定时，这是野外采样的常态。钟扬团队的人经常笑谈，晚上才吃午饭。所以，钟扬他们出野外，早上尽量不喝稀饭，而是吃干馒头之类的主食。钟扬最爱带的干粮是死面饼子，因为它最扛饿。在野外，如果喝水太多，找厕所也是问题。钟扬总是提醒大家，有东西吃的时候，要尽量多吃，多摄取能量。他饭量惊人，学生们曾看到他一顿饭吃 7 个包子、3 碗粥、4 碟小菜，如风卷残云，一下子就扫光了。

因为经常出野外，钟扬的衣服几乎都有破洞，衣领、衣袖都磨破了，就连结实的牛仔裤上也有破洞和补丁。复旦大学生命科学学院生态与进化生物学系副教授王玉国戏言："远看像逃难的，近看像要饭的，仔细一打听是生命科学学院的。野外采样回来，衣服上全是树油，洗也洗不掉。由于常常摔跤，全身都是苔藓和泥。"

钟扬的博士生徐翌钦说："出野外时，钟老师在白天把车上的好位置让给学生，自己坐到最后面，不管多颠，他都能睡会儿。到了晚上，他就换到副驾驶的座位。学生们都睡着了，他却

一直和司机聊天，怕司机夜里犯困。"

许敏回忆，有一次，钟扬带着他们从拉萨出发到那曲，一路采标本、采种子、采分子材料。到了那曲，天色已晚，许敏觉得终于可以休息了。谁知，钟扬说，吃了饭就返回。这就是钟扬的工作节奏。他的计划安排得太满，不得不昼夜兼程，行程压缩得很紧。那天回到西藏大学，已是第二天凌晨 3 点。钟扬又和许敏一起整理采集回来的标本。等学生们都睡了，钟扬还要回复邮件、写材料。学生们早晨醒来，发现钟扬已经为他们做好了早餐。

跟随钟扬作博士后研究的学生耿宇鹏说："有一次，去阿里采样。我们都觉得那里太高、太苦，物种很少，辛苦一天也只能采几个样。我们建议去物种丰富的藏东南，条件也好一些，很快能完成采样数量。钟老师却说，正因为别人不愿去，我们必须去!"跟钟扬到野外采过样的学生都有太深的记忆：海拔四五千米的山上，连夜在帐篷里整理白天采集的标本，高海拔和缺氧让每一个动作都在消耗体力和能量。一天工作十几、二十个小时，这就是钟扬在西藏采种子的工作节奏。有时候飞机晚点，钟扬在凌晨两点才到拉萨贡嘎机场，4点就起床带着学生出发采样。"跟着钟老师很累"，他的每个学生都习惯了这种感觉，也习惯了这种节奏。

黄艳燕回忆，野外采样虽然辛苦，但跟着钟扬是很开心的事。钟扬会把一切都仔细地安排好，甚至细致到每天喝几杯水稀释体液，以缓解高原反应。对应他邀请来西藏的教授、同行和初次进藏的学生，他会细心地计划好不同海拔高度的行程。只要有条件，他就下厨做一桌好菜。

顾红雅教授回忆，她和钟扬一起到西藏进行野外考察，没想到夏季的高海拔地区非常寒冷。钟扬把自己带的厚衣服让给她穿，顾红雅心里感到非常温暖。下山之后，钟扬开始严重腹泻。医生说，这也是一种高原反应。

在西藏，钟扬用了5年时间克服高原反应。他血压高，身体又胖，到西藏的第一年，高原反应特别厉害，头晕、恶心、无力、腹泻……17种高原反应都经历过。

钟扬的博士生朱彬说："钟老师有高血压和痛风，但从来没见他抱怨和消沉过。高原反应严重的时候，他一边吸着氧气，一边还在修改研究报告。其实，他一直在默默忍受，不断挑战自己的生理极限，可他从不流露出来，因为这就是他选择的生活。"长期在缺氧和富氧环境中快速切换，给钟扬的心肺功能造成很大损伤，他出现了心脏肥大、血管脆弱等状况，心跳每分钟只有

40 多次。赵国屏院士说："其实，钟扬自己心里明白，在高原和平原之间的转换频率太快，不仅仅会出现呼吸问题。整个身体中氧的交换、最基本的代谢没有调整时间，对人体的伤害很大。但是，别人很难理解科学家对科研的那种冲动，这种冲动就是他心中的热爱。所以，对科学的爱是有代价的，这种代价是常人不愿意付出的，或者根本做不到。"

2013 年，钟扬与学生在西藏野外工作

钟扬一直记得，他在 2003 年与施苏华、长谷川政美一行到海南考察红树林和长臂猿，住宿时煤气中毒，幸亏施苏华和学生们及时相救才死里逃生。野外科考的危险性和意外性，对钟扬来讲，并不是一种理论上的假说。然而，他毅然选择了危险与梦想同在的青藏高原。危险的山峰在他的视野里，而梦想的山峰在他内心里。2008 年夏天，钟扬和刘建全的团队联合在青藏高原采样，第一次出野外，就在格尔木发生了车祸，当场死了一个队员，还有两个队员因此得了恐吓症。钟扬闻讯，在第一时间给刘建全打电话。他在电话中说，要安抚大家。我们都清楚，这是一项非常危险的工作，但无论如何，一定要坚持下去。

4000 万颗种子

钟扬养成了随时随地收集种子和标本的习惯，总是随身带一个布袋子，无论去哪里出差，都收获满满。事实上，采集种子和标本的工作量大得难以想象，每年可能要制作几万份标本。野外采集回来，要把样品压干、制成标本，最后贴上标签，进行电子文档和照片录入。

钟扬在西藏大学的宿舍摆着三个冰箱，一个放食物，另外两个放的都是种子。钟扬和他的团队收集了上千种植物的 4000 多万颗种子，占西藏高级植物物种的 1/5。钟扬曾经许下心愿，在未来的 20 年，把西藏的高等植物种子收集到 75%。有人问他，采集这些种子，究竟有多大的意义和价值？钟扬曾经在一次演讲中说：

> 假设 100 年以后还有癌症，大家知道有一种植物可以抗癌，然而，由于气候变化，这种植物在西藏绝迹了，但是 100 年前，有个姓钟的教授好像采过。100 年之后，采种子的人姓不姓钟有什么关系呢？是不是教授又有什么关系呢？人们终于发现了我留下的种子，那个罐子里面有 5000 粒，其中 500 粒能活，种下去哪怕只有 50 粒能结种子，那种植物不就恢复了吗？当然，也有人说，如果 100 年后，这个种子没用呢？我期待着种子没用的那一天，这说明那种植物还在。

钟扬发现西藏野生的桃子有抗虫、抗病、抗旱、抗寒的优点，可以通过非转基因的方式，经过杂交获得新品种。钟扬就收集了 8000 个桃子，运回西藏大学的实验室。可是，取出桃核成了一件麻烦事。钟扬在实验室门口摆了一张长桌子，请路过的老

钟扬在西藏进行科学考察

师和学生吃桃子："来来来，每人至少吃 7 个桃子啊，但桃核得给我留下。"为什么是 7 个桃子呢？钟扬幽默地说："如果超过 10 个，恐怕很多人一辈子都不想再见我了。"许多师生啃着桃子问钟扬，这桃子太难吃了，是不是采错了？这时，钟扬就给他们讲把野生桃子作为种子的基因意义。

通过"人海战术"吃完 8000 个桃子，钟扬整个团队还要用牙刷把桃核刷干净，用布擦干，然后晾干，还要避免暴晒，否则，会把种子晒坏。把这些种子送到中国西南野生生物种质资源库，经过外观检测、抽样发芽试验，最后筛选出 5000 粒，封存到瓶子里，有可能存放 80 至 120 年，这才是一个样品。那年夏天，钟扬带着学生足足做了 500 个样品。

钟扬经常说，采集蒲公英的种子最容易了，抓一把摊开，大约有 200 颗种子；而椰子最"讨厌"了，那么一颗大椰子只是一颗种子，8000 颗椰子需要两卡车才能拉走。

2007 年，国家重大科学工程——总投资 1.48 亿元的中国西南野生生物种质资源库在云南昆明建成，它是目前世界上仅有的两个按国际保存标准建设的保藏设施之一。与英国邱园的千年种子库、挪威的斯瓦尔巴全球种子库、美国国家植物种质资源系统的种子库和日本理化学研究所的细胞库等国际一流的种质库相比，中国西南野生生物种质资源库是唯一建立在生物多样性热点地区的种质资源库。

截至 2012 年年底，中国西南野生生物种质资源库已收集保存野生植物种子 8141 种（占中国野生植物物种的 28%）、57618 份，共收集保存植物种子、植物离体材料、DNA、动物细胞系、微生物菌株等各类种质资源 14006 种、165390 份（株）。这座种质资源库里，就有钟扬团队在西藏采集的种子。

2008 年 7 月 26 日，在西藏拉萨市曲水县达嘎乡的雅鲁藏布江边，钟扬为中国西南野生生物种质资源库采集到第一份种子。钟扬和他的团队，累计为这座种质资源库采集种子 226 种、544 份、1300 万粒，并采集标本 3665 份、DNA1367 份。这还不包括为西藏种质资源库和上海种质资源库做的采集工作。

种质资源采集其实是一件"吃力不讨好"的事。野外采样工作的艰辛自不必说，采集的种子标本再多，既不是学术成果，也不能作为论文发表，"成果显示度"不高。种子和标本的收集在很多人看来是非常基础的工作，传统的生物分类就是从标本采集开始的。钟扬将学术研究重点，从生物信息学转移到种质资源采集，许多同行和学生对他都不太理解，甚至觉得，他放弃了最流

2013 年，钟扬与学生在整理种子

行、最热门的研究方向，令人惋惜。

作为同行和老友，张正旺教授却非常理解钟扬的行为。他说："很多种子具有休眠的习性，不给它们适当的温度、湿度等条件，就不会萌发。有些种子可以保存几百年甚至几千年，在适当条件下可以重新萌发，长成植株。种子库就是依据种子这种习性建立的，它也是植物保育的一种方式。我们要保护一个物种，可以去保护一个野生种群，这是自然状态下的保存；也可以进行离体保存，比如说保存植物的种子，保存动物的细胞、组织。所以，它是生物多样性保护的一条有效途径。我们国家有几个大的种子库。钟扬的梦想就是对重要的种质资源进行系统搜集，放在种子库里边，进行标准化的低温保存。"

是的，钟扬心里有自己的价值判断——一个基因可以拯救一个国家，一粒种子可以造福万千苍生。他说：

科学家们作过分析，在过去的60年间，青藏高原的年平均气温上升了2摄氏度，这对农作物生长是好消

斯瓦尔巴全球种子库

息。但气温继续攀升，如果年平均气温上升 4 摄氏度，西藏的农业将面临崩溃，青稞等农作物会危在旦夕。像这样由于环境变化而对植物产生影响的例子还有很多。因为环境恶化、人类活动剧烈，很多植物可能在被人类了解之前就灭绝了，甚至人类还不知道它们的名字，真是令人惋惜。

2008 年，科学家建起了"世界末日种子库"①，以保护生物的多样性。这座位于挪威的斯瓦尔巴全球种子库，设在离北极 1000 公里左右的永久冰川冻土层里。不仅在工程上、科技上设计得非常精妙，它还考虑了在人类遭受核打击与停电的情况下，种子能保存多久。斯瓦尔巴全球种子库不仅能保护一批种子，更重要的是有非常强烈的警示意义，让我们清楚地了解到生物多样性并不乐观，我们应该行动起来。

---

① 斯瓦尔巴全球种子库（Svalbard Global Seed Vault），别称"世界末日种子库"，位于北冰洋斯瓦尔巴群岛的朗伊尔城，2006 年 6 月始建，2008 年建成，并得到联合国粮农组织的支持。该种子库分为 3 个储藏室，每个储藏室能够存储 150 万个样本，每个样本将保存约 500 粒种子。目前，该种子库储存着来自全球各种规模基因银行的超过 4000 个植物物种的 86 万份种子备份，包括豆类、小麦、稻米等人类赖以生存的农作物的种子。

第九章

情怀如山

西藏巨柏普查

　　2003 年，钟扬和西藏大学副教授琼次仁、博士生扎西次仁，一起进行西藏大花红景天的居群分布野外考察时，路过西藏林芝市米林县、朗县一带。米林是西藏最大的原始林区之一，森林覆盖率达 48%，沟谷两侧，林木参天。一种胸径 1—3 米的巨型柏树吸引了钟扬的注意力，他问扎西次仁："这是什么树？"扎西次仁告诉他，这是 20 世纪 70 年代才发现的树种——巨柏，为西藏所特有，是濒危的国家一级重点保护植物，种群的年龄结构呈倒金字塔形。

　　2005 年 1 月，"西藏巨柏的居群遗传结构、化学成分变异及保护生物学研究"项目，得到国家自然科学基金 20 万元经费资助。钟扬和扎西次仁团队成员用了 3 年时间，将全世界仅存的 3 万多棵西藏巨柏登记在册，建立起保护数据库。钟扬通过野外考察发现，雅鲁藏布江流域分布着两种柏木属的植物：一种是巨柏；另一种是西藏柏木，分布在下游波密一带。巨柏则分布在海拔 3000—3400 米的朗县至米林附近的沿江地段，米林甲格村以西，分布较多，在雅鲁藏布江的支流——尼洋河下游以及波密也有分布。在今林芝市巴宜区巴结乡境内的巨柏自然保护区，散布生长着近 400 棵巨柏，平均高度为 44 米，胸径 158 厘米。其中有一棵十几人都环抱不过来的巨柏，高达 50 米，直径近 6 米，被藏民尊为"神树"。

除了统计巨柏的数目和采集种质资源之外，钟扬和扎西次仁

钟扬（左四）带领团队考察西藏巨柏

还采集了巨柏的分子材料，在复旦大学用分子生物学的方法，研究巨柏的遗传多样性和居群的遗传结构。此外，他们还找到了可在制作藏香功能上替代巨柏的柏木，搭起了保护巨柏的科技屏障。2008 年 12 月，"西藏巨柏的居群遗传结构、化学成分变异及保护生物学研究"项目顺利完成。

高原香柏研究

初到西藏，钟扬对这个植物宝库充满好奇。对藏民日常生活中使用的植物，他都会多问一句："这是什么植物?"在藏区，凡是有人烟的地方就有桑烟。无论是寺院还是寻常百姓家，逢年过节煨桑炉、燃桑烟祭神已是传统。藏民在桑炉内点燃的树枝，就是香柏。香柏分布于海拔 4000 米以上地区。钟扬和学生们为了

钟扬在西藏野外考察

采集高原香柏，前往珠峰大本营。那里严重缺氧，帐篷内的煤油灯点不亮，加了酒精，也只能勉强燃烧一分钟。夜晚十分寒冷，难以入眠。

钟扬团队采集的香柏，经过复旦大学药学院检测、美国国家癌症研究所确定，它的种子含有鬼臼毒素，可用于治疗癌症的药物。钟扬指导的第一位藏族女博士德吉，曾和钟扬一起采集高原香柏。她说：钟扬最大的希望是能够继续对圆柏属植物的其他种进行研究，看是否有类似于香柏的抗癌活性成分。但非常遗憾，他的这个愿望没有来得及实现。2017 年，德吉带领团队采集了分布于西藏的一些圆柏属植物的叶片、种子，送到复旦大学药学院继续研究，发现除了香柏以外，其他种里也发现抗癌活性成分，还发现具有抗补体活性和抗菌、抗炎等抗感冒活性。

拟南芥 XZ 生态型的发现

环境会影响植物的成长、发育过程，研究中经常需要用相应的模式材料，于分子水平上研究植物在特殊环境条件下的生长、变化。拟南芥就是这样一种模式植物，堪称植物界的"小白鼠"。

世界上的很多生物学家都在关注拟南芥。它在自然界很常见，植株细瘦，与油菜、萝卜、卷心菜等同为十字花科植物，但既不好看，也不好吃，而对于生物学和经典遗传学界，有着重要的意义。拟南芥的植株较小（一个 8 厘米见方的培养钵，可种植 4—10 株），生长周期短（从发芽到开花约 4—6 周），结实多（每株可产生数千粒种子），遗传稳定性较强，又可以方便地进行人工杂交，利于遗传学研究，已成为全球应用最广泛的模式植物，又以来自哥伦比亚和西班牙的为最多。

此前，在西班牙发现了位于海拔 2000 多米地区的拟南芥。如果能在青藏高原寻找到拟南芥，研究其适应高海拔、严寒极端环境的机制，可以揭示它的遗传基础。为此，钟扬及其团队耗时近 10 年，在青藏高原寻找这样一株不起眼的小草。

青藏高原特殊的环境，为各种植物营造了独特的生态龛①。很多科学家想得到在西藏野生环境中生长的拟南芥，以检测里面有别于低海拔拟南芥的特殊基因。这就相当于一个人到一个高海拔的地方抽一管血，来研究人对极端环境的应激反应。

2013 年 8 月，扎西次仁的硕士研究生许敏从西藏大学去武汉大学交流、学习回来，开始撰写毕业论文；同时，参加了西藏大学的"大学生创新实验训练计划"，扎西次仁是这个项目的指导教师。8 月 18 日，许敏带着藏族本科生洛桑和阿旺伦珠，于拉萨北部城关区的夺底沟野外采样，在海拔 4000 多米的山上，他们发现了 3 株三四厘米高的十字花科植物，叶子都快掉光了，但还留有很小的一个荚果。许敏第一眼就认出——这应该就是钟扬天天挂在嘴边、念念不忘的拟南芥。

这次，许敏不会再犯"乌龙"错误了。两年前，他采到一株十字花科植物，回去翻查资料，发现并没有收录这一品种。许敏大喜，以为自己发现了拟南芥。可是经过分子鉴定，这是一种叫须弥芥的小草，是拟南芥的近缘物种。那次"乌龙"让许敏留下一个心结。从那之后，凡是拟南芥的资料，他都找来研究。2013 年 9 月 4 日，在拉萨堆龙德庆区羊达乡海拔 4150 米的山上，许

---

① 生态龛（Ecological Niche），又称生态位、小生境、生态区位、生态栖位，由约瑟夫·格里内尔于 1917 年首次提出，是一个物种所处环境及其本身生活习性的总称。每个物种都有自己独特的生态位，借以同其他物种相区别。生态位包括该物种觅食的地点、食物的种类和大小，还有每日和季节性的生物节律。

2013 年，钟扬和学生在野外科考

敏和钟扬的硕士生赵宁发现了一个拟南芥居群。此地距离首次发现 3 株拟南芥的地方大约 50 公里，因为较大面积的拟南芥居群已经形成生境，比起上次发现的 3 株拟南芥具有更加稳定和完整的生物学意义。

这是一个令人惊喜的发现。钟扬团队在全基因组测序（序列号为 SRP052218）基础上，检测了这种拟南芥功能基因的适应性进化。结果表明，西藏拟南芥是目前世界上所发现野生拟南芥的基部（原始）群体，欧洲、美洲的拟南芥有可能来源于西藏。钟扬将其命名为"XZ 生态型"，既是许敏、赵宁的姓氏缩写，更是"西藏"汉语拼音首字母的组合。回忆发现拟南芥 XZ 生态型的经历，如今已经是西藏自治区林业调查规划研究院助理工程师的许敏说："钟老师说过一句话：别人去不了的地方，你去了，就可能有不一样的发现。虽然很辛苦，压力也很大，但我想，山顶这么难走，全是蔷薇刺，以前没人上去过，说不定有新的发现。结果，就真的看见了拟南芥。"

2013 年 10 月 1 日，许敏和赵宁陪着钟扬、陈凡、顾红雅几位老师，以及钟扬的博士生刘天猛等人，到羊达乡寻找第二次发

现拟南芥，也就是发现拟南芥居群的地方。那天，他们顾不上吃早饭就出发了，过了半山腰，都气喘吁吁。许敏回忆，他爬到山顶时，雨夹着冰雹劈头盖脸地砸了下来。他记得，上次找到的一片拟南芥，就生长在山顶的悬崖边。他在山顶的灌木丛中翻找，遍地是带刺的蔷薇和锦鸡儿，根本没有路。他只好趴在地上匍匐前进，从枝条稀疏的地方爬过，最后终于在一片潮湿的苔藓附近，找到了密密麻麻的拟南芥。

模式植物的选择和利用，对于开展遗传分析、基因克隆和功能研究意义重大。生长在世界上海拔最高地区的拟南芥，其特有的抗紫外线基因，可以使对于拟南芥的生长发育及其对环境应答的研究更深一步。分子生物学的分析证明，许敏和赵宁发现的拟南芥是一个崭新的生态型，同时也指示了青藏高原的拟南芥最后一次跟全世界其他拟南芥分开的时间——大约在 19 万年前。钟扬团队把这一拟南芥新生态型的种子，提供给中国科学院、北京

钟扬在西藏野外考察

2018 年 2 月，中国科学院遗传与发育生物学研究所杨维才课题组博士生李丹丹，在实验室进行拟南芥花粉样品制备

大学、中山大学等多个研究单位，栽培均获成功。李伟研究员说："世界分布海拔最高拟南芥的发现，是世界屋脊给予钟扬团队的褒奖，也是钟扬带给中国植物学研究的珍贵礼物。"

鼠麴雪兔子[①] 的发现

1938 年，英国探险家艾瑞克·希普顿（Eric Shipton），在海拔 6400 米左右的珠穆朗玛峰南坡，采集到一棵几厘米高的鼠麴雪兔子，将它记载为世界上分布最高的高等植物[②]，被国际高山

---

① 鼠麴雪兔子 [Saussurea Gnaphaloides (Royle) Sch.-Bip.]，菊科，风毛菊属，雪兔子亚属，多年生多次结实丛生草本。根状茎细长，通常有数个莲座状叶丛，一般生长在海拔 3200—5700 米的冰碛石缝、高山流石滩中。

② 相关记载见 Christian Körner，"*Alpine Plant Life- Functional Plant Ecology of High Moutain Ecosystems*"，Springer，1999。

钟扬（右）在西藏进行科学考察

植物学的专著和教科书奉为经典。2011 年，钟扬带领团队经过多次考察，终于在海拔 6100 米以上的珠穆朗玛峰北坡，采集到宝贵的鼠麹雪兔子样品。进一步的分子生物学分析，将为揭示其种群来源和动态，及其与全球变化的关系，提供科学依据。

鼠麹雪兔子有一个更为人熟知的名字：喜马拉雅山雪莲。这种高仅 1—6 厘米的植物，因为身披绒毛，长在山坡、流石滩，而被称为"雪兔子"。钟扬的藏族博士生拉琼回忆的采摘雪兔子的过程，充满了艰险。那次，钟扬团队抵达海拔 5400 米的珠峰大本营时，已是下午两三点钟，严寒、高海拔、狂风呼啸，令

鼠麹雪兔子

当地的藏族人也感觉呼吸困难。拉琼担心钟扬的身体状况无法适应高海拔的攀登，就劝他在大本营留守，但钟扬非常坚决地说："不行！你们能上，我也能上。你们能爬，我也能爬！"最后，他们在海拔 6100 米的山坡上，一块大岩石下的缝隙里，找到了小小的一株鼠麹雪兔子。

西藏沙棘研究

西藏沙棘是青藏高原上分布较广的沙棘种类，但对其基本生态学的研究一直是空白。在钟扬指导下，拉琼将西藏沙棘作为重点研究课题，通过调查珠穆朗玛峰下绒布沟的沙棘群落样方，研究了海拔梯度下西藏沙棘的生境类型、影响其分布的环境主导因子和表型变异规律。

2004 年 8 月，钟扬在西藏科考途中

研究发现，西藏沙棘是一个非常有趣的种类。它是整个沙棘属最基部的类群，也是分化最早的一个种，随着青藏高原的抬升，逐步适应干冷的环境，并发生了许多特化。对西藏沙棘的研究，对于理解青藏高原隆升时留下的植物物种的进化与适应机制问题，有重要的意义。通过研究珠穆朗玛峰南北两侧 8 个西藏沙棘种群的遗传多样性和遗传结构，发现这两侧的西藏沙棘种群都发生了显著的遗传分化。珠峰形成一道物理屏障，阻断了南北两侧植物的基因流。

通过对西藏沙棘的研究，拉琼更深刻地体会到种质资源采集工作的艰难。西藏沙棘是雌雄异株的植物，但无性繁殖能力特别强，表现出显著的空间遗传结构，在 45 米范围内的空间遗传结构特别明显。有可能都源自同一个母株的 DNA 结构。因此，为了确保生物的遗传多样性，采集不同样本的种群所在地，相隔的直线距离不能少于 50 公里。但这只是理论上的距离，在实际采样过程中，采到下一个样本可能在两三百公里之外。

高原藻类研究

高山湖泊的藻类往往被学术界忽视。钟扬团队通过研究高原藻类对高原的适应性，深入挖掘与其对应有效的基因资源。2013年，钟扬团队完成对高原蓝藻的全基因组测序。结果表明，蓝藻对青藏高原极端环境的适应性背后，有着复杂的遗传学机制。这对了解高原藻类如何适应高原气候有重要意义。更重要的是，通过这一成果，未来可以发现细胞如何修复 DNA 损伤。这将造福全人类。"*The genome and transcriptome of Trichormus sp. NMC-1: insights into adaptation to extreme environments on the Qinghai-*

2013 年，钟扬在西藏野外做科考记录

Tibet Plateau" 发表于 2016 年 7 月 6 日出版的《科学通报》，钟扬为通讯作者。此外，钟扬团队还对青藏高原的鱼腥藻基因组进行适应性进化研究，对其抗紫外线、DNA 修复、光合作用、抗低温等相关通路基因进行基因组分析。

山岭麻黄研究

山岭麻黄是分布海拔最高的裸子植物。在国家自然科学基金资助下，针对青藏高原特有的山岭麻黄及相关类群，钟扬团队进行了生物信息学与分子进化研究，用三维结构重建技术，模拟了麻黄经过亿万年进化选择后，基因的空间结构发生变化，使其光合作用的效率出现改变，得以适应多变的生态环境。2010 年，《麻黄属 rbcL 基因的适应性进化检测与结构模建》在《科学通报》上发表，合作单位包括：复旦大学生命科学学院生物多样性与生态工程教育部重点实验室、西藏大学生物多样性与地生物学研究

2004 年 8 月，钟扬（右）与藏族学生白占奎在野外工作

所、中国科学院遗传与发育生物学研究所分子发育生物学国家重点实验室。

高原牦牛研究

目前，中国的牦牛数量占世界总数的 95% 以上；其中，青海数量最多，西藏分布最广。钟江教授回忆："钟扬发现，西藏牦牛的很多遗传机制与人类基因存在相似性，试图从另外一个方面证明不同的物种对高原的适应性。他还发现，牦牛感染的病毒和人类的相似，就建议我研究牦牛感染的病毒和人感染的病毒之间的关系，牦牛会不会把病毒传染给人。"

从 2008 年开始，钟扬和兰州大学教授刘建全等人组成的研究团队，一起完成了牦牛基因组研究，发现了牦牛适应高原环境

钟扬开展西藏牦牛的相关研究

的众多特殊遗传机制，其成果对于探究人因为缺氧导致相关疾病的原因具有重要意义。他们合作的论文《牦牛基因组及对高海拔的生命适应》，在 2012 年发表于 "*Nature Genetics*" 杂志。基于这些研究积淀，通过对家养牦牛和野生牦牛进行若干个体的全基因组重测序，刘建全团队还揭示出了一些牦牛驯化标签和史前的种群扩张情况，并将牦牛的驯化时间追溯至迄今 7300 年前的新石器时代。

刘建全回忆钟扬

青藏高原斑头雁研究

　　2018 年 6 月，王宇翔教授在北京接受采访时，介绍了他与钟扬的最后一次合作。从 2012 年开始，他们进行青藏高原斑头雁与安第斯山脉鸟类心肺呼吸循环系统应对低氧环境的比较研究。安第斯山脉绵延 7000 余公里，是世界陆地上最长的山脉，几乎是喜马拉雅山脉的 3 倍半，高山众多，地势陡峭，最高峰海拔 6900 米，山脉平均海拔 4000 米。地球板块漂移导致各大陆

分割，原本同宗的鸟类从而有了不同的进化轨迹。青藏高原上的斑头雁和美洲新大陆上安第斯山脉的鸟类，是非常典型的进化多元性范例。

斑头雁被认为是世界上飞得最高的鸟之一。钟扬与王宇翔团队选取了青藏高原上的斑头雁，与安第斯山脉的鸟类进行心肺呼吸循环系统的比较，研究它们各自对于低氧环境应对能力进化多样性的特点。研究发现，它们各自面临的高原环境挑战并不相同。斑头雁是迁徙性鸟类，每年都经历由低海拔到高海拔的长距离迁徙，过渡性和调整性很强，具有提高呼吸频率、增加肺活量和心脏输送血液的能力，以及血红蛋白对氧的摄取能力；安第斯山脉的鸟类则一直生活在高原上，生活环境相对稳定，因此，它们应对环境的代价不同。

令人感到惊奇的发现是：在青藏高原生活的人具有游牧特征，斑头雁也是带有迁徙性的候鸟，对环境的应对策略完全平行；而居住在安第斯山脉的人则是定居，也与当地鸟类并不迁徙的习性平行。这种奇妙的现象非常值得探究。钟扬和王宇翔团队

斑头雁

的这项研究成果——《斑头雁（青藏旧大陆）和安第斯山鸟类（美洲新大陆）心肺呼吸循环系统对于低氧环境应对能力的进化多样性》（"*Divergent respiratory and cardiovascular responses to hypoxia in bar-headed geese and Andean birds*"），在 2017 年 9 月发表于英国的《实验生物学报》（*Journal of Experimental Biology*）。

王宇翔回忆钟扬

酸奶菌种

钟扬在西藏除了采集植物种子，还采集一种特殊的"种子"——酸奶菌种。同样的奶系，由于微生物群落不同，发酵成的酸奶具有千差万别的口味，酸奶菌种非常丰富。藏族牧民把没喝完的牦牛奶放在一个容器里，慢慢发酵成酸奶。新挤的牦牛奶如果喝不完，就也加到容器里，最后发酵成老酸奶。由于环境、温度及制作手法不同，每家牧民制作的老酸奶所含微生物也不同，发酵后，香味、甜味更是各不相同。在西藏，牧民自制的酸奶是在空气中自然发酵的，这只有在西藏纯净的空气里才可以做到。

在欧洲，各地生产的酸奶、奶酪风味都不一样，甚至成为当地的特色和知名品牌，也是因为其中所含的微生物不同，因此，酸奶菌种的资源非常宝贵。很多人不知道，中国市场上出售的酸奶，都来自进口的乳酸菌。使用进口菌种，这意味着每喝一瓶酸奶都要交专利费。

钟扬带着学生一家一户地去采集酸奶样本。当地藏族百姓常常感到很诧异，不理解他们采集这个有什么用，甚至对这些远道而来的陌生人心生疑惑。这时，钟扬的藏族学生就担任科普讲解员，钟扬学的藏语也能派上用场。

在广袤的牧区，牧民的家往往相隔十几公里，甚至上百公里；而且，酸奶菌种的样本也要求相隔一定距离。钟扬他们长途奔波，非常辛苦。陈科元记得，钟扬讲过这样一个故事：有一次，在一个牧民家采集酸奶，藏族大妈求钟扬帮忙带一些菜到下一个路口。结果，钟扬他们的车跑了很久，都没到下一个路口，6 个小时后，才见到下一个路口。

截止到 2017 年 8 月，钟扬团队已经采集了 5000 份酸奶样本，希望从中分离出有经济价值的菌种，甚至成为大学生创业的一个好项目。钟扬和上海大学上海电影学院的团队相约，在 2017 年 9 至 10 月间拍摄采集酸奶的纪录片，并就参与人员和路线制定了详细计划。采集地点包括拉萨市的达孜区、墨竹工卡县，林芝市的米林县、工布江达县、波密县和墨脱县，以及山南市的贡嘎县等地，全程超过 1000 公里，计划再采集 5000 份酸奶样本。然

2004 年 10 月，钟扬（前排左三）与郝沛（前排左一）等人在第三届中日韩生物信息学培训班上

2005 年，钟扬（左）与博士生王庆彪在西藏野外工作

而，一场意外让钟扬再也无法看到这个计划的实现。

郝沛回忆："钟老师一直说要做中国特色的酸奶，还送一个学生到我们研究所来研究乳酸菌，希望尽快筛到好的菌株。其实，钟老师的思路并不仅仅限于研制酸奶。他曾经说，酸奶的菌是跟着牧民迁移的。根据这个乳酸菌的演化路线，找到牧民的迁移路线，这确实是一个非常有趣的题目，也是一个神奇的科学演绎。我们都知道微生物与人有相互作用，但我们往往忽视了这一点，只是注重研究人群的迁徙和演化，忽略了与之相伴随、相互作用的很多附着的东西。

此外，钟老师还谈过母婴之间肠道菌群的影响问题。比如，乳母和奶娘问题。婴儿对奶水有没有识别和选择？还是说有奶就是娘？即便是和钟老师闲聊，他也会帮你找到很好的研究题目和方向。钟老师有很多诸如此类非常超前的奇思妙想。"

钟扬在青藏高原的付出得到了回报。2011 年，他牵头申报的"青藏高原极端环境下的植物基因组变异及适应性进化机制研

究"项目，获得国家自然科学基金委员会"微进化重大研究计划"资助，资助金额为280万元。这是西藏自治区历史上第一个获得国家级自然科学科研基金支持的重大研究项目，通过建立与完善适用于植物基因组分析和适应性进化研究的新方法，为揭示青藏高原植物在环境变化条件下的适应性进化机制研究，提供了可借鉴的范例。

2012年12月17日，教育部公布2012年度"创新团队发展计划"入选名单。钟扬作为学科带头人的西藏大学"青藏高原的生物多样性与分子进化"创新团队入选，获得300万元经费资助，该计划的实施期限为2013至2015年。在钟扬的带领下，西藏大学取得了一个又一个零的突破。2016年，上述项目顺利通过验收，并获得了教育部的滚动支持。

2013年，钟扬在珠穆朗玛峰进行科学考察

第十章
红树林

红树北移之梦

2000 年，钟扬初到上海就开始思考在上海的海滨滩涂引种红树。

在地球表面，介于陆地和海洋之间的海岸潮间带，居住着一类特有的两栖生灵，这就是"面朝大海，春暖花开"的红树植物。其实，红树植物也是绿色外表。一些物种的枝干或树皮折断受伤后，由于树干内富含单宁，暴露在空气中会迅速氧化，从而呈现出血红颜色，由此得名"红树"。

红树就是这样一种被海水周期性淹没的木本植物群落，是处于陆地生态系统与海洋生态系统过渡带的一类特殊的湿地生态系统。红树林生长在潮间带，涨潮时，仿佛漂在海上的森林。有的红树叶片会"吐盐"，能把吸入体内的多余盐分通过叶片的盐腺分泌出去；红树植物以神奇的海漂方式传播果实，遇到土壤，很快就能生根，并长成小苗。在漫长的进化历程中，有的红树品种甚至演化出"胎生"的繁殖方式，种子在母体萌发成熟后，脱离母体落地生根。

作为生产力最高的四大海洋生态系统之一，红树林是许多动物安全的居住环境和丰富的食物来源。红树林的凋落物为螃蟹提供丰富的食物来源，植株和根系为螃蟹提供安全的庇护场所；螃蟹掘穴的行为改善了土壤的通气条件，从而帮助红树林获取更多的氧气；同时，螃蟹的排泄物又为红树林提供养分、为鸟类提供食物，因此，红树林地带也是鸟类的天堂。这就是神奇的红树林生态系统，它的生物多样性与同一纬度的热带雨林或亚热带常绿阔叶林生态系统相比并不高，但具有高生产力、高归还率、高分解率的特点，对于净化环境、维持区域生态平衡具有重要作用。

然而，红树是热带和亚热带的潮间带植物，上海的气候条件并不相符。目前，中国自然分布的红树林所能达到的最高纬度在福建省福鼎（北纬 26°52′—27°26′）；人工栽种的红树林，最北的栽种范围是温州（北纬 27°03′—28°36′）。我国几大红树林保护区，无一例外分布在热带和亚热带海岸滩涂。因而，钟扬提出要在上海尝试种植红树的想法后，许多植物学专家持否定态度，认为这是天方夜谭。这种意见里显然还包含着一句潜台词——违反科学规律。

那么，钟扬的想法有没有科学依据，是不是异想天开呢？这确实是一个需要长期实验证实的问题。20 世纪 90 年代，钟扬在中国科学院武汉植物研究所工作期间，与中山大学生命科学学院施苏华教授开始合作研究红树。1991 年，在全国系统与进化植

物学研讨会暨第二届青年学术研讨会上，作为国内最早利用分子
证据研究植物系统发育与进化的研究，施苏华团队的成果引起钟
扬的关注。他觉得，这与他在计算机和生物信息学方面的优势有
极大的合作空间。

　　当时，分子生物学技术刚刚开始用于植物分类研究。而且，
红树作为非模式植物，关于它的研究数据很少。钟扬和施苏华团
队合作，率先开展红树植物代表类群红树科的分子系统发育研
究，并取得了一系列重要的成果。之后，钟扬他们又与日本长谷
川政美教授的团队开始合作研究红树。2003 年，钟扬和长谷川
政美、施苏华等人，先后到日本的冲绳岛、石垣岛、西表岛，以
及中国的海南岛考察红树林。

　　钟扬考证发现，20 多万年前的红树化石证明，上海的海岸

　　20 世纪 90 年代，钟扬（左二）与薛大勇（左三）、施苏华（左四）、
张先锋（左五）、路安民（左六）、陈之端（左七）等人，在中国科学院水
生生物研究所

229

线在历史上曾经有过红树；气候变暖，以及海水温度升高，为红树生长环境北移提供了科学依据。钟扬坚持认为，植物本身对环境有很强的适应性。他曾经举例，世界各地种植的小麦最早起源于中东；红豆杉原本只生长于云南山区，现已在各地培育成功；深圳湾在20世纪50年代从海南引进海莲、海桑、水椰、红海榄等红树植物，虽然北移的纬度有限，也获得成功；原产于南美洲亚马孙河流域的凤眼蓝不能自然越冬，但也被很多国家引进。

2000年左右，钟扬和施苏华两个团队利用新的分子系统学方法，首先分析估算了红树科植物同义替代和非同义替代的突变速率，构建了系统发育树。根据相对速率的检验结果，并结合古化石资料，第一次估计出红树科植物下海的时间，从分子水平，深入探讨了这群海岸潮间带独特的木本植物的起源与系统发育的

2003年3月13日，在日本冲绳县西表岛考察红树，左起：施苏华、足立淳、曹缨、钟扬、任文伟、长谷川政美、西本由利子、中须贺常雄

2003 年 1 月，钟扬（后排右）和长谷川政美（后排左）、唐恬（前排中）等人，在海南岛霸王岭考察

关系。这一研究综合了分子进化、生物多样性和生物地理学等多个领域的研究成果。他们合作的论文《红树科 6 属 cpDNA 和 nrDNA 序列相对速率检验及分歧时间估计》，发表于《科学通报》2000 年第 1 期。

2001 年 12 月 11 日，施苏华、钟扬和黄椰林等人完成的"不同地理与生态分布植物类群的分子系统发育研究"项目，获得全国高等学校科学研究优秀成果奖自然科学奖一等奖。在这个研究成果中，他们应用改进的分子进化分析方法和统计分析工具，探讨木兰科和红树科等植物类群的系统发育关系，在国际学术刊物发表了一批论文，提升了我国在系统与进化植物学研究领域的水准。

施苏华回忆钟扬

2002 年，钟扬作为第一作者，与施苏华、黄椰林、长谷川政美等人，在国际顶级生态学期刊"*Ecology Letters*" 2002 年第 5 期上发表论文"*Detecting Evolutionary Rate Heterogeneity among Mangroves and their Close Terrestrial Relatives*"，应用改进的分子进化分析方法，检测了红树植物及其近缘物种在分子进化速率上的异质性。该研究是我国学者在这一重要国际期刊上发表的第一篇学术论文，在生态学领域具有较重要的影响。

2008 年 1 月 25 日，"被子植物重要类群的分析系统发育重建与适应性进化研究"项目获得全国高等学校科学研究优秀成果奖自然科学奖一等奖，获奖人为施苏华、钟扬、黄椰林、唐恬、周仁超。钟扬提出了新的分子进化分析算法，并用于估计红树植物的分子进化速率。

2001 年在西藏，钟扬与施苏华（左一）、长谷川政美（左二）及四个藏族孩子在一起

红树的前世今生

"红树"（Mangrove）一词，来自葡萄牙语和西班牙语的音译。科学研究考证，红树植物的起源可以追溯到白垩纪晚期——那时，无论是无机界还是有机界，都经历了重要变革。那是一个人类难以想象的时间概念。那是恐龙统治陆地的年代，翼龙翱翔于天空；那是青藏高原还没有浮出海面的年代。那时，大陆之间被海洋分开，地球变得温暖、干旱，被子植物开始出现，并出现了最早的蛇类、蛾子和蜜蜂，以及许多新的小型哺乳动物，巨大的海生爬行动物统治着浅海……

红树植物的祖先原来居住在陆地，后来多次发生回归大海的独立进化事件。最新的基因组学研究并结合化石记录表明，在白垩纪和第三纪的交界（约 7000 万—约 5000 万年前），红树物种主要类群的祖先经历了一次全基因组复制事件，并出现了快速的物种分化，进一步适应了潮间带环境的生活。

红树在潮间带的生存环境，需要它能够耐盐、耐淹、抵抗风浪，扎根于海岸滩涂瘠薄的淤泥中。红树的根系需要通过超滤作用隔离盐离子或选择性吸收等机制，对付高盐环境。比如，正红树与木榄根部的特殊结构，能够把超过 99% 的盐离子拒于体外；有些红树植物像白骨壤和桐花树，则是通过叶面的泌盐细胞，排出高浓度的盐；还有一些红树，把体内多余的盐离子隔离在叶肉细胞的液泡中，叶片脱落时，带走过多的盐。

在淤泥和水淹环境中生长的红树植物，面临的另一个问题是用根系呼吸。红树植物演化出来独特的根系系统，可以将植株庞大的身躯固定在滩涂上。作为特殊的支柱，根系虬曲盘旋于滩涂，呈现出顽强的生命张力，得以抗衡风浪、扎根海岸。在漫长的地质年代更替中，海平面经历了周期性升降，海岸线也发生周期性变迁。红树植物也随着这种变化而漂泊，一代一代挪移位置、往复迁徙。

缘于复杂的起源方式，红树并不全是亲缘很近的一个类群，而是原本分属不同分类单元的植物进入了同一个生境，而成为休戚相关的一群植物。现今，在全球潮间带发现的红树大约有 74 种，分属 20 个科、约 28 个属；此外，还有大约 60 种半红树——部分生长在潮水淹没之处，更多的生活在潮水没有淹没的海滩低地。在北半球，由南到北，红树植物的种类随着纬度的增加而不断减少。以真红树植物为例，海南分布有 24 种，广东、广西和福建依次减少，到了浙江，仅剩秋茄一种。

事实上，在沧海桑田的历史演进中，红树林经受了自然环境变迁的考验。尤其是近一个世纪左右，人类也加入了对红树林的毁坏，除了砍伐，还有沿海养殖、海岸线城市建筑、海堤修筑等等因素。当全球气候变化加剧，气候变暖导致海平面上升，红树林再次面临灾难性命运——候鸟会迷失方向，不得不重新寻觅坐标和生命里程。

热带、亚热带海岸的低海拔地带是全球人口分布密集区，对红树林的庇护直接关系人类的福祉。因此，保护红树林不仅在科学界，更在全社会受到广泛关注。生机勃勃的红树林仰仗其演化出的促淤造陆、与海岸同进退的本领，成功经受了历史上多次海平面变化的考验。然而 2007 年，澳大利亚昆士兰大

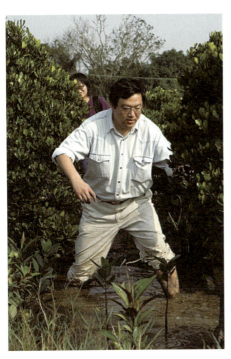

钟扬在海南考察红树

学的 Norman Duke 教授等人，在《科学》杂志上撰文发出警示：
到 21 世纪末，我们可能将生活在一个没有红树林的地球上。钟
扬的梦想则是，让红树突破生长纬度北限，扎根上海，让上海
"海滨城市"的称号更加名副其实。

红树过冬

从 2005 年开始，钟扬向上海市科委申报在上海种植红树林
的课题。他当时的计划是，花至少 10 年时间，为后代留下一道
美丽的海岸线。他说："和大自然打交道急不得，10 年不算长。"
由于在这个纬度人工种植红树并无成功的先例，钟扬的申请颇费
周折。直到 2007 年，他的第三次申请才获批准。2011 年，钟扬
率领团队在上海东南角海滨建立起 10 亩红树种植基地。

2007 年，在海南东寨港国家级红树林保护管理局钟才荣技
术员的指导下，钟扬带着课题组从海南岛、珠海等地购买了一批
较耐寒的红树种苗，包括秋茄、桐花树、白骨壤、无瓣海桑、老
鼠簕、木榄、拉关木等 7 种真红树，黄槿、海杧果、银叶树等 3
种半红树，总共 10 种红树和半红树植物的实生苗 1.2 万株，采
用地栽方式，种植于上海临港新城（北纬 30°53′）。这个纬度比
原有的红树分布界限北移近 3 度。虽然仅有 3 度，但气候差别非
常大——红树原本生长地区的最低温度是 15 摄氏度左右，而上
海最冷月的平均气温为 3 至 7 摄氏度，极端最冷气温要达到零下
5 至零下 10 摄氏度。因此，要将红树植物北移至上海地区种植，
适应低温是最为严峻的考验。

果然，红树苗刚刚在上海栽下就遭遇"灭顶之灾"。当时，
受到拉尼娜现象及大气环流异常的影响，遭遇降雪及冰冻灾害，

钟扬在上海海滨种植红树

首批栽下的红树，绝大多数没有等来第一个春天。要想实现红树北移，必须攻克耐寒红树树种的筛选这一技术关键难题。钟扬课题组使用电导率测定法，研究了不同温度条件下越冬红树植物的抗寒能力变化，试图寻找引种的红树快速适应上海地区环境的途径和科学的管理方法。钟扬课题组先在温室里通过控制温度，逐步对红树进行"抗寒锻炼"；而后再移种到户外，以保证树苗的存活率。同时，定期检测红树移植后分子成分的变化，探讨其逐步适应高纬度自然条件的各种可能的影响因素。

通过引种试验、低温驯化、抗寒性研究，以及对比不同红树植物的抗寒能力，钟扬团队从最初的 1.2 万株红树苗中，筛选出较耐寒的引种品种：秋茄、桐花树、老鼠簕、无瓣海桑。这 4 种红树已经基本适应上海当年的气候，能够相对正常地生长，并在温室外越冬。2016 年 1 月，钟扬在红树林试验现场对来访的记者说："这批经历了上海冬天的红树苗，能否将抗寒特性遗传给后代，也许还需要等一年，才能知道这种特性是否能够通过基因遗传，这也是现在生物界研究的热点。目前，秋茄和桐花树已经在上海的露天繁育了子株，对无瓣海桑也许还需要观察。"

　　第一批驯化的红树树种种在滩涂后，很快又遭厄运——潮起潮落间，尚未扎根的红树全部被冲走了。钟扬课题组重新试验，经过两波寒潮，原本定下的 4 个树种中，老鼠簕又被淘汰。不过，也有奇迹发生：不仅新种的红树全部存活，令人欣喜的是，有些叶子都掉光、貌似已死的红树竟然复活。虽然只剩下光秃秃的秆子，它们的根却在吸收养分，继续生长。

　　种植红树还要考虑不同品种耐受盐度的差异，过高和过低的盐度，都会抑制不同品种红树植物的生长。上海是长江入海口，海岸的地下水盐度不是过高，而是过低。因此，钟扬团队从海里引水，让红树林的幼苗能够吸收到适量的盐分，使小红树逐渐适应。

钟扬（左）在上海红树种植现场

237

随着红树苗逐渐生长，原本光秃秃的盐碱地上，开始有了新的小生命，小蝌蚪和小螃蟹出没其中。复旦大学研究生院副院长杨长江记得，他到研究生院后不久，有一天，钟扬把他和其他同事带到了上海东南角的南汇新城镇。在一块 10 亩大小的田地里，一片绿色的树苗吐露新芽，那便是钟扬团队培植的红树树苗。当时，钟扬高兴地指着一株株树苗给杨长江他们看，仿佛在看他的孩子一样，那里寄托着钟扬的梦想。

钟扬曾在上海海滨许下愿望："目前这些小红树苗至少要 50 年后才能长大，长成红树林需要 100 到 200 年，甚至更久。这是为 50 年后的上海准备的礼物，也是为我们的子孙准备的礼物。"2017 年 5 月，钟扬团队首次将一小片桐花树幼苗种到临港的东滩上，直接面对自然环境。钟扬期待着，未来能够成为上海滩涂新的风景线。这一年，距离钟扬的红树林项目获得批准整整

2017 年 9 月 15 日，钟扬在上海浦东为小学生们讲述湿地生态保护知识

10 年。2017 年 8 月 22 日，钟扬于上海科技馆为学生讲述在临港种植红树林的历程；9 月 15 日，也就是他不幸殉职前 10 天，他在上海浦东为小学生们讲述湿地生态保护的知识，这是他生前最后一次科普讲座，献给了红树林之梦。

2018 年 5 月 31 日，钟扬先进事迹报告会暨钟扬红树林生态基地合作签约仪式在临港举行。红树尚未成林，斯人已然离去。触景生情，所有在场的人无不伤痛感怀。

第十一章

研究生院

以学生为本

　　复旦大学的研究生教育在中国高等教育历史上有三个"率先"：1923 年，在民办高校中首开先河，招收了第一名研究生——从金陵大学毕业的文学学士蔡乐生；1949 年，率先在全国公开招收研究生；1977 年 10 月，复旦大学又在全国最早恢复研究生招生。

　　2012 年 9 月，钟扬担纲久负盛名的复旦大学研究生院院长。履新之后，他首先思考的是，如何就研究生教育与管理的现状，形成符合一般规律与复旦大学研究生院实际的新理念。这也是他作为科学家的思维方式。事实上，他的母校中国科学技术大学创办之初就是一所科学家管理的学校，这个传统在钟扬身上留下了很深的烙印。

钟扬认为，几乎都在说研究生教育要创新，而创新不是一句空泛的口号，要有独创性，更要有科学性，首要的是抓住根本，这个根本就是"以人为本"。他提出，"研究生是年轻的研究者"，而不仅是一个照本宣科的学生。这是开展研究生教育工作的认知起点，决定了工作的方向和轨迹。他曾经撰文指出：

> 研究生的能力和素质培养，已经成为一个越来越受关注的话题。教育部也曾多次下发文件，要求高校重视研究生的培养质量。事实上，研究生的质量问题，主要是指研究生的研究能力问题。这并非一所、几所大学或者哪一个部门能够完全办到的，这是一个庞大的系统工程。

钟扬对研究生教育工作并不陌生，而且有丰富的指导研究生经验。还在中国科学院武汉植物研究所工作期间，他就获得"1998年度中国科学院优秀研究生导师、教师"称号。他在调查中发现，学生刚入学时差距并不明显，过了几年就出现差异，可能是个性原因造成的。新生都觉得自己很优秀，相比之下会发现别人更优秀，因此，要明确"优秀"的概念。优秀有多种，有的人的论文可以入选"全国百篇优秀博士学位论文"，可很多人即使很努力，也达不到"优秀"的门槛，原因是多种多样的。学生能不能顺利毕业？可以准时毕业，也可以稍晚一点毕业，只要不造假。退而求其次，如果这两方面都达不到，至少要保住身体。人生的路很长，以后还有很大的发展空间。

复旦大学生命科学学院副教授王玉国说："一个全国研究生调查显示，大概1/4的学生不喜欢自己的专业。钟院长说，也许这1/4的学生就落在你的名下。不是导师不努力，也未必是学生不

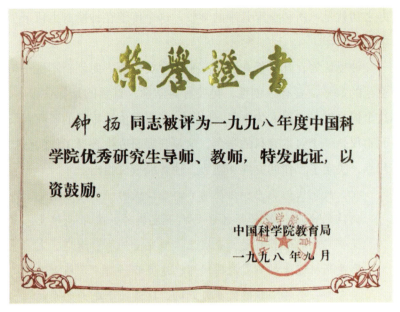

1998 年，钟扬被评为中国科学院优秀研究生导师、教师

努力，也许就是因为学生对这个学科没兴趣，那就很难出成果。所以，大家一定要清楚学生的状况和基础，然后再因材施教。"

包晓明回忆说："我最后一次见钟院长时，他跟我探讨了一个现象：到底是因为优质资源不足、教育资源分配不公，还是我们对教育资源的需求过高？钟院长重视教育管理的理论，也体现为他始终在思考现状。他经历过漫长而丰富的学习和科研实践。他的理论不是空洞的幻想，不是刻舟求剑式的模板，而是在现实的变化中不断修正和调整。"

钟扬认为，大学并不是无限责任公司。研究生教育应该在有限时间达到有限目标。如果人才培养问题都要等到研究生阶段解决，为时已晚。研究生和导师其实是学术共同体，培养研究生的问题解决了，学科和科研的质量也会上升；否则，教授再好、硬件再好，假如研究生培养的质量不提升，学科质量就很难上升。

他尖锐地指出："目前的研究生普遍存在四大问题：缺乏远大的理想和人生目标，缺乏从事科学研究的热情，缺乏科研论文写作的训练，缺乏必要的时间和精力投入。"他认为，这种状态下的学生没有科研热情，只是为了延缓找工作的时间才选择读研究生。这样的人多了，研究生教育事业就毁了。钟扬清醒地意识到"四个缺乏"问题在短时间内很难解决，这无疑增加了教育工作者的责任。研究生的素质和能力不是一时形成的，要尽可能地提升和改造他们的素质。同时，他提出了提升研究生质量的解决之道：

> 第一是发现问题的能力。现在，很多研究生做论文，总需要老师把问题先提出来。如果研究生自己不能发现问题，以后到单位如何开展工作？对一个理工科学生来说，如果能够准确地发现问题，也许问题已经解决了一半。

钟扬在复旦大学研究生院办公室

不能发现问题的学生往往文章也写不好。我看过很多研究生的论文，发现他们首先写不好引言。如果你问学生为什么研究这个问题，学生往往回答：是老师让我做的。写论文要秉承一个原则，那就是：不能解决的问题不是问题。这里的问题已不是漫无边际，而是重新定义并且可以尝试解决的问题。

第二是选择课题的能力。做课题就是让研究生从发现问题逐渐走上解决问题之路。

第三是发现科研的乐趣。一些老教授的话很有道理：硕士是刚刚从通识教育走向科学研究的第一步。因此，他所挑选的课题，应该让他在从事科学研究的第一天起就尝到科研的甜头、发现科研的乐趣，而不是将未经训练的学生当成某种形式的劳动力，直接投入高强度

2016 年 1 月，钟扬（前排右四）在复旦大学研究生院接待西藏大学同行

的科研攻关工作。这两种做法之间有天壤之别。

　　第四是团队组织和协作的能力。在研究生阶段不培养，以后也许再也无法培养。目前，教育上忽视得最多的是团队协作能力的培养。

基于"以学生为本"的思考，钟扬明确指出，研究生教育只是教育接力赛中的一个环节。在本科阶段，许多选择继续读研的大学生，在思想上、知识和能力储备上并没有做好准备；在研究生阶段，要重点培养学生发现问题、选择课题、团队组织和协作，以及交流、写作的能力，这是提升研究生培养质量的关键。

关于团队精神和协作能力问题，钟扬研究后发现，大部分研究生发自内心地认为，从幼儿园起，成功都是靠个人取得的。事实上，应试教育不断强化了这种意识——每一次考试成功都是个人努力的结果，不需要与别人合作。高考如此，考研还是如此。所以，这些研究生不可能想过，在他们今后的人生道路上，需要与别人合作。

结合自己的成长经历，钟扬一针见血地指出：事实上，对大多数科学家来说，团队组织和协作应该是所有个人能力中最强的一项，却是最难做到的，因为它在一定程度上违背了人（包括科学家）的本性——能不与别人合作，就不与别人合作。可是，现代社会的很多工作，的确需要克服这个人性弱点。因而，我们一定要在研究生阶段为学生补上这一课。如果没有在这方面受过训练，今后很快就会因为这个能力缺陷尝到苦果。

创新是最大的改革

在研究生教育方面，钟扬的一大改革举动，是设立高质量

FIST
Fudan Intensive and Summer Teaching

① 暑期、掌握

②（几阿布）FIST = Feasible Ideal
             System Target
       可行理想系统目标

③（汽车业）FIST = Furious（狂情）、
       Individual（独特）、Style（风格）、
       Transform（变革）

_____

厦·附加点:
① 为什么? → 内涵发展、国家现状
② FIST项目的重要
③ 估计实施阻力（十年调○组）
④ 需配合什么? A.资金、B.经费、
       C.媒体、D.与我校
       （管理处、学生处…协调）

钟扬对"FIST"项目的设计草图

的研究生开放课程"FIST"项目。时任复旦大学研究生院综合办公室主任先梦涵介绍,"FIST"这个名字是钟扬的创意。英语 Fudan Intensive and Summer Teaching（复旦大学暑期集中式授课）的首字母组合起来的"FIST",意指"拳头产品"。为了让学生了解到国际上的学术前沿动态,钟扬一到复旦大学研究生院就致力于打造一批品牌课程,延请海内外各学科的知名专家和复旦大学教师在暑假集中授课,向研究生、本科生和公众开放,既让学生开阔视野,也使暑期课程得以延伸,因此,"FIST"成为对复旦大学常规课程的有益补充和提升。2013 年 5 月,首批"FIST"项目 44 门课程正式开课;到 2017 年年底,已经开设 70 多门课。

此外,钟扬还创立"问题驱动型"的研究生培养质量中期检查,建立研究生教育质量的保障体系。复旦大学研究生院副院长楚永全说,这个改革举措,加强了研究生培养质量监督,勇气可嘉。钟扬邀请校外的学科专家、管理专家和德育专家,与随机抽取的研究生进行"一对一"面谈,了解学生个体的真实状态,包括课程设置、研究生当前心理状态、导师的态度、学生与导师的交互作用,以及实验条件等等各个方面,然后写出书面意见,为提升研究生教育质量提供客观、真实的参考意见。

　　研究生学习质量的第一责任人是导师，但是，学生的个性千差万别。钟扬要求质量检查主要针对二年级的研究生，及早发现问题，如果等到他们毕业再发现问题，就太迟了。2015年4月，复旦大学研究生院聘请来自全国各高校、科研院所和研究生教育主管部门的36位研究生教育专家及导师，对复旦大学12个院系的研究生教育进行问题驱动型质量大检查。应邀参加这次活动的中国科学院物理研究所研究员曹则贤说："钟扬对受邀专家开诚布公，希望大家指出研究生教育中的不足，给出最坦诚的批评。在我们这个讲究人情的社会，做到这一点非常不容易。"

　　复旦大学研究生院每年邀请几十位专家，每位专家和二三十个学生面谈，谈话达到1000多人次。王宇翔说："是给人一捆柴还是一把柴刀，这是一个很深刻的教育理念问题。钟扬认为，比输入知识更重要的是育人。你培养的学生毕业之后走得稳不稳、走得远不远，取决于你的原则、你给了他们什么方向。"

曹则贤回忆钟扬

　　撰写毕业论文是每个学生的头等大事，钟扬对于研究生论文的质量要求最严。在论文送审之前，要先进行数据库比对，检查论文中的重复占比，涉嫌抄袭则不能送审。平日里爱开玩笑、和蔼可亲的钟扬，在论文把关上可谓铁面无私、零容忍。不合格的论文，不管谁来求情，都不会特殊照顾。复旦大学研究生院副院长杨长江回忆，最近几年，研究生论文中出现多起学术不端事件。钟扬的态度非常坚决，疾恶如仇，强调在学术问题上容不得半点虚假。

　　钟扬自己有长期的学术论文和科普文章写作历练，他发现很多研究生的考试能力很强，但写作能力很差，不要说写英文，中文也写不通顺。他说："写作不好的学生往往也不喜欢阅读，这在很大程度上限制了他们长远的发展。一些学生缺乏逻辑思维，平时说话、做事都颠三倒四。如何判断呢？很多学生的思维不连

贯，这和经常用手机进行 100 多个字的碎片化写作有关。如果仅仅习惯于 100 多个字的思考、论述，那肯定不够格。把几段话的顺序打乱，很多硕士生和博士生都理不顺。这与专业无关，是平时的基础逻辑训练出了问题。即便准许这些学生抄论文，很多人都抄不对！"

钟扬认为，写作不仅体现一个人的文字能力，还包括逻辑思维能力，以及发现问题、分析问题的能力，本质上是一个综合素质问题。提升写作能力，是一名研究生必备的学术基本功。如果中文论文都写不好，怎么可能写好英文论文？为此，钟扬倡导成立一个论文写作服务机构，请来《自然》杂志的编辑开办"Nature Master Class"高阶科技论文写作培训班，请来英国剑桥大学的教授，与中国学生直接交流，针对学生论文写作中存在的具体问题逐一破解。这些"外脑"的培训，最终沉淀为复旦大学

钟扬（后排左三）与复旦大学研究生院的同事合影

研究生院自己的课程，对于自身课程体系是非常有益的提升和补充。

先梦涵介绍：复旦大学研究生服务中心论文写作服务分中心聘请了十几位专家，开设论文写作培训课，实行"问诊制"，让学生匿名来"问诊"，看自己的论文写作水平达到什么程度，再有针对性地训练。钟扬建议聘请55岁以上的专家，对教学和人才培养有热情、有经验的老师。他很体贴55岁以下专家学者的状态，他们是科研中坚，都比较忙。钟扬的考虑总是细致入微，很切合实际，不仅考虑复旦大学研究生院的工作，也考虑他人，一切从实效出发。

朱彬回忆，钟扬会逐字逐句修改学生的文章，能够关注到一个词的用法，甚至标点符号的空格是否符合文本规范，几乎是个偏执狂。唐先华说："钟老师对文稿一个字一个字地改，我们就说，用不着那么苛求吧。他当时还开玩笑说，凡是你看到文稿上面哪个字被老鼠咬了，就说明这个字我改对了。现在可以在电脑上修改，而那时都是手写稿，要抠掉那个字，用糨糊再贴上去。20多年前，实验室在一楼，那里确实有老鼠。它闻到那个糨糊的味道，会跑来把我们修改过的地方咬掉。"

钟扬深知，除了研究生教育管理工作者，作为学生学习质量的第一责任人，导师的作用至关重要，具有指导和帮助的职责。2013年11月30日，复旦大学研究生导师服务中心揭牌。有感于部分年轻导师对研究生培养系统不熟悉，钟扬希望通过研究生导师服务中心，与导师建立起有效的日常沟通和咨询渠道，除了每年召开全校范围的导师培训会，还不定期举办交流沙龙，让导师们有一个分享和交流的平台。

与人为善的心

钟扬还创办了复旦大学研究生服务中心，为师生提供办理毕业证、学位证、学籍证明等服务。先梦涵说，钟扬认为管理的本质就是服务，但是在具体操作层面上，"管理"和"服务"要分开。研究生院的老师应该作一些研究，应该下去走走，多看看学生的需求。无论哪个科室，所有工作人员都是"双重管理"，除了本职工作，都要到研究生服务中心轮岗，打破各个部门之间的壁垒。

复旦大学研究生服务中心

这个中心被钟扬形容为"五加二"，一周 7 天，从早 7 点到晚 7 点，12 个小时不休息，全年无休，即使春节也不例外，方便复旦大学各个校区的学生和老师利用课前、课后时间办理相关事务，受到外地甚至海外校友的称赞。复旦大学研究生院培养办公室的潘星还记得，有一年春节假期，他到研究生服务中心值班。一名申请去国外留学的研究生，需要加急出具一份学位证明文件。他看到研究生服务中心过年时也照常开门，顿时松了一口

2014 年 4 月，钟扬（最后一排右四）和复旦大学研究生院的同事到中国东方航空股份有限公司参观、取经

气，顺利拿到了文件，申请留学的流程没有因春节假期耽误。

钟扬要求研究生服务中心必须杜绝"脸难看，门难进"。2014 年 4 月，钟扬带领复旦大学研究生院全体工作人员，到中国东方航空股份有限公司客服中心和培训中心参观、学习。2016 年 6 月，研究生服务中心被评为复旦大学 2016 年度"文明窗口"。设立研究生服务中心这个做法在全国高校产生了良好反响，很多学校陆续效仿。

谈到研究生院与复旦大学，公共管理硕士项目的合作，扶松茂回忆："为了把专业学位的教育质量提升上来，钟扬院长一直想把复旦大学国际关系与公共事务学院的 MPA 打造成专业学位标杆。他与上海市教委、国家 MPA 教育指导委员会和复旦大学多方努力，学院的 MPA 教学质量提升得非常快。他也多次参加 MPA 学生的论文指导和答辩。"

2017年上半年，复旦大学国际关系与公共事务学院第一批全英文项目的博士留学生面临毕业。依据学位管理相关条例，这批毕业生的条件并不完全符合。钟扬详细了解每名学生的情况，认为这一项目能加强与留学生所在国的学术交流，拓展中国在国际政治学领域的国际影响力。他亲自向复旦大学学位委员会说明情况，请求对这一改革创新项目给予支持。最后，这批4名英文博士留学生顺利毕业。

对学生的尊重本身就是一种无声的教育，也体现了教师和管理者的职业素养。毕业季天气炎热，钟扬每次主持复旦大学研究生毕业典礼，都穿着长长的导师服、戴着导师帽站在主席台上，将千余名博士的名字庄重地一一诵读。

2017年6月23日，是钟扬最后一次主持复旦大学年度研究生毕业典礼暨学位授予仪式。像往常一样，他要求不能读错任何一个学生的名字。海外留学生通常用护照名，钟扬就提醒工作人员，事先认真求证每个毕业生名字的发音，并用汉语拼音标注。在典礼上，钟扬并没有按照准备好的语音标注诵读，而是用外文原音读出每个留学生的名字，而且既准确又流利，引起现场一片欢呼声。这个细节让人们联想到，钟扬事先做了多么悉心的准备和演练，最后得以呈现出一种庄严的仪式感，让每个毕业生在心中留住这个完美的时刻。

清华大学研究生院院长姚强教授与钟扬在C9① 研究生院院

---

① C9，即九校联盟，是2009年10月启动的中国首个顶尖高校联盟，成员是国家"985工程"首批重点建设的9所一流大学，包括北京大学、清华大学、复旦大学、上海交通大学、南京大学、浙江大学、中国科学技术大学、哈尔滨工业大学、西安交通大学。C9类似美国的常春藤联盟、英国的罗素大学集团、澳大利亚的八校集团等，旨在人才培养、科学研究等领域加强合作与交流，优势互补，被国际上称为"中国常春藤盟校"。

2017 年 6 月 23 日，钟扬主持复旦大学 2017 届研究生毕业典礼暨学位授予仪式

长会议上相识。他回忆："钟扬对于研究生教育的理解和投入的热情，给我留下了深刻的印象。研究生院院长的任务之一，就是向教育部要资源，比如博士生名额、学科授权点之类。他的想法则全然不同，他觉得最重要的是在研究生培养质量上下功夫。有一次，请教钟扬关于授学位仪式上的细节问题。他说，所有获授博士学位学生的名单要全部念一遍，有一次念了 1800 个名字。他后来加了一句话：为什么招那么多人？这反映了他的一种质量观。所以，他提出来，主要是应该提高质量，而不是扩大规模。我们提出的博士生改革目标就是'满足需求，提高质量'。钟扬创立研究生论文写作服务中心、推行博士生导师负责制，都是以学生为中心；他连续多年请国内同行对复旦大学的研究生培养质量进行评估，其深入程度和对于问题的揭示是目前国内其他高校

没有达到的。非常难得的是，钟扬愿意与同行分享对于研究生教育的思考，所以，我有机会多次与他一起探讨研究生教育的各种问题和改革方案。我们一起参加了多次国内外的研究生教育会议，多次共同演讲。我深深地被他的人格魅力所吸引。"

姚强回忆钟扬

姚强印象最深的与钟扬的一次见面，是 2016 年 5 月在厦门召开的一个国际研究生培养会议上。会议间隙，钟扬播放了短片《播种未来》。姚强对于钟扬对人才培养和自己深爱的生物科学事业的投入有了更深的理解，对于他的行动也更加敬佩。也是在这次会议期间，姚强看到了钟扬的身体状况，并深深担忧。姚强说："钟扬盛情邀请我到西藏大学看看，还表示要带复旦大学研究生院的同事来清华大学交流。当年 8 月底，我去了西藏大学，但由于时间安排问题，未能与他在拉萨见面。他来清华大学交流的事也一再拖延，我们的约定变成了永远的遗憾。"

中国科学技术大学校长包信和院士曾经担任复旦大学常务副校长，很熟悉钟扬的研究生管理工作。他回忆："钟扬一直坚持以学生的教育和发展为中心。他说，作为导师，不是把学生带到他们想去的地方，而是把学生带到他们该去的地方。"

杨玉良院士这样评价钟扬："他对于学生的爱，不是从个人情感出发，而是出于对学生成长的责任。很多大学的研究生院院长是由校长担任或兼任，而钟扬以教授的身份担任研究生院院长职务，不仅因为他在学术上很有造诣，更因为他对研究生教育有热情，有奉献精神，有管理创新能力，与学生有天然的感情。"

永远匆忙的身影

钟扬经常强调，填写冷冰冰的数据、统计发表的文章和招生数量、写各种报告，这些工作固然具有显示度，但行政管理行之有效的基础工作往往是隐性的、无形的。比如，了解学生的学习状态如何，尤其是新生对学校的适应度如何。行政管理者最忌人浮于事，如果不躬下身来，就不可能接地气。

2017年6月，复旦大学研究生院培养办公室的金鑫，与钟扬一起参加一个招生培养会议时，基于掌握的研究生培养分析数据，对制定少数民族高端人才的培养政策提出了建议。这件事让她体会到科学思维在行政工作中的重要性。金鑫说："我是一个普通的工作人员，但是，研究生的教育、管理不单是普通的行政工作，而是具有研究性、探索性，非常有意义的工作。好像一颗小小的种子，它也有巨大的力量。"

时任复旦大学研究生院综合办公室主任先梦涵回忆，复旦大学研究生院进行2016年度民主评议时，钟扬制定的主题就是"判断力"。他认为，行政管理工作固然要按照领导的要求和师生的需求来做，但也要有思考，要有判断力，要有自己的节奏，不能被动地跟着别人的节奏走，那就容易乱、容易急。金鑫回忆："钟院长的特点是用科学家的思维来处理行政管理和服务问题，比如建立研究生培养工作的大数据。有一次，我和他一起到浙江大学、武汉大学和华东科技大学交流研究生管理经验。他对我说，你作为年轻人，一定要多看看、多了解，不要总是沉浸在事务性的工作中，要多思考。"

复旦大学研究生院的管理人员都很熟悉钟扬的工作习惯，经常会收到他在凌晨一两点钟，甚至三四点钟发出的邮件。而且，他收到邮件都会及时回复，即使一时没有想好回复的具体内容，也会发一个邮件说"稍后回复"。行政管理的能力和水准都体现在细节中，比如在复旦大学研究生院的卫生间安装拉手纸，就是心思缜密的钟扬提议和督促的。

时任复旦大学研究生院副院长吴宏翔回忆，他曾申请赴国外交流。从写个人申请开始，钟扬就为他修改了许多申报材料，细致到一个标点符号、一个字母的大小写，都用修改符号一一修订。这给吴宏翔留下了深刻的印象。

先梦涵回忆，钟扬刚上任不久，复旦大学研究生院的一位同事不幸罹患癌症，不得不请长假回老家武汉休养。虽然工作中接触不多，但钟扬一直惦记着这位同事，时不时会询问他的病情，回武汉时也会特地去探望。有一个来实习的研究生的几位亲属先后患了重症。这个实习生对钟扬说，他读不下去了，要回家，家里的天塌下来了。钟扬说，天塌不下来。就算天塌下来了，那就按天塌下来处理。后来，钟扬一直帮助他，直到渡过难关。

复旦大学研究生院学位办公室主任姜友芬回忆，每当夏、秋两季和过年，钟扬都会尽量抽时间参加慰问退休教工的活动。他也非常关心退休老教工的身体健康问题。在一次重阳节座谈会上，钟扬用亲身体验向退休教工介绍了一种叫"七十味珍珠丸"的藏药。在钟扬离去后举行的重阳节退休员工座谈会上，一位93岁的老教师提到钟扬就忍不住落泪。当初，钟扬得知这位老教师夫妇喜欢绘画，特意买了上好的宣纸送到家里。这位老教师感动地说："他这么忙，但随口答应的小事都记在心上。"

钟扬给同事们留下的印象，总是背着一个沉甸甸的双肩包，风尘仆仆。他的办公室里一直放着这个双肩包和行李箱，随时会直接赶赴机场。作为教授，钟扬既要做科研，又要指导学生；作为院长，他既要抓行政管理，还要参加很多科普讲座和学术讲座、会议。因此，他有自己高效率运转的生活节奏。钟扬借用了一个空置的办公室，里面放了很多植物标本，便于经常和学生讨论问题。

钟扬每次进出复旦大学研究生院，门卫吴社文师傅是最清楚的。每次见面，钟扬都热情地和他打招呼。钟扬经常加班到第二天凌晨，临走都跟吴社文说一声"您辛苦了"。有时候，吴社文看到钟扬痛风发作，上、下楼都是扶着楼梯扶手，两步一个台阶地走，看着很让人心痛。钟扬的学生陈科元发现，钟扬把用过的矿泉水瓶，都装在书包里。后来才知道，他是留给门卫吴社文，吴社文搜集起来能换一些零用钱。此后，陈科元也经常攒一大包空矿泉水瓶交给吴社文。

研究生院承担着举办招生考试的重任，对安保工作有较高的要求。招生考试前后，晚上11点以后必须关门布防，如果有人走动，会自动报警。钟扬时常工作到第二天凌晨，他不愿意每次都叫醒吴社文开门，解决办法是装了一个特殊的门禁，为钟扬设了一张专门的门禁卡。每当夜深人静之际，研究生院办公楼里，只有钟扬办公室的灯还亮着。

楚永全说："现在，整个科研体制对于教师的考评比较数字化，但是，钟扬院长做的很多工作很难量化，比如说援藏，又比如花费巨大精力做科普工作，这些都是无法量化衡量的。钟院长对功利的看法有自己的价值判断，他愿意去做的，付出很多精力的事，就是他认为最有意义的事。"

到2017年9月突然离世，钟扬在复旦大学研究生院院长这一岗位上工作了整整5年。复旦大学的研究生教育工作取得了长足进步，从中可以看到钟扬在管理上的许多改革举措与创新思维。

钟扬离去之后，包晓明依然经常回忆往昔的点点滴滴："现在每天晚上离开研究生院的时候，我还是会习惯性地回头看一看钟院长办公室的窗子，仿佛那盏灯还亮着。每当晚上走在校园的

复旦大学研究生院同事的回忆

小路上，我都会联想到钟院长无数次在夜晚孤独的身影，想象他的心境。我在他身边工作了 5 年，他给我的心点亮了一盏灯，带来一种很温暖的感觉，让我愿意像他那样努力工作，像他那样尊重和关心别人，并且把这种温暖带给更多的人，这是我对他最好的纪念。"

2013 年，钟扬（前排右二）在复旦大学研究生院接待西藏大学党委书记房灵敏（前排右三）一行

第十二章
科普阳光

科学由谁来普及？

　　钟扬曾经回忆："1970 年初春，因为幼儿园搬家，我意外地成为一名小学插班生。从那时起，一套残缺不全的《十万个为什么》，书中那些遥远的故事及其承载的有趣知识，随着时间的推移，慢慢渗透进我的脑海。在某个不经意的时刻或场合，这些似是而非的知识也许会与新的思想活动碰撞出火花，并以独特的科学气质展现出来。"

　　《十万个为什么》是那个年代少年科普读物的标配，然而，同样是这套书，在每个孩子心中的分量和影响并不相同，这就取决于身边的家长、家庭环境和老师。人们都承认，家长是人生最初的老师，而家长的知识水平奠定了孩子文化素养的基础。在学习的起跑线上，儿童都有好奇的天性，家长对孩子的引导是方向性的。

小学二年级的时候，钟扬看到书上讲的电池知识，就把家里的手电筒拆开，将电池取出来，用铁钉打个小洞，再往洞里灌各种能找到的酸性液体。他的母亲王彩燕是化学老师，看到那堆废电池，不但没有责怪他，还带他到黄冈中学的化学实验室旁听实验课，到校办工厂看工人稀释浓硫酸做汽车蓄电池。钟扬回忆："那次经历彻底打消了我对能发生剧烈反应化学品的恐惧，也激发了我学习化学的兴趣。至于以后参加高考，我的化学成绩名列前茅。"

五四运动的两个主题是"德先生"（Democracy）和"赛先生"（Science），将民主与科学视为反对封建思想和封建文化的两大利器。然而直至今天，它们依然是未完成的使命。"赛先生"正是新中国诞生之后至"文化大革命"之前这个历史时期的社会主流价值观之一。钟扬在初中撰写的作文中畅想，在2000年，新世纪的曙光貌似非常遥远，甚至遥不可及，但是，他毫不犹豫地说："长大要成为一个优秀的科学家！"这不仅仅是他一个人的偏好，而且是那一代人的梦想，犹如那个年代一套著名的宣传画《从小爱科学》。事实上，写完那篇作文之后仅仅几年，钟扬就踏进大学校园，踏上了寻梦科学之路。

正是在儿时受到《十万个为什么》的深刻影响，成为科学家之后的钟扬，真正体会到"春风化雨，润物无声"的人生意境。回忆少年时期读过的那套著名科普读物，钟扬认为，人首先应该明白最重要的一个"为什么"，那就是——为什么要学科学？他说："科普最重要的不是传播多少个正确的知识点。传播科学精神，普及科学方法，从小激发孩子们对科学的兴趣，让他们有探索的欲望，这才是最重要的。引导孩子去探索大自然，这对青年一代、对国家未来都有重要意义。自然科学与社会科学的差异，促使年幼的学习者也要将'动脑'和'动手'结合起来，才能摆脱'书呆子'的桎梏。"

2013 年，钟扬在西藏野外科考途中

　　所谓"科普"——科学普及，虽然人人耳熟能详，但钟扬是最热心、最身体力行的科普工作者，为此耗费了巨大心力，以至于很多旁观者并不理解他的热情和动力来自哪里。其实，要找到答案并不容易。旁观者与钟扬的区别在于，似乎人人都明白"科学为什么要普及"，但是并没有深入一步想一想——"科学由谁来普及"。或者说，科普是科学家的本分、天职，还是多管闲事、大材小用？钟扬对此的回答是：

　　　　青少年科普是一种令人愉悦但费时费力的工作，对科学家本身其实也是一种挑战，绝非"没有时间"和"不感兴趣"那么简单。不过，我想告诉家长和孩子们，只有勤于思考和动手实验，才是真正了解科学的不二法

门。希望你们能对身边的事物产生更大的好奇心，去思考更多、学习更多，这才是我做科普的初衷。

科学知识、科学精神和科学思维是要从小培养的，现在让孩子们多一点兴趣，说不定今后就多出几个科学家。由于目前基础教育和高等教育之间存在割裂，学生的知识体系并不完整，中小学根本不知道学生如果读到研究生会需要什么。这也是中小学叫我去办讲座，我从来不拒绝，不遗余力地去讲的一个重要原因。

2016年8月8日，钟扬在复旦大学校园举办的科普活动中和小朋友们交谈

顾红雅是钟扬的同行和好友，也是一位躬身践行科普的学者。她在评价钟扬的科普工作时说："我也经常到中小学开设科普讲座。我发现，年级越高的学生，认识的植物越少，这与升学压力密切相关。大自然会教给孩子们很多东西，但疲于应付考试的孩子们往往没有时间，也没有心情走近大自然。更重要的是，

科普教育的缺乏，会对孩子的价值观产生影响。对又苦又累、看起来又枯燥的科学研究，孩子们往往会敬而远之。其实，你到大自然里会看到小草是怎么长起来的。为什么花有那么多颜色，它们是开给谁看的，这些其实都是很好的问题。如果从小就跟大自然密切接触，你就会看到很多、想到很多。慢慢地，不仅认识了更多花花草草，也会找到自己感兴趣的方向。比如，这种植物的种子为什么是这样的？你会发现这种种子的形状是因为一个复杂的基因网络在调控。研究下去，没准儿就会研究出一个特别有意思的结果。"

陶宏炜的女儿陶小如刚上高中就听过钟扬的科普讲座，积极报名参加了生物科学实验小组。钟扬带她到实验室，指导分析实验数据。陶小如的实验是将水果发酵，提取制备乙醇燃料，为替代石化燃料提供可再生能源。这个实验，需要搜集街头水果摊坏损的废弃水果。钟扬就带着她在复旦大学周边的马路旁找水果

顾红雅回忆钟扬

2008 年在苏州，左起：王冀洪、陶小如、钟扬、牟志坚

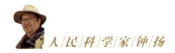

摊，在垃圾堆里翻找部分完好的水果，收集起来做发酵实验。这个实验课题参加了教育部、中国科学技术协会组织的"明天小小科学家"活动，陶小如还赴美参加世界可持续发展高中生奥林匹克竞赛，最终获得铜奖。如今，她已经完成在美国的6年学习，就职于美国著名的福瑞德·哈金森癌症研究中心。

科普是一项庞大的系统工程，本身必须具有科学性和系统性。首先，科普分成"常识"和"理论"两个部分。中小学科学老师和科学家的科普，有共同的目的，也有不同的任务和使命。给中小学生讲一般的自然科学常识和原理，这是科普的基础知识部分，但是，涉及科普的理论部分，比如科学的思维方式、科学的认知方式、科学的价值观，则需要科学家来完成。必须指出，科普的理论部分不是抽象的，不然，就变成学术报告了，必须适应少年儿童的理解能力。所以，用通俗易懂的小常识阐述深奥的

2017年8月，钟扬作野外科普讲解

大道理，需要具有科学工作的实践经验、专业知识背景，以及积淀的科学思想。也就是说，要做一个优秀的科普工作者，即便很有热情、很有精力，如果不具备上述先决条件，也是不可能胜任的。

达尔文的进化论过时了吗？

人类基因组测序是 20 世纪末令世人瞩目的成就，它的研究将揭开人类的生命之谜。我们有幸生活在这个窥探到生命密码的时代，因此，钟扬的科普教育非常具有时代感，具有前沿科学的气息。基因知识就是他最看重的科普内容之一，而且，他的讲述娓娓动听、通俗易懂。

基因问题是一个专门学科，被称为遗传学。遗传学是从研究豌豆开始的。1822 年出生在奥匈帝国的孟德尔①，出身于贫穷的农民家庭，通过努力，考取了维也纳大学。他因为身体原因以及维也纳瘟疫而辍学。在修道院种豌豆的时候，他发现绿皮豌豆和黄皮豌豆杂交后还是绿皮豌豆，再拿两个杂交后的绿皮豌豆杂交，结果是三个绿色、一个黄色。这个"三比一"，就是遗传学上的基因性状分离原则。孟德尔把绿色定义为显性性状，并把黄色定义为隐性性状，这就是"孟德尔第一定律"。钟扬解读说："孟德尔这个定义非常准确。他说肯定有某种东西，姑且叫作'因子'（Factor），内因和外因导致了这个现象。这个假想的'因子'在 1906 年被丹麦植物学家约翰森（W.L. Johannsen）发现，这就

---

① 孟德尔（1822—1884），奥地利生物学家，曾经在修道院担任神父，是遗传学奠基人，被誉为"现代遗传学之父"。他通过豌豆实验，发现了遗传学三大基本规律中的分离规律及自由组合规律。

是‘基因’。"①

　　经常听到有人质疑达尔文②"从猿到人"的进化学说，最常见的例子就是"我是猴子变的吗"。这显然曲解了达尔文学说中指出的漫长的进化关系。事实上，达尔文当时确实无法解释时间比较近的进化关系，一直期待可以用很短的尺度解释这个问题的

2013 年，钟扬在西藏采集种子

---

①　基因（Gene），又称"遗传因子"，是控制生物性状的基本遗传单位。它是产生一条多肽链或功能核糖核酸所需的全部核苷酸序列，支持着生命的基本构造和性能。基因储存着生命的种族、血型，以及孕育、生长、凋亡等过程的全部信息。环境和遗传的互相依赖，演绎着生命繁衍、细胞分裂和蛋白质合成等重要生理过程。生物体的生、长、衰、病、老、死等一切生命现象，都与基因有关。它也是决定生命健康的内在因素。因此，基因具有双重属性：物质性（存在方式）和信息性（根本属性）。带有遗传讯息的 DNA 片段称为基因。其他的 DNA 序列，有些直接以自身构造发挥作用，有些则参与调控遗传讯息的表现。组成简单的生命，最少需要 265 到 350 个基因。

②　达尔文（1809—1882），英国生物学家、进化论的奠基人，曾经历时 5 年进行环球航行，对动植物和地质结构等进行了大量的观察和采集。他出版了《物种起源》，提出了生物进化论学说，从而摧毁了各种唯心的神造论以及物种不变论。除了生物学外，他的理论对人类学、心理学、哲学的发展都有不容忽视的影响。恩格斯将进化论与细胞学说、能量守恒转化定律，并称为"19 世纪自然科学的三大发现"。

学科，所以，他读到孟德尔的论文后异常开心。

钟扬在科普工作中经常提出一个严肃的科学问题——达尔文的进化论过时了吗？当然，他还是用通俗、生动的科普方式来解析——1831 年 12 月，达尔文乘坐英国海军"贝格尔"号军舰开始为期 5 年的环球考察。他在加拉帕戈斯群岛上发现了各种奇异的

2009 年 2 月 10 日，钟扬作为主讲嘉宾之一，参加上海科普大讲坛纪念达尔文诞辰 200 周年活动

生物，例如巨大的海龟、蜥蜴和鸟类，并注意到这个群岛中每个岛屿上的生物都与众不同。他还收集了很多鸟类标本——体形、喙以及生活习性都呈现出令人惊奇的多样性，这就是"达尔文雀"。达尔文认为，这些外形不同的鸟类很可能源自同一祖先，在这个群岛环境的漫长生存过程中逐渐发生了演变。从而，他得出物种并非永恒不变的结论，并由此催生出关于生物进化的思想。

钟扬说："这么小的范围有这么多种鸟，可以想象由于地震等地质原因，两个岛分开了，而且相距遥远，导致鸟因为距离太远不能交配。更加重要的是，两个岛上的食物不一样。比如是坚果，所以，鸟的嘴变得很宽，像锤子一样。再比如仙人掌，有很多刺，里面是汁液。所以，鸟嘴要变得又长又尖，才能插到刺里面吸取汁液。达尔文就是这样通过比较，分析鸟嘴的工具性进化。他还曾经举例看到的一种花管特别长的花，达尔文说，一定能在周围找到一种嘴很长的鸟，因为如果不能传粉，这种花就不能存在下去。果然，100 多年以后，科学家第一次找到那种长嘴的鸟，证实了达尔文根据自然法则的推论。"

钟扬在科普讲座上介绍达尔文的进化论

钟扬对达尔文进化论的认识和深入研究，还有一个学术传承的原因。他的博士导师长谷川政美教授，原来学物理专业，后来拜著名进化生物学家木村资生①为师。木村资生在日本曾经是神一样的存在，三次获得诺贝尔生理学或医学奖提名。长谷川政美因为崇拜木村资生，就追随他学习进化论。

木村资生提出的中性学说，即"中性突变——随机漂变假说"：在分子水平上，大多数进化、演化和物种内的大多数变异，不是由自然选择引起的，而是通过那些对选择呈中性或接近中性的突变等位基因的遗传漂变引起的。从中性学说出发，可以得出进化速率保持每年每个位置恒定的结论。同源蛋白质如同工酶所具有的丰富的多态性表明，这些生物大分子具有同样的高级结

---

① 木村资生（1924—1994），日本群体遗传学家、进化生物学家，在数学、群体遗传学和进化生物学方面作出杰出贡献。他关于分子进化的中性学说，是达尔文的自然选择学说以后出现的最有创造性、最重要的理论，他被誉为"中性学说"创始人。

构，都能很好地实现其生物功能，它们之中的哪一个也不比别的分子更优越。

木村资生的中性学说，被认为与达尔文的自然选择学说相抗衡。但是，木村资生指出，达尔文的学说本身就包含中性进化的思想，只是长期被忽略而已。木村资生生于 1924 年，长谷川政美生于 1944 年，钟扬生于 1964 年，三代师徒的年龄都是相差20 岁，这是一个巧合。从学术家谱上看，他们对达尔文进化论思想的研究、坚守及一脉相承，反映了他们共同的科学品质。

钟扬的部分著述和译作

科学一定有错误

正是因为钟扬兼备科学家的思想和渊博的知识，他才能做到小常识和大道理的融会贯通。他的科普教育不是空洞的理论，而是深入浅出。更难得的是，他选取的教材与现实生活联系紧密，而且就是他自己的亲身体验。他在一次讲座中说：

我在上海优秀的特征，到西藏都成了累赘。我个子高，在上海可能是优点，到了西藏可能就是缺点。西藏海拔本来就高，你再增加一点又有什么意思？我在上海活蹦乱跳，到西藏就要安静。比如说，在那里，血液的浓度会变高。我的心脏到那里就变大了，不大就没办法呼吸。我的血小板和血红细胞比别人的少，大学时拔了一颗牙，流了一天一夜血，血的指标降到非常危险的程度。到了西藏，血液开始浓稠，血红细胞开始增加。

我的别的指标很差，心脑血管都变差了，唯独这个指标，到了西藏，反而接近正常了。所以，你所具备的"优秀"的身体指标是相对的，按照达尔文进化论的观点，适应的才是优秀的。

钟扬不仅开设了很多公众科普讲座，担任中小学的科学顾问，指导中学生的科技创新活动，还专门组建了团队，对中学生进行系统的科学能力训练。什么是科学能力？这是钟扬认为最重要的科普入门课。他有一个非常著名的讲演——《科学是一种什么样的游戏》，深刻地指出了科学的本质——批判性思维。他认为，这个思维方式的建立是科普的逻辑起点，也是终极目的。而人们平常理解的获取科学常识，只是这种思维方式的认知基础或者认知形式。

2017年5月27日，借在深圳出差之机，钟扬约中国科技大学少年班同窗郝权和冯珑珑一起拜访当年的班主任朱源老师，并在朱源工作的学校办了一场关于批判性思维的讲座。钟扬说道：

无论你读到博士还是做科学家，实际上玩的都是一种科学游戏，这个游戏的规则就是不断指出别人研究中的问题。只要是科学就一定有错误，科学是包含着错误的、追求真理的过程。科学的对立面往往坚称自己没有错误，所以采用了"证实"的方法，用一件事证明他说的逻辑是对的。科学用的是"证伪"的方法，通过现实世界的一件事，证明前人说错了。

对于这一点，也许根据中国学生受到的教育会很费解。好学生的缺点是不爱抬杠，一直都以为自己学的东西都是对的，老师讲的都是对的，书上说的也都是对的。我们的教育体系从幼儿

2017 年 5 月 27 日，钟扬（右）、郝权（左）和朱源在深圳

园起就把说别人不好的人淘汰掉了，如果突然告诉他要创新，要说别人不对，他就会说："我不会。"

诚然，发现科学的错误，是指批判性思维的方式，是科学观念层面的问题，并不等于在中小学的学习中提倡"怀疑一切"。也就是说，课本上的知识，是人类数百年来许多科学家研究和探索的成果，要具备怀疑它，甚至改变它的能力，必须先了解它，这样才能站在前人的肩膀上。因此，中小学生首先要以储备知识为基本任务，怀着不迷信、不盲从的心，虔诚地去学习和理解，否则，就会犯"我是怎么从猴子变成人的"这样无知的错误，因为这个命题本来就不是达尔文的本意。

经历了从《十万个为什么》的拥趸到这套科普丛书的作者，钟扬在一次讲座上说，《十万个为什么》中有一个条目，最初是"为什么海洋中没有两栖类"，后来变成"为什么大多数两栖类不能在海洋中生存"，而后又改成"究竟有多少两栖类能在海洋中生存"。其中谈到，有一个品种的蛙类能够在海水环境中生存。为此，钟扬特意派学生朱彬去海南和深圳寻找海蛙，采集到的海

蛙标本至今还陈列在上海自然博物馆里。对这个物种的研究，也成为朱彬的博士论文的一部分。

周进回忆："钟扬原来不是学生物专业的，他看待生物学的角度有时令人匪夷所思。他有一个著名的'谬论'——大熊猫在四川卧龙等地被发现，人们就都认为那里最适合大熊猫生存，在人工饲养和繁殖大熊猫时也尽可能模拟那种环境。但是，万一这是大熊猫正想逃离，还来不及逃离的恶劣环境呢？我们岂不是把它们害了！"

徐翌钦回忆，钟扬在一次会上说："大家都知道，大熊猫有吃竹子的习性。从进化生物学的角度来看，大熊猫的亲戚们——其他熊科动物都是肉食性的，为什么只有大熊猫总是不厌其烦地啃竹子？它们是不是有家族抑郁症？"这个有趣的问题提出一年后，进行大熊猫全基因组测序。钟扬团队与英国科学家合作开展研究，发现在大熊猫的神经代谢通路里，多巴胺神经递质调控代谢途径的基因，对大熊猫选择食物起到重要作用，从而第一次回答了大熊猫为啥吃竹子。

大熊猫吃竹子问题的破解，基于用科学手段对人和动物的基因组进行全面了解。在评论一场关于转基因的辩论时，钟扬讲过一个意味深长的达尔文的逸事。批判达尔文的人指着他的鼻子说："你说人是猴子变的，你能这样侮辱你的祖先吗？"达尔文说："我也不想侮辱祖先。"一位女士问："达尔文先生，据说我们都是猴子变的，那我也是猴子变的吗？"达尔文开玩笑说："你是一只漂亮的猴子变的。"钟扬评述说，辩论就是辩论，全世界的科学问题从来没有哪一个是通过辩论来确定的。

钟扬在一次演讲中，通过海蜗牛奇妙的生活史，讲述了转基因在大自然中的实例。在海蜗牛非常小的幼体时期，它吃下的藻类基因开始转移到身上。快成年时，它的体内附着了大量藻类基

2014 年 9 月 2 日，钟扬（右二）接待来访的英国牛津大学沃弗森学院 James C. Crabbe 教授（右三）、Bill Connor 教授（右四）一行

因。成年以后的绿叶小蜗牛发生了形式上和功能上的改变，成为世界上第一个被人类认识的光合作用动物。它像一片树叶一样，只要有阳光，就在它的体内转化，给它提供能量。钟扬特别强调，海蜗牛转的不是基因，而是一个线粒体的全部基因组，并且是从植物转到动物。这就是大自然中的转基因。

他从《自然》杂志的一张图，讲述人类基因组是今后社会大厦的基石，人类赖以解释生物学问题。像达尔文的进化论、基因的进化，就是用基因组解决健康问题，比如健康大数据和正在变成现实的精准医疗。

科普践行者

上海科技馆作为 2001 年亚太经合组织（APEC）第 9 次领导

人非正式会议的主会场，是当时上海建设规模最大、展示内容最多、科技含量最高的文化科技场馆。钟扬率领团队，负责上海科技馆所有图文版文稿的英文撰写工作。规格高，自然要求也严。钟扬的博士生朱彬还记得，许多文稿需要反复修订，细致到一字一句。几年时间里，当时一起参加这个项目的不同单位的同事，最后都被"折磨"得有点崩溃了，很多人提前离开。钟扬则一直给学生们坚定的支持，鼓励他们换一个角度看待挑战。

2008 年 9 月，钟扬担任上海科技馆分馆——上海自然博物馆的科学顾问和评审专家；2012 年 6 月，他受聘为上海科技馆学术委员会委员，并担任上海科技馆主办杂志《自然与科技》（原名《自然与人》）的编委。上海科技馆展教服务处处长顾洁燕说："钟老师从未缺席过上海科技馆任何一次学术会议。上海科技馆的许多项目评审、科普活动、人才选拔，他都参与，对上海科技

钟扬在上海自然博物馆

馆的战略发展、人才培养、国际交流、品牌建设及学术研究，提出了很多建设性的意见和建议。"

2013 年，上海自然博物馆迁建新馆。新馆包括古动物史、人类发展史、动物进化史和植物进化史四大部分，这些图文展示文稿找谁来撰写？上海科技馆展览设计部主任鲍其泂回忆："那个图文展示涉及多个学科领域的大量专业知识，又要兼顾信、达、雅，能够吸引观众，确实把我们难住了。当时，我们找了好几个高校的团队，都因为难度太大婉言谢绝。最后，钟扬老师带领复旦大学的生物多样性与生态工程实验室团队，接下了这个任务。"

顾洁燕回忆钟扬

整个上海自然博物馆的知识性图文展板将近 500 块，有五六千个动植物展品标签、1000 多幅科学绘画及配文，工程浩大，非常琐碎，要求又很高。鲍其泂说："原以为钟老师那么忙，可能只负责审稿、把关。实际上，他是全身心投入。大概有半年多时间，他随身背的双肩包里都装着厚厚一沓图文文稿。无论在机场候机，或者在飞机上，他利用很多碎片时间审稿。他只要在上海，一定会抽时间过来跟我们开会，会后直奔机场。他经常是从西藏回来直接到馆里，来不及休息就进入工作状态，永远是精神饱满的样子。"

上海自然博物馆的达尔文中心展区，有一幅重要的科学绘画——演化树。对生物分类应该为三域（细菌、古菌与真核生物）五界（动物界、植物界、原生生物界、真菌界、原核生物界），还是三域六界（后生动物界、后生植物界、真菌界、原生生物界、原核生物界和病毒界），学术界争论不休，一度陷入僵局。经过多名专家半年多的讨论和反复商榷，最后，钟扬以"万物万形，其归一也"为主题，呈现了目前公认的表达方式。

鲍其泂说："钟扬老师不仅在大方向上把关，还细致到每块

2014 年 5 月 2 日，大毛（左）和小毛陪钟扬，在上海自然博物馆度过50 岁生日

展板的每句话、每个标点符号是否准确，每块图文版涵盖几个知识点，如何在 150 字左右的篇幅，既准确地表述知识点，又能反映最新的科研成果，事无巨细。"事实上，钟扬对科普图文展示精确、严谨的态度仅仅是一方面，他更看重所有知识点展现出来的整体性和系统性，而不是零散知识的一盘散沙。他要向公众传递一种科学态度和完整的思想。

2014 年"五一"节假期，为了赶开馆进度，上海自然博物馆的工作人员都在加班，并在 5 月 2 日请钟扬来开了一天会，讨论地质古生物部分的图文写作。后来才知道，这一天是钟扬的50 岁生日。他的两个儿子也来到上海自然博物馆，陪他一起吃生日蛋糕，所有在场的工作人员都特别感动。

顾洁燕介绍，上海自然博物馆的极地展区征集温泉蛇标本时，曾向钟扬求助。温泉蛇是中国独有的珍稀蛇类，栖息在高原温泉附近的岩石洞穴或石堆中。2011 年 12 月底，钟扬在野外真的遇到了温泉蛇。他仔细询问了上海自然博物馆采集和保存标本的具体要求，在次年 4 月，把温泉蛇标本完好无损地从西藏运抵上海。此外，钟扬在海拔 4196 米的高山上，为上海自然博物馆采集到西藏特有的高山蛙，还有视力唯一能与人的视力相匹敌的蜘蛛——跳蛛。这些标本为青藏高原的形成和隆起学说，提供了展示的标本物证。

上海科技馆的品牌项目"上海科普大讲坛"、上海自然博物馆举办的"自然品读汇"，经常出现主讲嘉宾钟扬的身影。在东北针叶林展区，钟扬讲述过一个智斗害虫的故事：科研人员发现害虫每天爬到树上，晚上又钻回土壤里取暖，于是在害虫的必经之路做了一道防护措施。结果，害虫爬不回去了，只能待在树上冻死。

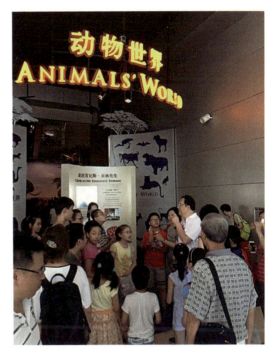

钟扬在上海科技馆参加科普活动

科普并不普通

2010 年 5 月 11 日至 10 月 31 日，第 41 届世界博览会在上海举行，英国馆的设计让人过目难忘。6 万根蕴含植物种子的透明杆组成巨型"种子殿堂"，这些触须状的"种子"顶端都带有一个细小的彩色光源，可以组合成多种图案和颜色。所有的触须随风轻轻摇摆，英国馆表面形成各种奇幻的色彩。设计者是来自英国邱园的科学家。英国馆曾邀请中国民众推荐昵称，最后，脱

钟扬等人翻译的《基因·女郎·伽莫夫：发现双螺旋之后》

颖而出的是"蒲公英"。这座"种子殿堂"里的许多种子，就是钟扬团队提供的。

钟扬一直致力于译介多种语言的国外优秀科技著作，这项工作意义非凡。熟悉中国近代科技史的钟扬，非常推崇最早向中国传播达尔文进化论思想的《天演论》，称它是惊世骇俗的一本书。

在笼罩着甲午战争惨败阴影的清朝末年，从英国留学归来的严复①，翻译了英国生物学家赫胥黎②的《天演论》，并于 1897 年 12 月出版。该书所述达尔文进化论关于"物竞天择，适者生存"的观点，恰逢其时，引起巨大社会反响。康有为称严复为"中国西学第一者也"，《天演论》对当时和后世的几代人都产生了深远影响。严复以西学理论推动维新变法，奠定了他作为中国近代思想启蒙家的地位。

2003—2017 年，钟扬和他的团队撰写、编著、翻译、审校了《DNA博士》《基因计算》《基因密码》《计算分子进化》《简明生物信息学》《科学编年史》等 10 部科普著作。2017 年 3 月，钟扬团队的译著《延续生命：生物多样性与人类健康》出版。该

---

① 严复（1854—1921），福建侯官（今属福州市）人。光绪三年（1877），他作为清政府派遣的首批留学英法的学员之一，赴英国学习驾驶，在英国格林威治海军学院（后改名为皇家海军学院）的学习中成绩优异。

② 赫胥黎（1825—1895），英国著名博物学家、达尔文进化论最杰出的代表，发表过 150 多篇科学论文，内容涉及动物学、古生物学、地质学、人类学和植物学等多方面知识。1893 年，他以 68 岁高龄，在英国牛津大学举办一次有关演化的讲演，主要阐述宇宙中的自然力量与伦理中的人为力量相互激扬、相互制约、相互依存的根本问题。《天演论》为这次讲演的整理稿。

书作者是美国哈佛大学医学院健康与全球环境中心的两位医学博士——埃里克·奇文、阿伦·伯恩斯坦。它以翔实的资料和生动的案例介绍了生物多样性与人类健康的关系，内容包括：人类活动是如何威胁生物多样性的，生态系统服务，来自大自然的药物，生物多样性与生物医学研究，具有医药价值的受威胁生物类群，生态系统失调、生物多样性丧失与人类的传染病，生物多样性与食物生产，遗传改造食品和有机农业，我们能为生物多样性保护做些什么。钟扬在离世前，还在翻译英文科普著作《不凡的物种》。

科普中的"普"是普及的"普"，不是普通的"普"。钟扬的学生陈科元说："钟老师做起科普来很较真，近乎偏执。我们给小朋友讲 10 分钟左右的科普故事，他一录就是四五个小时，哪怕错了一个字、一个前后鼻音，都要重新录。"钟扬经常深夜在办公室录制科普节目。他在离世之前完成了三期音频的录制工作，还准备了后面几期的文字稿件。顾卓雅说："同学们商量，一定会把这个节目一直做下去。"

钟扬和陈科元（左）、顾卓雅（中）录制科普故事

2017 年 7 月，生物化学家辛西娅·肯尼娅（Cynthia Kenyon）于 TED^①大会的演讲在网上热播。科学研究发现了一种简单的基因变异，可以让构造简单的秀丽线虫延长一倍的寿命。这项研究和其他发现，可能表示未来的人类真能青春常在。

钟扬经常从 2002 年诺贝尔生理学或医学奖的三位获奖科学家谈起，讲述线虫^②的故事。自 1965 年起，科学家悉尼·布伦纳^③利用线虫，作为分子生物学和发育生物学研究领域的模式生物。有的科学家认为，如果把延长蠕虫生命的科学技术应用到人类身上，人类活到 500 岁将不是梦想。加拿大学者周进回忆："20 世纪 90 年代，钟扬就提出对中国的线虫作分支分类，研究线虫的进化关系，利用和谐性分析工具，甄别出反常的性状状态，使用计算机做研究工具，这在当时非常超前。"

2016 年，钟扬筹划成立科学故事会。2017 年上半年，他兴致勃勃地策划了一部教育科普剧——《比尔·盖茨和他的三个高考志愿》，聘请来自科研单位和高校的科学家、学者演出。这部科普剧带有即兴表演色彩，剧本只是一个大纲，每次由不同的学者出演，每次演出的版本都是不可复制的。中国科学院物理研究所研究员曹则贤闻讯立即报名，并且确定了首先介绍的三个高考

---

① TED，Technology Entertainment Design，即技术、娱乐、设计。美国一家私营非营利机构，以组织 TED 大会著称，TED 大会诞生于 1984 年，宗旨为"传播一切值得传播的创意"。每年 3 月，TED 大会召集科学、设计、文学、音乐等领域的众多杰出人物，分享他们对于技术、社会、人的思考和探索。

② 线虫动物门（Aschelminthes）是动物界最大的门之一，为假体腔动物，有超过 2.8 万个已被记录的物种，还有大量种尚未命名。线虫是动物界数量最多者之一，寄生于动植物，或自由生活于土壤、淡水和海水环境中，绝大多数营自生生活。营寄生生活中，只有极少部分寄生于人体并导致疾病。

③ 悉尼·布伦纳（Sydney Brenner，1927—　　），南非生物学家，2002 年诺贝尔生理学或医学奖获得者。

2015 年，钟扬与复旦大学研究生院同事参观上海自然博物馆

志愿——人工智能、新能源与新材料、生命科学。钟扬的大学同学姜涛教授和蔡恒进教授等人也纷纷响应。

　　中国生物技术发展中心副主任孙燕荣，曾经邀请钟扬到 10 所小学上科普课。在钟扬为五年级学生讲的《小实验·大科学》中，"长颈鹿为什么不过河""小老鼠究竟做不做梦"让孙燕荣记忆犹新。就在钟扬去世前一天下午两点多钟，孙燕荣还接到钟扬的电话。他正在筹划一个小学生旅行团，到青藏高原认识植物。他在电话中说："孩子们应当到广阔的天地中去认识大自然。"没想到，这竟成了钟扬对孩子们的遗言。

第十三章
生命的代价

突发脑溢血

"钟老师，您怎么看上去这么累？"从 2015 年 4 月底开始，钟扬被频繁地问到这句话。其实，钟扬自己也感到力不从心，但太多的事务缠身，他难以自拔。面对日程表上满满的工作计划，他总是说，忙完这段时间，我一定好好休息一下。

卢宝荣教授回忆说："钟老师经常开玩笑说，他站着都可以睡觉。他说，一旦你发现我走神了，肯定是我大脑恍惚，可能睡着了，但几秒钟就会醒过来。这可能是他的一种特殊休息方式。他工作起来非常拼命，又要在很短的时间内恢复体力，确实是常人难以适应的。"

2015 年 4 月 28 日，钟扬作为全国先进工作者，参加了在北京人民大会堂举行的庆祝"五一"国际劳动节暨表彰全国劳动模范和先进工作者大会。其间，他还见缝插针，到天津大学商谈该校与西藏大学合作事宜。中山大学生命科学学院的施苏华教授，收到钟扬在北京人民大会堂前拍的照片。过几天就是钟扬的 51 岁生日，施苏华给钟扬发去祝福，却如石沉大海。后来，她才知道，钟扬经历了一个怎样惊心动魄的生日。

5 月 2 日，钟扬 51 岁生日那天，他在上海与友人共进晚餐时突发脑溢血，被紧急送往第二军医大学长海医院。

这一天也是钟扬人生中最漫长的一天。后来，他仔细回忆了这天经历的每一个小时。当天上午，他参加了复旦大学自主招生面试，又给小儿子小毛送去了 100 元生活费。当晚，他和朋友吃了一顿简单的晚餐，其间与同事讨论 5 月 5 日下午去香港的机票事宜。没想到，20 分钟后发生了意外——

> 微信低声叫个不停，但是我听不见，索性把微信打开放在桌上。晚上 7 点 27 分，汉波发来了一个短信，她说："钟扬，此次回国，我感触良多，希望能在今后为西藏多做些事……"我想回复"收到，谢谢"这几个字，但右手已经完全不听使唤，激动之中还把手机带到了地上，左手也再次把筷子带到了地上。

钟扬在病床上，还在为没有及时回复这个微信而歉疚。他后来写道："人家会以为我为什么这么傲慢呢？为什么一封私信居然七天不回？而她想过没有，这条短信，我可能永远不会回复，那将会是一种什么样的情景……谢谢汉波，你晚上 7 点 27 分的短信，让我记下了试图回复的时间，给我提供了一个医学上最简单的坐标，尽管这一点并不是她发信来的本意吧。"

与死神擦肩而过之后的反复回想，几乎是钟扬与这个世界的一次告别演练。躺在长海医院的病床上，钟扬一字一句艰难地在手机上写下长文《在我失联的日子里》，讲述他与死神狭路相逢时的心境：

（2015年5月2日）下午3点多，我才回到家中，睡意已经全无。我开始拿出草拟中的复旦大学与西藏大学合作协议，一字一句地校对。我已答应学校书记，在"五一"假期结束后，便提交修改稿。从初稿到修改稿已经历时两周，而这两周，被北京和其他劳模活动弄得支离破碎。还好，我在大约5点45分初步完成了这一工作。

那天下午6点30分，我没有跟任何人谈及生日晚宴的事。事实上，我也不准备弄什么生日晚宴。在众多的朋友邀请中，我挑选答应了一个非常小型的、类似家宴的活动，因为我跟这家人还比较熟识，也知道那天并不是一个喝酒的日子。天又下着雨，我只想安安静静地在9点前结束，回家早早上床睡觉。

那天傍晚，钟扬匆匆赶到浦东一家餐厅，在席间告诉大家，"东方财经"在晚上7点整将播出一档采访他的节目。节目录制完毕，他的一个博士生说："钟老师，您看上去好像很累。"那些天，钟扬确实感到很累，打算过几天借在香港开会的机会好好休整一下。5月2日晚上7点20分左右，情况突变。钟扬感到右腿像灌了铅一样沉重，夹菜的右手只握住了一只筷子，而另一只筷子掉到了地上。服务员拿来新的筷子，他却发现怎么也握不紧。当时，他没有多想，就换成左手拿筷子，只想早点结束饭局回家休息。他去了一趟洗手间，回来后一个踉跄，差点扑倒在地。他看到大家惊愕的目光，嘴里还一直说："没事，没事，我今天太累了。"

一切都明朗了，这绝不是累的缘故，也不是一般的

2013 年，钟扬在西藏野外考察途中

眩晕，这肯定是脑部出血的征兆。医学上，脑部出血常常用"脑溢血"来表示，与民间所说"中风"是一回事。窗外，雨还在下着，而我一下子僵硬在那里，不知所措。短暂的沉默后，我的朋友们没有去捡地上的筷子，而是马上将我送往第二军医大学长海医院。朋友中有一位解放军大校，也是我国药学领域的专家。那天的晚饭可以说是上天的安排，他用自己的车，和太太一起马不停蹄地直奔长海医院急诊科。

　　张晓艳接到复旦大学研究生院办公室打来的电话时，第一句话就问："（钟扬）是心脏出问题还是脑血管？"钟扬长期沪藏两地奔波，张晓艳很清楚这对他身体造成的损害。她在学校里身兼科研和教学工作，此外还有繁重的家务，她的母亲刚做手术不久，两个 13 岁的孩子都要照顾。张晓艳心急如焚地赶到医院，握着丈夫无力的手，那相对无言的情景和感受，后来一直在她眼前回放。

父子情深

钟扬躺在 ICU 病房里难以入睡，他盯着天花板，慢慢回忆刚刚过去的一幕幕细节，甚至想起很多早已遗忘的往事——

这是一个真实的故事。一些段落是我用左手（或右手）一字一句敲出来的，另一些则是我的学生（顾）卓雅帮我输入的。在过去的一周里，不期然的，我的人生一瞬间跌到了命运的关口，我在努力回忆着每一个细节。

（2015 年）5 月 2 日，7 时。5 月 2 日是我 51 岁的生日。前一天的夜里，我在疲惫交加之际，写了几段文字来描述我的出生。不知为何，我在句子开头提到了"我很累"，可能这就是内心真实的感受吧。我只希望能快快休息一下，不要再过每天睡眠 3 小时的日子。

中午 12 点整，一种从未有过的疲倦向我袭来，我只要在（中午）1 点以前到银行给小儿子存入 100 块钱，就可以上床睡一觉了。小儿子在上海的西藏中学读书，他所有的同学都是父母在西藏当地存进生活费，他们在上海每个月从卡里取来使用。我和儿子尽管在同一个城市，但也用这种方法来给他生活费。

这是一件小得不能再小的事情了，我跑到银行，却发现那天是周末，这家银行没有开门。于是，我就坐了半小时车去学校找他。那天是学校男生"放风"的日子，我在学校只见到了他班上的女生们，而学校外，一批批走过的都是高年级的男生们。我到他取钱的银行时，已经超过了规定时间 15 分钟。我知道，说不定他已经失望地离开了。

大雨之下，我打着伞，在银行边上的拉面馆（这是他和藏族同学最喜欢去的地方）来回走了几圈，最后还是决定退回银行等他。眼看着他们两小时的"放风"时间即将过去一半，我在银行门口，透过浓重的雨帘，目不转睛地盯着每一个路过的孩子。

突然，我发现了小毛那瘦小的身影。他没有穿校服，他说校服太普通了，爸爸可能会看不见。他那天穿的衣服并不防水，但很鲜艳。他顶着大雨来到银行，没有见到爸爸，就去吃了凉面，并给两位同学带了满满两碗6块钱的凉皮。我把他头上的雨水简单擦干净。像多数家长跟十几岁的孩子并没有过多的交流一样，我只是简单地问他："吃6块钱的凉皮就算周末改善生活吗?"他回答："是的，同学们很喜欢。"

办完了银行的事，我觉得还有时间，就问他，是不是还想去外面吃点东西。他说凉面吃得很饱了，不想吃了。我想，也许是大雨和在雨中行走不便，冲淡了他的胃口吧！在一个屋檐下，一位老大妈在卖菠萝。我花20块钱买了两个菠萝，削好切好，在回学校的路上，却没有找到有人卖小袋的盐巴。

宿舍里有两个同学，其他几个还在补习功课。我和小毛拿着饭碗到小卖部，让售货员阿姨舀一勺盐，来洗去菠萝的涩感。阿姨还很怜惜地说，这孩子很乖、很懂事，但太瘦小。我把菠萝用盐水泡好，看着他兴高采烈地吃下，告诉他把另一个菠萝用盐水泡好，等下午3点课后，全寝室同学分着吃下。他点了点头，说还有一段时间才上课，他想去洗个澡。

　　雨还在淅淅沥沥地下着，我没把他送到教室，只是看着他，穿着短裤和我给他新买的拖鞋走进浴室，才转身回返。说实话，他自从独立生活以来，比孪生的哥哥足足矮了 10 厘米。他要我买的最多的东西，是部队用的压缩饼干，因为课间唯一能偷偷拿出来吃的就是压缩饼干了。至于我给他从拉萨带回的两箱尼泊尔方便面（类似我国的干脆面），更被他慷慨地送给了全班的每一个同学。

　　同事们回忆，钟扬的两个双胞胎儿子很小就自己上下学，拿着饭卡到食堂吃饭。有一次，小毛在钟扬的办公室门口徘徊，原来是饭卡丢了，他在等爸爸。小毛是上海共康中学藏族班唯一的汉族学生。钟扬曾经说过，将来可能会让他的一个孩子去西藏工作。为此，他想把小毛带到青藏高原，去适应当地的海拔和气候。复旦大学研究生院学位办公室主任姜友芬说："小毛被送到西藏班学习，钟院长期待他将来可以从事与少数民族相关的工作。其实，他对孩子成长的想法很细致，不会因为孩子对未来的选择与其他人的价值观不同而改变方向，反而特别注重培养孩子的兴趣导向，教会孩子自己选择未来的成长方式。"

小时候的小毛

父亲的责任

习惯了忙碌的工作，一向乐观、积极的钟扬突然被疾病击倒。他内心受到的冲击事先毫无准备，也是难以承受的，以至于他对突然发病的那个时间节点刻骨铭心，记忆在慢慢放大——

节日的夜晚，雨还在下着，窗外霓虹闪烁。穿过繁华的街道，医院大厅人来人往，也许其中很多人只是出来散步，只是会朋友，只是去喝茶，只是做着再正常不过的事情，但在我看起来都有一种异样感。当被手推车推进急救室，再送进 CT 检测仪的一瞬间，我开始感受到身体内密密流淌的鲜血，这当然只是幻觉。只有当 CT 的片子出来，我才看到，从大脑破裂的血管中流出的殷红血迹，化作 CT 片上一块块惊人的白斑。

现在回想起来，在这样一个平凡的节日之夜，参与此间的每一个人：我、我的朋友、随后赶来的一位同事，我们都做到了最好，几乎毫无偏差地实施了最佳的医学抢救——最快的时间，最准确的判断，离我们最近、质量最好的医院。而其他的医疗行动，只能留给第二天了。

时钟很快跳到了晚上9点。在长海医院的急诊室里，我寄居于一个墙角的床上，那位大校整整陪了我一夜。这一夜是我的内心极度狂乱的一夜，我没有做好任何思想准备，没有对工作上留下的那么多报告、要参加的会议、出发前要见的学生，没有对这一切做好交代。我就像一条在海中不知疲倦地畅游的鱼儿，一下子被抛到了沙滩……

　　是的，也许人在意识模糊的时候，就仿佛在寂静无声的海上独自漂流，在潜意识中渐渐变成一条鱼，好似一段没有旁白的、杂乱无章的电影片段，一帧帧画面时隐时现——

　　这一夜，我一直没睡，血压在 200（毫米汞柱）左右。护士也没有办法帮助我，只能希望出血点能止住，不要再扩大。我右边的手脚已经不听使唤了。我唠唠叨叨地跟边上的人说着一些话，但由于口齿不清，事后，我才知道，当时没人能听懂我在说什么。

　　晚上 9 点左右，我的大儿子来了。他的身高已接近一米七，是一个阳光、健壮的小伙子。但不知为什么，我老是觉得，他是一个真正的小孩儿，没有任何人生的阅历。在那天，他显然吓坏了，甚至大人们在走廊外议论我的病情时，他也守着我，默默地不肯离开。他的手已经像大人一样大，但是没有力量。我的右手已经完全离开了我的身体，我只能用左手摸着他的头顶，就这样不说话地待着。

　　大毛特别喜欢打乒乓，钟扬就帮他找乒乓球教练。大毛的乒乓球教练孙培初回忆："有一次，大毛要参加比赛。那天酷热，很多家长都陪着孩子来，又是买水，又是擦汗。前一天，我接到大毛母亲的微信，说学校有事，她要出差，不能来陪孩子。那天，大毛好像是唯一没有家长陪伴的孩子。他在比赛中反败为胜，我很为他的顽强高兴，同时也很不解：既然母亲出差，父亲为什么也不来陪孩子呢？"

　　孙培初说，大毛从预备班到初三，从来没有手机。平时打球，只要有饮水供应，他都不会买水。这个孩子很自律，对老师和同学彬彬有礼。那天在电视新闻中看到大毛的妈妈张晓艳追忆丈夫钟扬的镜头，孙培初简直不相信自己的眼睛，打开报纸一看，原来钟扬教授就是大毛的爸爸。孙培初难过地说："我当了大毛4年教练，一直错怪了大毛的爸爸，大毛也没有提过他父亲。我曾经想，哪一个家长可以4年无暇顾及孩子？看了钟扬的事迹，我才明白他是把自己的全部精力献给了西藏、献给了科学事业。"

姜友芬回忆："钟院长说过，孩子的未来有很多种选择，将来可以到国外做陪练，也可以读书，不失为一条人生道路。他从教育家的角度，给孩子一个完全自由发展的机

大毛（穿黑衣者）参加乒乓球比赛

会，又不失时机地给予价值观引导。我感到，钟院长的教育理念、他留给两个孩子的人生规划，是胜过金钱的财富。钟院长离开之后，相信他的孩子们会有自己的成长方向。无论工作还是兴趣爱好，他们的父亲已经为他们撒下了种子，包括价值观的引导。我觉得，这是钟院长对家庭和孩子尽到的责任。"

重返西藏

医生认为，钟扬这次脑中风，很可能是慢性高原病的一种反应。由于高原和平地之间的海拔落差变化太大，血管会不断地扩张和收缩，就像反复拉扯的皮筋，加上血压高和劳累过度，血管容易出现意外。钟扬稍微清醒一点后，还惦记着当天有课。他打电话给卢宝荣，请他帮忙代课。卢宝荣回忆，当时，钟扬在电话里说话含糊不清，后来才明白他在说什么。在病床上，还插着氧气管的钟扬把学生叫来，指导他们修改西藏大学的项目申请表。

钟扬的学生轮流在医院陪护他。有一天凌晨 3 点，徐翌钦突然听到钟扬的手机响。钟扬告诉他，那是每天提醒自己睡觉的铃声。钟扬说，对一个每天只睡 3 小时的人来说，能睡 4 个小时就是一种幸福。钟扬在医院里一边做康复治疗，一边抓紧练习用左手写字和打字。慢慢地，可以下床了，他就让学生扶着练习走路。

黄艳燕回忆，那段时间，他们五六个学生正和钟扬一起翻译《基因密码》这本书。钟扬在病床上抓笔的手都是抖的。他说，不要浪费时间。趁现在有时间，把那本书翻译了吧。于是，钟扬口述，学生们打字，用这种方式把《基因密码》翻译完了。

陈科元回忆："医生告诉钟老师要节制吃饭，不能想吃什么就吃什么。他就说：'你看我现在过得多惨啊！'每天吃完饭就去称一下体重。如果重了半斤、一斤，他就说：'你上去站一下，我看这秤有问题。'我称完说，秤好像没问题。他就说：'可能是我这个拖鞋有点重，把拖鞋脱掉再称，你看，轻了一点是吧？'"

2015 年 5 月 16 日，钟扬出院。他跟复旦大学研究生院的老师说，下周一要上班。结果，到了周一上午 9 点，他准时出现在

2015年4月，钟扬（后排左十）与复旦大学研究生院师生在上海辰山植物园

院务会上。那个会开了一上午，同事们提醒他不能太劳累，但是，从那一天起，他又开始恢复生病前的工作节奏。

张晓艳说，家人和同事都劝钟扬不要再像以前那么拼命工作了，以为他会慢下脚步，但他不仅没有放慢节奏，反而加快了。出院后，他还是频繁参加各种学术会议、项目评审。医生命令在短期内不能搭乘飞机，他就改乘高铁。半年后复查时，钟扬偷偷问医生："我可以坐飞机了吗？"得到医生同意后，他出差的频率直线飙升。2016年，他飞行的次数是167次，平均两天就要飞一次。

钟扬频繁往返于上海和西藏之间，经常是白天在上海把事情处理完，乘坐最晚一班航班飞到成都，住机场附近的快捷酒店，再坐第二天最早的航班飞拉萨，下飞机就直奔西藏大学。他经常传授省时间的"秘诀"：从拉萨飞上海没有特别晚的航班，就先由拉萨飞到杭州，在火车站旁边找个小旅馆住一宿，第二天坐最

早一班高铁到上海，可以在8点钟赶到复旦大学上班。

中科院物理研究所研究员曹则贤回忆，有一天下午，钟扬紧急请他到复旦大学代讲第二天上午9点的培训课。当时已经赶不上北京到上海最晚的航班，钟扬就告诉他在杭州中转的"秘决"。作为钟扬多年的老友，曹则贤对这种看似不近人情的安排非常理解，这就是钟扬平时的工作节奏。对钟扬来说，在飞机上、车船上，在任何能够工作的时间和地点都工作着，这是天经地义的。

复旦大学考虑到钟扬的身体健康，不同意他继续援藏，在钟扬的强烈要求下，只好让他在每次进藏前必须提交体检报告。为了早日进藏，钟扬严格遵从医嘱，戒掉了酷爱的酒。陈科元回忆："钟老师以前都是大口吃肉、喝酒。那次出院以后，他不喝酒了，还和大家调侃：喝酒伤身，不喝酒伤心，你们觉得哪个好？这时候，他会说，我给你们要酒，我喝水。你们喝酒，我看一看就行。"

2016年农历大年三十中午，钟美鸣打来电话："钟扬，你在哪里啊？"当时，钟扬刚从澳大利亚回来。钟美鸣动情地说："大年三十了，过年了，你还不回来？我跟你妈已经快80岁了，我

2017年11月，钟扬父亲钟美鸣、母亲王彩燕在武汉

2013 年，钟扬在西藏采集种子

们还能过几个年啊!"钟扬在电话中沉默了。当晚,他带着妻子
和两个孩子回到武汉家中。没想到,这是全家人最后一次春节
团聚。

钟扬牵挂着在西藏大学一手创立起来的学科和那些学生,也
牵挂着青藏高原上漫山遍野的植物,随着季节更替,完成它们开
花、结果的生命流程,那是无声的召唤。拉琼说:"我从来没见
过一个内地的学者,对西藏有这么深的情感,对西藏的文化、对
西藏的自然这么热爱。西藏有一种说法,叫'老西藏精神',就
是特别能吃苦、特别能战斗、特别能忍耐、特别能团结,也特别
能奉献。钟老师身上体现的就是真正意义上的老西藏精神。我们
比他年轻,还是西藏人,但很多事情在这种高海拔的地方很难坚
持下来。十几年来,钟老师总是没日没夜地从上海穿梭于西藏、
青海、甘肃和内蒙古,忙碌于少数民族地区的教育、人才培养和
科学研究,最后也是在少数民族地区,走完了他的人生旅程。"

拉琼回忆钟扬

赵国屏院士说:"科学家总会有一种冲动,为了实现他心中
的科学目标、自然目标。热爱自然、享受科学,这就是科学家的
天性。我们搞生物专业的人,要喜欢自然,要热爱它,不要觉得

做科研是一种痛苦，要享受这个过程。这个过程当然充满了失败。你会有失败的痛苦，但是，你更要享受这个失败，它终将和成功相伴随。"

2016 年 6 月，钟扬重新踏上青藏高原，距离他生病住院仅仅一年。他在生命中的最后一段时光，继续在西藏追寻他的科学梦、教育梦，在那里攀登心中的高峰。钟扬说，他不在乎是长成一棵参天大树，还是青藏高原上的矮小植株。生命的高度绝不只是一种形式。从高逾百米的世界最高植物北美红杉，到喜马拉雅雪莲，这些或高大或矮小的植物同样令人肃然起敬。当一个物种要拓展疆域而必须迎接恶劣环境挑战的时候，总是需要一些先锋者牺牲个体的优势，以换取整个群体乃至物种新的生存空间和发展机遇。

这就是钟扬的生命哲学。

第十四章
云霄之上

悲恸时分

2017 年 8 月 31 日，在上海浦东新区，钟扬为中国西南野生生物种质资源库采集最后一份种子。9 月 5 日，钟扬最后一次为西藏大学学生讲课。那天，他下了飞机就直接赶到西藏大学报告厅。当晚，他和研究生讨论到深夜，第二天一早，又和同事们商量博士点建设工作，然后马不停蹄地赶乘飞机返回上海。这也是钟扬最后一次到西藏。

2017 年 9 月 9 日，是钟扬双胞胎儿子的 15 岁生日。这天，西藏大学研究生处处长单增罗布一行来到上海，在钟扬的办公室从下午一直谈到晚上。后来才知道，那天中午，钟扬和张晓艳与

2005 年，大毛（右）、小毛一起过 3 岁生日

大毛钟云杉一起吃午餐，并给在山东读书的小毛钟云实寄去了生日蛋糕。想起和丈夫那个关于 15 岁的遥远约定，张晓艳此时此刻百感交集，两个孩子终于长大了，教育孩子的接力棒可以如约交给丈夫了。虽然只是短暂而简单的午餐，钟扬心中也瞬间充满履行父亲职责的仪式感。

午餐后，大毛跟钟扬来到复旦大学，一直坐在会议室，等着讨论上海市"中学生英才计划"的细节。那是他和钟扬一起过的最后一个生日，也是最后一次等待父亲下班。然而，钟扬那天要工作到半夜。大毛在学校食堂吃了晚饭，一个人先回家了。也许在钟扬心中，身高已接近一米八的大毛依然是个小孩子。此时此刻的钟扬，无暇对大毛在那个中午的感受和下午的等待有更多联想。可以想象，在依旧繁忙的工作中，他还没来得及转换成父亲的角色，更不会想到这对孩子将是一个永远的亏欠。

9月21日，教育部、财政部、国家发改委公布世界一流大学和一流学科建设高校及建设学科名单。西藏大学的生态学专业入选一流学科，这也是整个西藏地区唯一入选的"双一流"学科。钟扬在电话中得知这个消息，激动地连说三声："太好了！"

9月23日，钟扬抵达鄂尔多斯市的城川民族干部学院，在内蒙古自治区党委办公厅第一期干部能力提升暨党性教育培训班上，作两场题为《干部创新思维与创新能力培养》的专题讲座。城川民族干部学院位于鄂尔多斯市鄂托克前旗城川镇，这里是中央民族大学前身——城川民族学院旧址所在地，城川民族学院的前身是延安民族学院和三边公学。

9月24日是星期日，却是钟扬生命中的最后一个工作日。下午5点多，钟扬在微信上和刘星约定，他有工作要回上海，过几天再到西藏大学，就如何建设一流学科召开动员和推进会，后面的计划是与武汉大学方面开学科合作会议。当天深夜23时56分，钟扬还在复旦大学研究生院"院长办公会"微信群讨论讲党课事宜。他写道："我26日出差回校，下午4:00给大家讲黄大年。"这是他最后的工作留言。

按照钟扬的工作习惯，那天夜里，他照旧不会早睡，要梳理回到上海之后两天的工作安排，并在9月28日返回西藏。他会设想，在去机场的路上、在飞机上补觉。9月25日凌晨，钟扬乘车从城川镇

大毛趁着等待上菜的时间写作业

299

2017 年 9 月 24 日晚，钟扬在复旦大学研究生院工作群中的最后留言

前往银川河东国际机场，计划飞往上海。5 时多，所乘车辆撞上一辆铲车，钟扬不幸遇难。

当日的上海大风大雨，雷电交加。钟扬不幸殉职的消息传来，复旦大学立即成立工作组，派人陪同张晓艳和大毛钟云杉赶赴银川。在机场，大毛反复问妈妈："到底是怎么回事？为什么要去银川？"张晓艳只是说："你爸爸在银川出了一点事，我们去看他。"同日，在山东潍坊读高一的小毛钟云实，由校领导陪同抵达银川。

噩耗传来，钟扬的亲人、好友、同事和学生无不感到震惊与悲痛，无法相信这是一个事实。9 月 25 日中午时分，拉琼在拉萨钟扬的宿舍帮他收拾房间，突然接到电话，钟扬遇难的消息仿佛晴天霹雳。房间里还挂着钟扬的藏帽、藏袍、牛仔裤，所有熟悉的用品静静地呈现在拉琼眼前……

在钟扬遭遇车祸的当天上午，顾红雅刚刚结束在西藏的工作返回北京。此行和往常一样，她借住在西藏大学的钟扬宿舍，还特意带去了一只北京烤鸭。飞机在北京降落后，顾红雅就收到这个令她难以置信的消息。她反复确认消息来源——"他是一个精力那么充沛的人，你很难把他的名字跟死亡放在一起。"

钟扬的高中校友陶宏炜泣不成声："他说在国庆节要回到上海，本来约好聚会的。我真的不相信，钟扬就这么离开了我们……"

惊悉噩耗，施苏华给钟扬发了长长的微信：

　　钟扬，你怎么可以这样走?! 昨天，我们还电话聊得那么 high，怎么可以就此天地两隔? 怎么可以我们过完年还没见一面，你就匆匆离去? 你现在到底在哪里啊……钟扬，去天堂的一路可好走???

　　我怎样都没法接受这是事实，钟扬，你真的走了吗? 我虽知道人生无常，却很难接受如此残酷的现实! 老天爷怎么可以如此不公地夺走一个这么有活力的年轻生命? 钟扬，你还听得见我的呼唤吗? 我已经无法思考和呼吸，真的好想好想质问上苍，怎么可以这样带你走???

摆放在复旦大学钟扬教授追思堂前的钟扬遗照

雨中哀思

　　钟扬突发意外，张晓艳受到的精神打击可想而知。几乎所有的人见到她，第一句话都会安慰说："张老师，你要坚强！"张晓艳对自己说："是的，我很清楚，实际上，我现在别无选择，只能选择坚强。我没有过多的时间考虑自己，我要考虑两个未成年的孩子，他们正是需要父亲作为精神支柱的时候；我还要考虑双方的老人。白发人送黑发人，他们心里的痛是我们难以想象的。他们体弱多病，经受不了这样的打击。"

事发当天，张晓艳在第一时间分别给大毛、小毛的学校打电话，希望老师尽可能给孩子作心理辅导。她还必须紧急应对钟扬远在武汉的父母。老人平时都看微信，网络上的信息铺天盖地，也随时可能有亲友打电话到家里询问。她要作最周密的考虑，很多细节不可忽略，一旦有闪失，都可能给家人带来更大的伤害。

张晓艳当即决定，以体检的名义让钟扬父母住进医院，以防万一；同时，联系电信局切断家里的网络和电话。当天傍晚，钟美鸣的一个老同事发来短信——请二老节哀，当时，老人没有反应过来，还打电话问到底是谁去世了。最后还是没有瞒住老人，因为多年不见的亲友都到家里探望。钟扬父母预感到有什么意外发生，就打电话问张晓艳。闻知噩耗，老人在电话里号啕大哭。张晓艳安慰二老："钟扬没有辜负父母的期望。我当初选择了他，也是看中他胸有大志，有伟大的事业心。他留下的一切，我们都要接受，都要去承受。"

9月29日，钟扬遗体告别仪式在宁夏银川殡仪馆举行。钟扬的父亲、妻子、两个儿子，其他亲友和同事、同学、学生从四面八方赶来，送钟扬最后一程。悼念的花圈从告别厅一直铺满整个广场。复旦大学、西藏大学的师生代表赶来了，哈萨克族博士生吾买尔夏提也从新疆乌鲁木齐赶来了……曹缨从日本多次转机赶到银川。她在钟扬遗体告别仪式前一天上午才接到通知，一边整理行李，一边订机票，同时赶往机场，9月28日当晚终于赶到银川。她难过地说："钟老师充满知性和感性，就像阳光照耀着周围的人，无法接受他就这样消失了。作为合作者和多年好友，我真是非常非常心痛。"

3个月前刚刚获得博士学位的德吉泣不成声："我一直想给钟老师做一身藏袍，因为钟老师穿着藏袍特别像我们藏族的汉子。他已经答应我了，可是，我再也没有机会给钟老师做藏袍了……"王玉国说："那么多人到银川给他送行，每一天，我们都被感动着。钟扬生前做了那么多事不为人知，有那么多人爱他。"

曹缨回忆钟扬

钟扬生前曾经多次到银川讲课。此时此刻，与他至亲至爱的人们相聚在这里为他送行。无尽的悲伤如塞外黄沙，弥漫着那个阴郁的日子……

钟扬的学生边珍（前右）、徐翌钦（前左）在钟扬遗体告别仪式上

举行钟扬遗体告别仪式时，宁夏银川殡仪馆广场上铺满花圈

在银川，大毛和小毛经历了为钟扬送行的全程：从钟扬火化到骨灰收集。这是他们作为儿子的义务，也是过早降临的生离死别的考验。这时，关于父亲的那些记忆、许许多多的盼望和失望、经常答应陪他们出去玩又失约的父亲，已经变成永远无法释怀的痛。也许将来回忆起来，大毛和小毛从这一天开始真正长大了。

看着两个突然失去父亲的孩子，张晓艳心中非常无助。双胞胎儿子出生时，他们夫妇的年龄都比较大了。基本上靠双方的老人轮流照顾孩子，他们才得以全身心地去工作。想起当初那个遥远的约定，钟扬承诺孩子 15 岁之后交给他管。万万没想到，孩子的 15 岁生日仅仅过了 16 天，他就以这样的方式不辞而别。张晓艳说："这次，他真的违约了，没有兑现自己的承诺。这个事实太残酷了。我们没有能力去面对，又必须去面对。"

其实，不仅仅是孩子拒绝承认钟扬已经离去，张晓艳也一直没有接受这个事实。她看到大毛在 QQ 空间的留言——"父亲，你敢走啊，我还没长大呢…"与钟扬相识相知，携手走过 33 年，张晓艳是最了解钟扬的人。她知道，尽管钟扬很少有时间顾及家庭，其实在两个儿子成长的 15 年中，他特别为孩子开心和自豪，对他们的未来充满期待。

张晓艳说："人生中有很多的责任要去担当，不能逃避，不管你是否做好了精神准备。尽管我知道，让两个孩子承受这样的现实是不公平的，然而，这不是他们可以选择的。"

9月30日，上海暴雨。运送钟扬骨灰的航班飞抵浦东机场，复旦大学100多位师生在暴雨中迎候。复旦大学生命科学学院专门开辟了追思堂，摆放着钟扬的著作、照片和奖状、奖杯。学院门口挂起白底黑字的横幅："留下的每一粒种子都会在未来生根发芽——沉痛悼念钟扬教授"。学生们用心折叠的白色千纸鹤，在风中轻飞，无声地述说着哀悼之情。一个学生在千纸鹤上留言："有绽放，就会有枯萎……人如草

大毛
09-25 16:35

父亲，你敢走啊，我还没长大呢……

查看全文

2017年9月25日16时35分，大毛在QQ空间的留言

复旦大学生命科学学院师生悼念钟扬的追思堂

复旦大学学生以千纸鹤悼念钟扬

木，学习生物大概就会更多地理解生命。希望钟老师一路走好！"

在这哀痛的日子里，关于钟扬不幸殉职的报道广为传播；记录钟扬和学生在西藏采集种子的短片《播种未来》，全网点击量一天超过 1200 万次；在微信朋友圈发起的"献花缅怀钟扬教授"活动，有 20 多万人参与。一位科学家的离去，引起如此巨大的社会反响，非常罕见。

钟扬的妻子张晓艳教授代表家属，捐出钟扬车祸事故赔偿金 138 万元人民币，设立了"复旦大学钟扬教授基金"，用于奖励沪、藏两地的优秀师生；同时汇入的基金，还有复旦大学师生筹集的逾 200 万元捐款、同济大学教育发展基金会捐赠的 50 万元，以及来自社会各界的捐款。2018 年 2 月 1 日，该基金在第 24 届"蓝天下的至爱——大型慈善晚会"上正式启动。

战略科学家

很多人对钟扬从事的教育、科研工作和学术状况，并不十分了解。从中国科学院武汉植物研究所到复旦大学、西藏大学，他指导过的硕士、博士研究生和博士后逾百人；"科学家在线"网站截止到 2018 年 3 月的数据显示，全国植物学相关领域的科研人员共有 31758 人，钟扬的 H 指数（H-index）为 31，高于

31666 人，学术成果累计引用高达 3210 次，超过 31638 人，大约超过 99.62%的同行人员，属于杰出人才梯队。

钟扬是一位对于生物对象极度敏感、擅长运用跨学科知识开展研究的生物学家。他从数学和物理学角度去看整个自然科学，以深厚的科学素养和科学方法论为基础，在植物学、动物学、微生物学、医学和整个生态学科的涉猎极其广泛。从与张晓艳合作，撰写第一篇学术论文开始，他就走上了颇具个性的科学思维之路。

赵国屏院士说，钟扬是国家"863"计划中资源保护项目的重要专家之一，作出过重要贡献。钟扬去世以后，"863"计划的同事们都非常伤心，非常怀念他。也许有很多人对钟扬众多的社会兼职不理解，因为这些工作确实耗费了他大量时间和精力，然而，他兼任的很多学术职务和科研项目都具有重大战略意义。从 2000 年 6 月担任生物多样性与生态工程教育部重点实验室副主任，到 2017 年 6 月受聘为国家重点研发计划"生物安全关键技术研发"重点专项专家组成员，钟扬先后兼职于中国植物学会植

钟扬获得的部分荣誉证书和奖牌

物分类与系统进化专业委员会、中国生物物理学会生物信息学与理论生物学专业委员会、中国博士后科学基金、国际分子生物学与进化学会、国际光合作用大会系统生物学、国家高技术研究发展计划（"863"计划）生物和医药技术领域主题专家组、中国生物化学与分子生物学会分子系统生物专业委员会、上海市生物信息学会、教育部科学技术委员会地学与资源环境学部……

这些工作专业性强，相关性强，而且事关国家宏观战略。这就是钟扬内心的使命感和社会责任感，是他作为一位战略科学家的默默担当。建立在宽广的科研视野之上，他有很多超前思考。他所探索的未知，并不停留在科学领域的广度上，还有历史与未来的维度、国家和人类命运的高度。

孙燕荣说："钟扬不仅仅从学科专业研究的角度看问题，他还和我们说，这个战略研究中缺少对于中国未来更长远的布局。生物安全一定不能仅仅看眼前，一定不能仅仅看我们能够看见的东西。我们要做的是绵延子孙、惠及后代。"

"不是杰出者才做梦，而是善梦者才杰出。"钟扬常常以充满人文精神的浪漫情怀表达他的学术梦想，因为科学在他心中是如此纯洁、完美。在盘点西藏生物家底的过程中，钟扬越来越清晰地意识到，种质资源正日益成为国际竞争和争夺的焦点。对于整个生态系统的维护和改善、对于种质资源的保护，并不是安坐实验室进行一些数据分析，就可以完成的。在他心中，与野生种质资源的蔓延式灭绝有一场赛跑。他着眼的不是眼前的得失，而是把种质资源的保护视为一个国家、一个民族发展潜力的保证。这是钟扬的战略眼光和胸怀。

如今在四川大学从事科研和教学工作的刘建全，曾经多次和钟扬一起从事野外科考活动，从青海的果洛、玉树到可可西里，从昆仑山到西藏的林芝。他感慨地说："正是因为钟扬一直有这个执着的梦，如果没有他的积极推动，青藏高原种质资源保护事业，就不会有今天这样的状况。这项工作上了很大的台阶。"

钟扬就是这样一位忧国忧民的战略科学家。

所谓"战略科学家"，指的是不仅在所从事专业领域有精深的造诣，而且能够站在世界科技前沿，具有审视国家战略需求的视野和人类未来发展的战略眼光，能够提出带有前瞻性的整体规划和布局，具有组织优秀人才进行重大科技创新活动的领导才能，开拓新的科技领域或者学术研究方向。

2015 年 5 月 6 日，钟扬在第二军医大学长海医院 ICU 病房里口述了一封给党中央和习近平主席的信，由他的博士生赵佳媛记录、整理。这封信阐述了西藏以丰富的生物多样性资源作为我国重要战略资源储备基地、高原特色农产品基地的重要性，从国家安全的角度，提出通过"天路计划"建立长效机制、筑建生态安全屏障的诚恳建议：

> 敬爱的党中央、习主席：
>
> 　　我是复旦大学的一名生物学教授，也是西藏大学校长助理、教育部长江学者特聘教授及中组部第六、第七批援藏干部。我刚获得了 2015 年度全国先进工作者的荣誉并上台领奖，亲耳聆听了习主席的重要讲话，干劲倍增。
>
> 　　在过去 14 年间，我走遍了西藏的山山水水，考察当地的生物资源，成了西藏生物多样性和生态环境的"活地图"。我们共建的西藏大学生态学博士点，已改变了西藏高等教育的历史，为培养高水准的生态学人才奠定了基础。近年来，我们在西藏的各方面工作也取得了长足进步。但我深知，这些工作还需加大力度。
>
> 　　西藏是我国重要的国家安全和生态安全屏障，丰富的生物多样性资源，使其成为我国重要的战略资源储备

基地、重要的高原特色农产品基地。怎样才能建立一个长效机制，来筑建生态安全屏障？关键还是要靠队伍。目前西藏的科研人员队伍仍非常薄弱，高级人才的培养也才起步。中央政府和西藏自治区在相关科研项目上给予了大力支持，但在人才队伍建设方面一直存在较大困难。内地援藏干部在西藏的工作时间平均为2—3年，对生态建设而言，这个时间明显偏短。为此，我建议开展"天路计划"，专门从事青藏高原生态屏障建设。这一提议得到了西藏自治区吴英杰副书记和复旦大学朱之文书记的首肯及支持。

"天路计划"拟由全国范围内的500名科学家参与，在西藏和有条件的内地援藏大学及科研机构中，成立5—10个联合研究开发中心，第一期预计投入50亿，通过5年的努力，在下列方面达到国际先进水平：

1. 种质资源保藏、研究、转化和创新；

2. 工农业生产及医药的挖掘和使用；

3. 专门队伍的储备等。

更为重要的是，项目完成后，将根据项目成效，选择若干条件成熟的单位，在西藏和内地成立联合研究院，这批人员将成为我国青藏高原建设和规划发展的主力军。

路漫漫其修远兮。14年的援藏生涯，对我而言，既有跋山涉水、冒着生命危险的艰辛，也有人才育成，一举实现"零的突破"的欢欣；既有组织上给予的责任和荣誉为伴，也有窦性心律过缓和高血压等疾病相随。就我个人而言，我将矢志不渝地把余生献给西藏建设事业，但我希望更多有才华、有志向的科学工作者，把"去西藏工作"变作"为西藏工作"，把他们吸引到"天路计划"

中，在西藏内外，为建设社会主义新西藏而奋斗。

此致

敬礼！

钟扬

于第二军医大学长海医院 ICU 病房

2015 年 5 月 6 日

钟扬从初中到高中的同学、作家兼诗人黄梵说："钟扬从系统学的角度关注青藏高原的生物进化、气候变化，他是有大格局的人；同时，他也是有大智慧的人。他认为，如果每个人都去做一些利他的事情，就会让我们整个社会运行的成本降低，这反而才是真正的利己。他这种智慧，是我们很多人没有看到的。"

与钟扬相识和共事 30 多年的南蓬说："在开朗、幽默的外表下，钟扬其实处于一种孤独中，这源于他的一些学术观点和方向并不被当时的许多人所接受。在浩瀚的学术星空中，并非每一颗星都同样明亮，这是科学家不同的事业和境界造成的距离错觉。在看似非主流的领域，钟扬是孤独的前行者。"

包信和院士评价钟扬——

当前，科学的发展速度很快。有一些尖端科技和所谓的"显性"科学，容易出成果，耗时相对较少，显示度很高，这样的研究领域，大家趋之若鹜。钟扬做的工作，实际上对国家，乃至对整个人类都非常重要，但是短期内的显示度不高，知之者甚少。他对生命的衡量刻度已不是常人的分秒和年月，而是放大至百年甚至千年，这让他能够以更高远的角度看待问题。在这样的时间刻度下，时下最炙手可热的研究领域，在他看来并不是最最重要的。

钟扬 16 年来在西藏勤勤恳恳地工作，不图名、不

钟扬在西藏

包信和回忆钟扬

为利，这是非常可贵的科学精神。有好多人做了非常轰轰烈烈的工作，但这个社会也确实需要很多人做一些最基础的工作。钟扬就是这样一个知行合一的人，是非常纯洁、非常高尚的一个人。他自动过滤掉许多东西，比如人与人之间的算计、利益得失、名誉、地位等等。为了实现这个目标，他凝聚了一种极其强大的热情和坚韧的毅力，成就了一座精神上的珠穆朗玛峰！

点点滴滴的追忆

钟扬的学生都知道他有句口头禅："这多大点事啊。"他的学生在学习上、生活中遇到难题了，愁眉苦脸地来找他，他听完呵呵一笑，然后帮学生分析问题、出主意。

2013 年，钟扬在西藏野外营地

钟扬离去之后，朱彬才看到他发过的一条微信，推介朱彬参与一项活动。钟扬写道："这个学生改变了我对一个优秀毕业生的定义。"那一瞬间，朱彬热泪盈眶。他说："钟老师对工作有巨大的热情，他一直在催促自己，希望能够在有限的时间内把更多的工作做得更好，这对我影响很大。只要跟过钟老师的学生，没有懒惰的。"

钟扬的学生们回忆：

——钟老师对于一件事是非常能忍耐的，韧性特别强。他举例说，运动员的运动生涯特别短，而教师是一项可以长期坚持的工作，像跑马拉松一样。同样都是脑力工作，下围棋一定是以失败结尾的；而做教育工作只要肯坚持，最后一定会成功。他教育我们，做一件事要有耐心。别人做一年两年，你可以做 10 年 20 年。

——钟老师认为，只要有兴趣、愿意学习，任何时候都不晚。人不会永远只做一件事，人生有无限的可能。直到现在，这个信念一直鼓励着我。他永远乐观、积极。就是有什么困难，他总是说：有什么问题，我们一起来解决。钟老师一直跟我们分享：科学研究是非常

313

钟扬和学生、同事们在一起

艰苦的事业。科学家要永远对这个世界保持好奇心，从科研中提取欢乐。

——想到钟老师的时候，我们就会以一种积极开朗的心态去看事情，而不是非常灰暗、非常抑郁的样子，这就是他对我们所有人的影响。

——钟老师就是一个引路人。有这么一个积极、乐观的老师在旁边，时时刻刻关注你、帮助你，这确实是一件很幸福的事。我们人生中最宝贵的一段时间、最好的时光，都是在钟老师长辈一样的爱护中走过来的。钟老师会在最关键的时候提醒你。事业上、专业上的一些关键点，他都会关注到。我现在还会感觉到，钟老师在看着我们，告诉我们应该做什么事情、下一步要注意什么，让我们从内心里不敢懈怠。一旦做不好，就觉得对不起钟老师，不能给钟老师丢脸。钟老师这么多年来对我们的鞭策，已经变成一种无形的驱动力。一个人的离去，是因为被别人遗忘，这才是真正离去。钟老师从来没有离去，因为我们时时刻刻记得他。

心灵之殇

回忆丈夫，张晓艳写下与钟扬相伴走过的岁月——

回忆钟扬，这实在是一件很残酷的事。

我和钟扬，相遇在我们青春年华的时代。我们之间的缘分从一起研究荷花开始，荷花也是他转型研究生物和植物的一个机遇，荷花凝聚着我们的爱情和事业。我们一起走过了 33 年，共同面对过很多工作和家庭生活

1992 年，钟扬与张晓艳在美国密歇根州立大学

的问题，唯独没有考虑过生离死别。这个问题本来应该是很遥远的，因为我们都有自己的事业和理想，上有父母，下有孩子。对人对己，我们是有责任要担当的。所以，钟扬就这么突然走了，没有和我们打一声招呼，这不是他的性格。

钟扬一定是心有不甘地走了，两个孩子的抚养责任又落到我一个人肩上。直到现在，孩子们实际上还是不愿意承认父亲已经离去的事实，需要等待时间去慢慢恢复常态，希望这个过程不要太长。他们毕竟还是孩子，正处于青春期，需要父亲给予他们安全感。尤其是男孩子，这个年纪正需要父亲的陪伴和指引，父亲的角色是我作为母亲难以替代的。现在，他们要自己去面对人生，没有父亲的臂膀为他们遮风挡雨，这是他们在今后的成长中必须面对的。

钟扬和双胞胎儿子

我也深深知道，对孩子的培养和付出，钟扬虽然留下了永远的遗憾，但他这样做，并不是逃避作为父亲的责任，而是为复旦、为西藏、为国家培养更多学子。为人类保护生态资源，那也是他的责任，而且是更大的责任。人可以仅仅为了自己的家庭活着，但是，如果有能力承担更多的社会责任，就有权利作出自己的抉择，尽管这个抉择的代价是很大的。

钟扬对西藏的爱痴心不改，在西藏的经历，对他的生死观也有很大的改变。他的身体早已不适合在那里工作，我一直跟他说，必须考虑健康问题。他说他知道，他想让西藏的事业有个可持续的发展规划，那时候会考虑留在内地帮助西藏。作为学术上的同行，我很理解他在想什么。

生物学家对生命的关注和思考与常人不同。看到很多生物，不管是植物还是动物，因为气候变化和人为原因而灭绝，他不能无动于衷。让生物多样性得到保护和延续，这就是他坚守在那里的意义和价值。尽管我们都知道学术论文的重要性，那几乎是个人学术成就的唯一标志，可是，钟扬把很多精力投入到采集种子的事业中。他不仅是梦想者，也是践行者，不惜为此透支生命。那是他的价值观、他的理想。他站在青藏高原，所以，他的理想更加高远。

直到今天，我依然没有后悔当初引导他走向植物学领域，他的努力和成就也让我欣慰。我明白自己的责任所在，除了科研和教学，孩子今后的成长、赡养老人，都需要一点一滴去做，无论多么艰辛、多么伤痛，就当作钟扬留下的托付吧！

我们这个家庭已经习惯了聚少离多的生活状态。我还在想，钟扬可能仍在某个地方忙着自己喜欢的事，那个地方比较遥远，他正在忙着……

深刻而有趣的灵魂

钟扬的离去，给太多人留下心灵之殇、怀念之痛。往事滔滔不绝，缅怀丝丝缕缕。复旦大学生命科学学院教授张文驹是钟扬

首次进藏时的同行者之一，他说，很多人都去过西藏，但钟扬自此深深地爱上了那里。没想到，拉萨贡嘎机场后来会成为他生命中到达最多的机场；同样没想到，他预订的最后一张机票也是前往西藏的。

中山大学生命科学学院黄椰林副教授说："钟老师不认为各个学科之间有鸿沟一样的界限，他具有非常开阔的思维。他还在中科院武汉植物研究所工作的时候，就把数量分类的思想灌输到我的头脑里。那时，我还是施苏华老师的学生，对数量分类、对数学分析还停留在初级阶段。钟教师手把手地教我们作数据分析，对我们提出的任何疑问从不敷衍，总是耐心解答。"

李亦学说："我和钟扬共事多年，几乎没有听他说过别人不好。他是一个没有敌人的人，这一点非常难得。他非常乐于助人，而且没有任何私心。你甚至经常会想，他究竟出于什么想法。"姜友芬说："钟院长内心常常有爱、有关心，做事情才更有动力，更是有一个梦想。他前面有一个方向，不是为自己考虑小目标，而是有更大的家国情怀。他真的希望自己能够对这个社会有一些贡献。"

陶宏炜说："钟扬是一个对生活充满热爱、对工作充满激情、对朋友充满宽厚、对学生充满包容的人。有的人追求生命的长度，而钟扬活的是生命的高度。校友评价他平和而友善，有一颗谦卑的心，做着高尚的事。"

李亦学回忆钟扬

杨玉良院士说："钟扬有鸿鹄之志，是在做大事情。他能够把科研和管理都做得很好，而且以一种举重若轻的方式、高风亮节的方式，既有科学的、严密的逻辑思维方式，又有宽广的人文情怀。他在生活阅历中积淀下来的不是圆滑和世故，而是保持一颗纯真的心。他作为生物学家，以生物进化的计时方式，人生百年，个人的名利得失已经微如尘埃。"

　　回忆老友钟扬，中山大学生命科学学院副院长束文圣教授说："钟老师是一个杰出的学者。我们有过很多学术交流和把酒言欢的相聚时光，他的快乐和幽默时刻感染着我们。他曾经跟我说过，在西北、在西藏，开着车，在苍茫的路上，听着苍茫的歌，感觉特别豪放，人的心胸变得非常豁达。我想，这就是钟老师喜欢的生命方式。我们要像钟老师那样，活成一个快乐的人、一个充实的人、一个对社会有意义的人。他留下的种子，就是他的思想、他的梦想。所以，我们应该按照他喜欢的样子，以快乐的方式纪念他。"

　　2013 年，钟扬再次邀请中国科学院上海生命科学研究院研究员曾嵘到西藏，并特别建议她去色拉寺看辩经。钟扬说："辩经讨论的都是终极问题，比如生命的意义是什么。你想想，要是在上海街头，你拉住一个人，问他生命的意义是什么，人家一定当你是神经病；而在西藏，这是人们每天都要思考的问题。"

　　曾嵘在回忆钟扬的文章中写道：

　　　　他走了，我才蓦然发现他是一个那么独特的存在；那个位置空了，冷了，只能靠回忆填一填、暖一暖。西藏给予他的理想主义安放的所在，他竭力的、过度的燃烧，是热爱，是奉献，也是他对世俗的蔑视。多年的科学生涯训练了他的思维逻辑，理想主义又赋予他浪漫、热忱，他是少有的深刻而

钟扬和双胞胎儿子

有趣的灵魂。这既源自他的天性，更依赖于他的坚持。他当然不是完美无缺，但在科学家工具化、科技与人文割裂、利益大于理想的现实中，他的天性与坚持是那么珍贵。作为深谙进化生物学的学者，在钟扬眼里，万物起灭常常是以亿年为单位计算的，一个个体的生死不算什么，况且他从来厌恶平庸。从这个角度说，他轰轰烈烈地走完了一生。

中国科学院上海生命科学研究院生物化学与细胞生物学研究所研究员吴家睿说："西方有位哲人曾这样给出过人生的计算公式：如果把生活作为分母，把死亡看成是零并作为分子，那么，在人生中所做的每一件事都是零，都没有意义；但如果反过来，把死亡作为分母、生活作为分子，那么，生活中每一件事的意义将是无穷大。钟扬显然是取后者作为度量其生命价值的'算法'，从不按照功利的方式思考生活。作为一位生物学专家，他在自己的专业与事业的永恒之间画上了等号。"

钟扬的博士生、复旦大学生物多样性与生态工程教育部重点实验室实验师赵佳媛，曾经与钟扬共同撰写过一篇文章——《倘若生命失去节律》，文中写道：

> 独特的生命节律是不同生物、物种在漫长的进化过程中代代相传的宝贵财富。一次次无情的灾难、一点点微小的变异、自然选择和适应进化的力量，将节律的印记深深镌刻在每一个生命的器官、组织、细胞乃至分子之中。那遵循最短路线生长，或在传粉昆虫来访时适时散香流蜜的植物，无一不是因这些节律而蓬勃至今，也谱写出一篇又一篇的进化乐章。
>
> 神秘的生命节律还为我们开启了生命世界通向数理世界的又一扇窗口。植物攀缘生长的曲线、叶茎中的黄

金分割率、海螺和藤本植物的螺旋手性、花瓣和萼片的圈数数列、植物向性的模式、生物遗传编码的组成与结构……这一切蕴藏着无数数学的、物理学的、化学的和信息学的奥秘，多少年来吸引着一代又一代学者孜孜不倦地探索。

这段文字，可以视为钟扬对自然规律、对生命哲理的首肯。

万物有灵

1991 年，钟扬在入党志愿书上写道：

我是一个在红旗下长大、受党的教育培养多年的青年科技工作人员。在学生时代，我就向往加入中国共产党。今天，我对中国共产党更加坚定不移。我愿为党工作，为革命事业奋斗终身，愿接受党的一切考验。入党以后，我要更加努力地工作，全心全意为人民服务，为祖国的科学事业发展贡献力量！我会永远坚定自己的信念，为伟大的共产主义事业奋斗终身！

2017 年 10 月 13 日下午，复旦大学党委隆重举行学习钟扬同志先进事迹大会，号召全校党员、干部和师生向钟扬同志学习，并就学习活动作出部署。复旦大学党委书记焦扬出席会议并讲话，校长许宁生主持大会。邯郸路、江湾、枫林、张江 4 个校区的 400 余位干部和师生代表参加大会。会上，复旦大学党委副书记袁正宏宣读了《中共复旦大学委员会关于开展向钟扬同志学习活动的决定》。

10 月 13 日，教育部发布通知，追授钟扬"全国优秀教师"荣誉称号。通知指出，钟扬同志是践行"四有"好老师要求的杰

出代表，是继李保国、黄大年同志之后，教育系统涌现出的又一位优秀教师典型。通知要求全国广大教师和教育科研工作者要以钟扬同志为榜样。

12月12日，中共上海市委追授钟扬"上海市优秀共产党员"称号；12月13日，中共中央政治局委员、上海市委书记李强在复旦大学主持召开学习钟扬教授精神座谈会，号召上海全市党员干部、各行业各领域的人们向钟扬学习，并称钟扬为"上海的骄傲"："高度契合了'不忘初心、牢记使命、永远奋斗'的时代号召，集中展现了一名优秀共产党员和优秀知识分子的时代风采，生动诠释了海纳百川、追求卓越、开明睿智、大气谦和的上海城市精神的时代内涵。"

2018年3月29日，中共中央宣传部追授钟扬"时代楷模"

2017年12月13日，学习钟扬教授精神座谈会在复旦大学召开前，中共中央政治局委员、上海市委书记李强（前右），上海市委副书记尹弘（后右），复旦大学党委书记焦扬（前中），复旦大学校长许宁生（后左），与钟扬夫人、同济大学教授张晓艳交谈

称号。复旦大学党委书记焦扬说：在钟扬同志身上，集中体现了对党忠诚、坚守初心的政治品格，扎根祖国、至诚奉献的爱国情怀。他始终把事业放在心上，胸怀博大、为民造福，又严于律己、襟怀坦荡，只求真真切切培养一批人，为国家民族、为人民群众多做实事。钟扬同志的先进事迹具有可学性、先进性、代表性，是"两学一做"学习教育常态化制度化、"不忘初心、牢记使命"主题教育的生动教材。他是扎根祖国、至诚奉献的人民科学家，是"四有"好教师，更是"不忘初心、牢记使命"、忠诚、干净、担当的党员典范。

复旦大学校长许宁生院士说："钟扬的一生都在与时间争分夺秒，践行着矢志不渝的追梦精神。他身上所体现出的高尚师德、优良师风、崇高师道，值得我们每一个人学习。社会需要好老师，钟扬教授就是一名好老师。对于一名教师而言，他可以投身科研，也可以专注教学，还可以将无限的热忱投入到服务社会中去。当这些选择汇集在一个人身上的时候，便呈现出一种缤纷的轨迹。钟扬闪光的人生，让我们看到了作为一名教师扎根祖国大地的家国情怀。他把人生理想和国家发展结合起来，把科研方向和社会需求结合起来，把'顶天'和'立地'有机紧密结合起来。他牢牢把握学科前沿领域的重大科学问题，获得一系列重要原创成果；同时，直接对接国家战略需求和重大需求，数十年如一日，奋战在生态文明建设一线，为建设美丽中国作出了贡献。"

2018 年 6 月 27 日，中共中央追授钟扬"全国优秀共产党员"称号。在 6 月 30 日举行的追授钟扬"全国优秀共产党员"称号颁授仪式上，中共中央政治局委员、上海市委书记李强向钟扬的夫人张晓艳教授，颁授证书、奖章并讲话强调，党中央决定追授钟扬同志"全国优秀共产党员"称号，不仅是钟扬同志的光荣，更是上海这座城市的光荣。全市广大党员干部要把学习钟扬同志

纪录短片《播种未来》截图

先进事迹，同深入学习贯彻习近平新时代中国特色社会主义思想和党的十九大精神结合起来，同推动上海各方面工作结合起来，不忘初心，牢记使命，努力成为对党忠诚、爱国奉献、矢志奋斗、为民造福的模范，奋力创造无愧于时代、无愧于人民、无愧于历史的业绩。

李强指出，钟扬同志是扎根祖国大地成长起来的优秀共产党员，是新时代的重大先进典型，高度契合了"不忘初心、牢记使命、永远奋斗"的时代号召，集中展现了一名优秀共产党员和优秀知识分子的时代风采，生动诠释了海纳百川、追求卓越、开明睿智、大气谦和的上海城市精神的时代内涵。

纪录短片《播种未来》，留下了钟扬在西藏采集种子时的珍贵影像和声音——

我曾经有过许多梦想，那些梦想都在遥远的地方，我独自远航。我坚信，一个基因可以为一个国家带来希

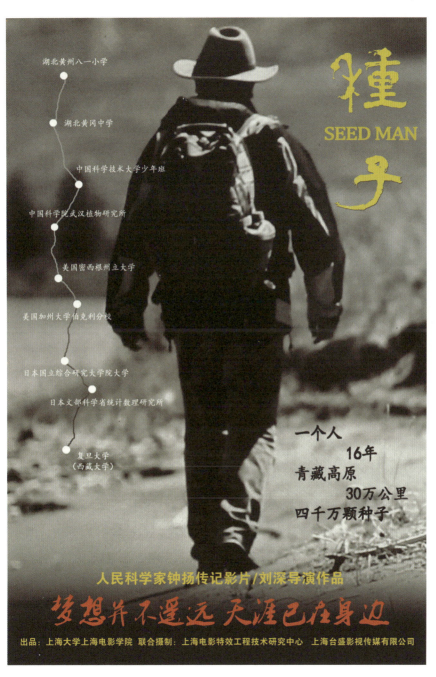

钟扬传记影片《种子》的海报

望、一粒种子可以造福万千苍生。任何生命都有结束的一天，但我毫不畏惧。因为我的学生，会将科学探索之路延续；而我们采集的种子，也许在几百年后的某一天生根发芽，到那时，不知会完成多少人的梦想……

钟扬说：那些生长在海拔 5000 米以上、株高不足 20 厘米的植物令人感怀。在这里生存已属不易，繁衍更是奇迹。由于缺乏传粉的昆虫，它们甚至需要在不同群体中变换性别的比例。在向这些矮小而顽强的生命致敬的同时，不禁要问：它们是怎么来的？为什么要在如此恶劣的环境中生存？

这些矮小的植株，竟能耐受干旱、狂风、贫瘠的土壤以及 45 摄氏度的昼夜温差。生物学的合理解释是：它们之所以能成为世界上分布最高的植物，就是靠这些一群又一群不起眼的小草牺牲个体的优势，换取整个群体乃至物种向新的高地一代又一代地缓慢推进。

钟扬和他的团队在西藏是怎样用生命去呼吸，去行走，去工作？这位生物学家具有怎样异乎寻常的灵魂，用生命采集了千千万万颗植物种子？如何去想象他异乎寻常的灵魂，体会"万物有灵"的含义？！

钟扬的人生有两座高峰，一座在人们共同的视野里，另一座在他心里。他站在世界屋脊上，站在云霄里。他与太阳的距离、与雪山的距离，就是与这个世界上每个生命的距离。

浩茫云海，寒凝冰川；大地生灵，绿野崇山。

一粒种子，万物苍生；高原亘古，你心依然。

梦想并不遥远，天涯已在身边。

潮涨潮落，草木枯荣；自然万物，生生不息……

后 记
天地之间的梦想家

伤痛的情结

钟扬面容憨厚和善，戴一副秀气的眼镜，浅浅的胡茬带着一些沧桑感；魁梧微胖，笑容可掬；侃侃而谈，略带湖北乡音。他是我见过的最富感染力的学者，既有渊博的学识，又能在最短时间，用最精练又极具文学色彩的语言，生动描述一门深奥的学科，从基本常识到系统轮廓，信息量极大，思维逻辑如行云流水一般的畅快，很有代入感。

2017 年 8 月 7 日晚，在上海大学宝山校区乐乎新楼，我们的团队和钟扬商谈西藏之行，拍摄一部采集种子的纪录片，一直谈到深夜，大家意犹未尽。因为他第二天要出差，我们决定开车送他回家，在路上接着谈。那是一个雨夜，分手之后，我们在微信群"西藏科学之旅"继续交谈。他甚至很细致地描绘出一条拍摄路线，时间已经是 8 月 8 日凌晨。

我们的西藏之行约定在 2017 年 9 到 10 月之间，那是种子成熟的季节。钟扬还说，西藏的冬天来得早。从那天分手后，我就开始做关于植物和生物多样性的常识性补课。不幸的是，苍天没有给我们继续合作的缘分。于是，写作这本书和拍摄钟扬的传记影片，成了我心中一个很伤痛的情结。

钟扬离去的那个晚上，我通宵写了 5000 多字的长篇通讯《复旦钟扬教授生命回放：一粒种子造福万千苍生》。在第二天的《人民日报》客户端上，这篇文章保持着极高的热度，点击量累计 49 万多次。从那时直至今天，我和整个团队竭尽全力投入到这两部纪念作品中。半年多来，我们追寻着钟扬的人生轨迹，从湖北黄冈到安徽合肥，从武汉到上海，从西藏到国外，开始了日夜兼程的寻访之旅。目前，钟扬的传记影片《种子》已经完成后期制作。

同窗之情

2013 年，纪录短片《播种未来》拍摄了钟扬和他的团队在西藏采集种子的工作场景，这次经历让他对电影产生了浓厚的兴趣。他和老同学黄梵一起，构思了一个电影故事——《雪莲》。故事取材于 20 世纪 30 年代，英国探险家辛普顿在珠穆朗玛峰采集高山雪莲的往事。出人意料的是，这个故事的主题竟然是"失败"——钟扬说，科学之路就是永远充满失败。他还说，他要去拍这个故事片，减肥 20 公斤，去爬珠穆朗玛峰。

为了实现钟扬的遗愿，经与张晓艳教授和黄梵老师协商，我

将原来构思的《雪莲》，改
编为剧情短片《雪兔子》。
这部影片于 2017 年 12 月在
西藏取外景，2018 年 4 月，
在四川阿坝藏族羌族自治州
理县毕棚沟拍摄完成，目前
在后期制作中。

　　黄梵与钟扬当年在黄冈
中学同班同桌，一直保持着
深厚的友情。上大学期间，
他们经常通信，一写就是十
几页纸。这些通信大部分被
黄梵保留至今，成为本书珍
贵的第一手资料来源。2016
年 12 月 10 日，钟扬主持了
复旦大学中国当代文学创作
与研究中心、南京市作家协

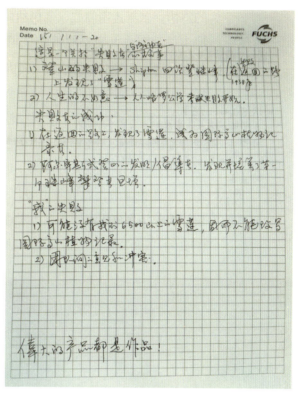

钟扬构思《雪莲》的手稿

会、《作家》杂志社联合主办的黄梵长篇小说《浮色》研讨会，
可见学友情深。钟扬多次邀请黄梵到西藏看看，并相约 2017 年
9 月 29 日在西藏重逢。9 月 24 日晚，钟扬还在询问黄梵具体的
动身时间，没想到第二天已然天人相隔。

　　与黄梵的友情，只是钟扬珍惜同窗之情的一个缩影。

故乡情，师友情

　　钟扬生长在湖北黄冈，祖籍湖南，他都视为故乡，怀有很深

的感情。多年走南闯北，他仍然改不了嗜辣的口味和乡音，爱吃地道的邵阳血丸子。他担任"开发邵阳、建设家乡"顾问、吉首大学客座教授；他曾经向上海大学上海电影学院推荐，在黄冈建一个影视基地；有一年同学聚会，他还带去了亲手做的植物标本；他受聘为黄冈师范学院客座教授，发起成立黄冈中学上海校友会并出任会长。他曾说，退休之后要写部小说，名字叫《根》。作为研究分子系统发育的专家，他还想写家族基因起源的故事。

　　每逢教师节、春节等节日，他都会给母校的老师发祝福短信。他曾经在中国科学技术大学度过了 5 年时光，非常怀念在少年班和"796"班的生活，经常回到合肥参加母校的活动。2016

2014 年，"796"班的同学们在中国科学技术大学东区，以前住过的宿舍"四牌楼"前合影，左起依次为：杨生虎、熊学锋、钟达航、钟扬、姜涛、王浩、江晨、周耀明、盛冰

年 4 月 26 日，中共中央总书记、国家主席、中央军委主席习近平考察中国科学技术大学，钟扬作为优秀校友应邀回到母校。

2014 年在上海，钟扬为他的博士导师长谷川政美教授庆贺70 岁生日，密切往来也从未间断。他为恩师长谷川政美的科普著作《听基因讲祖先的故事》在中国出版尽心尽力，亲自审校。2018 年 5 月，在日本国立综合研究大学院大学，长谷川政美孤独地坐在空旷的礼堂里，回想 12 年前，钟扬在这里参加毕业典礼和博士学位授予仪式的情景。白发人送黑发人，触景伤情。

2001 年，长谷川政美应钟扬邀请，首次参加青藏高原科考活动。回想那次西藏之行，他记忆犹新："我们那次到了很多地方，翻越过海拔 5000 多米的山口；在拉萨的哲蚌寺还赶上了当地的雪顿节，参加了隆重的开幕式。我一共去了 6 次西藏，包括青海省，我去过 10 次青藏高原。我和钟扬一起做了很多课题，最后的合作论文是关于西藏植物进化的研究。钟扬在培养

2014 年，钟扬（前排左三）参加中国科技大学"796"班同学聚会

2014 年 3 月，钟扬在上海为博士导师长谷川政美教授（右二）庆贺 70 岁生日。右一为复旦大学副校长金力院士，左二为五条堀孝教授。

2006 年 3 月，钟扬（第二排左二）和导师长谷川政美教授（第二排左一），参加日本国立综合研究大学院大学博士毕业典礼

钟扬（右）与长谷川政美（左）、曹缨在西藏

西藏的年轻科研人才方面做了很多工作，一直都在思考如何研究和发掘西藏的植物，也致力于研究西藏植物在医学和药学中的作用。"

亲情与爱情

　　钟扬热爱工作，同时也爱家庭、爱亲人，后一点因为比较私密，所以并不为外人所知。就在 2015 年 5 月 2 日那次突发脑溢血的早上，他参加复旦大学自主招生面试，问一个学生："你怎么看你的父母？"那个学生说，他的父母很有钱，但他不愿意过那样的生活。他父母的知识面和志趣，都和他心中的科学家差得太远。当时，钟扬写道："不知为何，我突然感到一阵悲哀。从 35 岁以后，我渐渐体会到父母才是我最好的老师。今天是我的生日，现在是早上 8 点 45 分，我就是在这个时间出生的，想起

了我的父母。"

钟扬与张晓艳的"荷花爱情"堪称科学界的一段佳话。张晓艳不仅是钟扬相亲相爱的伴侣，不仅是他成为一位出色生物学家的引路人，而且是他背后最强大的支持者，承担着抚育孩子、照顾老人的重任。在漫漫的科学生涯中，他们合作撰写了很多学术论文，张晓艳的名字总是默默地跟在钟扬后面。

对双胞胎儿子，钟扬的父爱是深藏不露的，他有自己表达情感的方式，对孩子一直保持着细致入微的关注。在大毛结束中考之后，钟扬转发了老师寄语"钟同学"的一段话——

在最后的冲刺阶段，每个工作日的晚上，老师都给他加班上课，每次看到他学累了，趴在办公桌上睡着了，我都不忍心喊醒他，当时被他的这份努力暗暗感动。

希望钟同学能够继续加油，三年以后进入自己梦想中的大学，实现自己人生中的下一段超越。只要愿意奋斗，什么时候都不算晚！

2006 年 2 月，大毛（右）和小毛在日本

2015年那次病倒，让钟扬第一次体会到人生的无助，他的内心掠过一阵悲凉；在那个情感最脆弱的时候，他的记忆在回放见到小毛的那个湿润的午后，似乎每一个雨点都那么清晰地滴落在心头。一个父亲对儿子的真实情感，此刻尽情地流淌在他的笔下，那是平时难以流露的慈爱情怀——

> 小毛没有像我一样15岁离开父母，而是12岁不到，就离开了我们去过集体生活。作为学校西藏班唯一的汉族学生，他所遭受的文化冲击，肯定不比我们当年去美国时来得小。我相信有一天，他和哥哥能在不同的人生道路上做得比我强。

> 在这个浑浑噩噩的夜晚，我仿佛又看见小毛拎着凉皮穿过街道的瘦弱身影。据说那夜，小毛打了一夜电话，也没有听见我的声音。他无法想象，5个小时以前见过的父亲，已经到了一个陌生的医院，当了一个他出生以来就没见过的病人。他也许不得不开始走自己的人生道路了。想到这儿，泪水禁不住浮上了我的眼眶。

关于钟扬对孩子是否尽责的问题，他在复旦大学研究生院的同事姜友芬有非常独到的看法——

> 以往我们看到社会上被塑造的一些典型，在这方面是有一些缺失的。我们要倡导的不应该是这种形象，比如说将所有的时间全扑在工作上，或许称之为"春蚕到死丝方尽"。对我们整个社会价值观的导向来说，这其实不是最健康的。

钟扬（右一）、张晓艳（左一）与双方父母合影

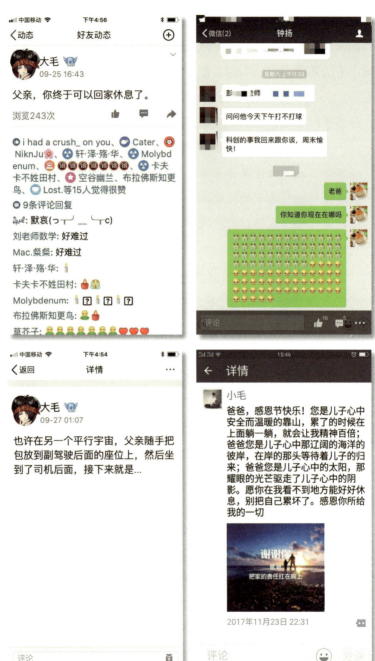

大毛、小毛给钟扬的留言

　　在对小孩的教育和成长方向的思考上，钟院长不是完全置家庭于不顾的那种人。对他来说，毕竟时间和精力是有限的，肯定对家庭和生活有顾及不到的地方，但他内心还是挂念着孩子的教育和成长，也实实在在地把握着正确的方向。如果有一天孩子离开家长，有没有独立生存的能力，这不仅仅是家长的个人意愿，也是社会责任。孩子的成长需要父母陪伴，更需要正确价值观的引导。

背包的故事

　　按照习俗，钟扬生前的用品应该烧掉，但他经常背的一个双肩包被张晓艳留了下来。熟悉钟扬的人都知道，他平时出差或者在西藏野外科考，都会背着这个双肩包，他称之为"流动的家"。这个包很重。钟扬的学生顾卓雅说，女生要两个人才能把他的包拎起来。钟扬的包总是装得满满的，成了一个圆形。

　　张晓艳打开钟扬的背包给我看，里面装着换洗衣服、洗漱用品、水杯，还有很多学生论文，以及各种文件、翻译书稿、正在撰写的各种公函和报告。他会随时拿出来修改。钟扬经常出差，很多工作都是利用碎片时间完成的。包里有信纸、笔、信封、文件袋，还有一份最近的报纸；有一双一次性筷子，张晓艳说，这是钟扬经常吃方便面用的；还有一点零食，这是野外工作者的习惯，因为经常无法及时吃饭，或者找不到食物，必须有准备。

　　钟扬的双肩包里有一件很重要的物品，可以说是钟扬最重要的东西——笔记本电脑。他不管走到哪里，都随时拿出来工作，

钟扬的双肩包

包括收发邮件。无论在车上，在机场候机厅，在飞机上，还是在住地，他随时用这个电脑工作。张晓艳说："这个电脑已经很旧了，用了很多年。他一直说要换一个，但是没舍得换。"电脑装在一个袋子里，可表面还是有很多划痕，恐怕是长期野外工作留下的痕迹。

双肩包里还有一样东西，是他每天要吃的药，有降血压的，有降血糖和降尿酸的，等等。这些药装在一个个长方形的小塑料盒里，每个盒子分三个格，上面分别写着"早上""中午""晚上"。也就是说，钟扬事先要把很多药分类放到每个小格子里，随时可以取出来吃。这个双肩包是他工作状态的缩影，可以说是他的"流动办公室"。

2013 年，钟扬在西藏

关于生命观

钟扬是非凡之人。他的人生观一直给我以强烈的震撼。他在一次科普讲座中说："我们现在确认，有功能的人类基因 3 万多个、估计可能有功能的 5 万多个。人类基因和小鼠基因对比，大概 80% 是相同的，人似乎真的没有什么尊严了；然而，人类基因与黑猩猩的基因更相像。在哲学意义上，我们何以为人？还好，我们与黑猩猩的微小差异几乎全部在大脑上——人之所以能够统治世界，用的是脑子。"

在西藏工作 16 年，对钟扬的生命观产生了很深的影响。他说："如果有人问我：'你死了以后怎么办？'我回答不出来，我不知道死了之后怎么办。死后的问题，这是哲学话题，而且是哲学中的高级话题。我们的课堂上不研究这些问题，但总有人研究。藏族相信转世，转世还有渠道。我不相信转世，尽管我也想试试。"

生物学到底学什么？钟扬回答："从生物学角度看这个世界，所有的生命其实都是平等的，无论植物、动物还是微生物，都有自己的生命周期；从进化的角度讲，看上去比人低等的生物，它在进化上可能具有更重要的作用。比如鸭嘴兽，到底是爬行类还是哺乳类？其实是两者之间的过渡类群，它可能处在爬行类和哺乳类共同祖先的位置；在进化生物学角度上，它可能比人的进化作用更重要。这个世界万事万物，只要有生命的地方，都有存在的意义和价值，并不比人作为一个物种来得少，所以，所有的生命都值得尊重。"

2017 年 12 月，钟扬传记影片《种子》摄制组在西藏采访，右起：钟扬的博士生扎西次仁、西藏话剧团化装造型师扎永、导演刘深、西藏话剧团一级演员德吉卓嘎、西藏高原生物研究所研究员央金卓嘎

科学版"阳光灿烂的日子"

钟扬多次提到《十万个为什么》对他的童年和少年时代产生的影响，他曾经说过："我的童年是伴随着一套残缺不全的《十万个为什么》长大的，所以我相信，科学能深入儿童的心灵。"通过这个细节可以解读，他热衷于科普与他的心结和经历密切相关。我年长钟扬几岁，深知20世纪六七十年代的时代背景在他的成长中留下的深深划痕。

我是在中国科学院金属研究所和林业土壤研究所（现中国科学院沈阳应用生态研究所）的大院里长大的，上小学那年，因为"文化大革命"爆发而停课了，整天在大院里的植物园中疯跑。从春天到秋天，那里是最佳的游戏场所，尤其对于男孩子来说。然而，再怎么淘气，我从来没有摘过挂在树上那些写着拉丁文名字的小木牌，觉得它们是很神圣的东西，不能碰。我记得，还和小伙伴辩论过拉丁文是不是英文。

那个年代有一句著名的励志口号，叫作"要做山巅松柏，不做温室花朵。"现在想起来，这很可能是植物学专业的高校红卫兵最先提出来的。记得小时候，因为这句话还和同学争吵过——他们说对呀，温室里种花太可笑了，经不起风吹雨打，没有自然的芬芳，没文化的农民都懂这个道理；我反驳说，他们不懂科学，温室里种花，那是科学实验。说到这里，再往下，我也不会说了，辩论最后以我的失败告终。事实上，"文化大革命"时期，我们大院里的玻璃房温室已经没有一块完整的玻璃了，应该都是淘气的孩子用弹弓和石块打碎的，室内也只剩下残破的花盆和一片狼藉。

我的童年可怜的植物学知识还有一个来源，那就是如雷贯耳的米丘林①。按照我当时的理解,他是一个非常出名的"果农"。米丘林因为得到列宁和斯大林的推崇,一度成为苏联唯一的植物学家;而受到批判的对立面,则是孟德尔、摩尔根代表的西方学派。

在20世纪50年代前后,苏联和中国反对米丘林学说的植物学家都受到了严重的政治迫害。很多年之后,我才搞明白,米丘林认为,人们通过改变条件,可以创造出生物体中本没有的遗传性状;而孟德尔的理论则认为,遗传性状是由基因决定的,不能人为地改变。简单地说,米丘林学说强调人的作用,而孟德尔不承认人的作用,这就是米丘林和孟德尔的区别。在苏联,米丘林因为政治优势变成了学术偶像。

和钟扬一样,我在少年时代也是看《十万个为什么》长大的,书中的很多实验都照着做过。我们几个要好的小伙伴,都自己组装过那种最简单的矿石收音机甚至晶体管收音机。那时候,一套《十万个为什么》已经被翻烂了,还是传着看。尽管我们小时候的科普知识是那么可怜,但相比绝大多数同龄的孩子,我们在研究所大院里的生活堪称科学版"阳光灿烂的日子"。

许多年之后,我才明白,"不做温室里的花朵,要到大风大浪中锻炼成长",这句话很明显地"偷换概念",是一个不可饶恕的逻辑错误,既是对植物学认知的伤害,也是政治对科普的伤害。我们的少年心智就是在如此反科学的年代被塑造的。我相信

---

① 伊万·弗拉基米洛维奇·米丘林(Иван Владимирович Мичурин, Ivan Vladimirovich Michurin),苏联卓越的园艺学家、植物育种学家、米丘林学说的创始人,自20岁起从事植物育种工作达60年之久,提出关于动摇遗传性、定向培育、远缘杂交、无性杂交和驯化等改变植物遗传性的原则及方法,培育出300多个果树和浆果植物新品种,是苏联科学院名誉院士和苏联农业科学院院士,著有《工作原理和方法》《六十年工作总结》等。

直到现在，很少有人真正见过温室里的花朵。

　　有感于此，我知道那个年代长大的知识分子家庭的孩子，都和钟扬一样，曾经有过对科学的强烈好奇与渴望。那是以"长大要当科学家"为主流价值观的梦想年代，正如钟扬在一次科普讲座中所说："如今，我也成了《十万个为什么》的作者。"他那种自豪、那种心境，是当今的孩子难以理解，而且不会珍惜的。现

1979年，刚刚入学的中国科学技术大学少年班第三期湖北籍同学合影，
前排左起：王冀洪、钟扬、郝权；后排左起：邓悠平、洪涛、黄茂芳

在的孩子可以随意买到或者在网上看到那套书，但设想一下，就算是当今的科学工作者，有多少人会把《十万个为什么》作为生日礼物送给孩子呢？

我也深深理解钟扬所说——"青少年科普是一种令人愉悦但费时费力的工作，对科学家本身其实也是一种挑战，绝非'没有时间'和'不感兴趣'那么简单。"值得庆幸的是，确实有像钟扬一样的科学家知道科普的价值和意义，并且为此付出了巨大的努力。每当看到这种情景，我仿佛能看到他们童年的影子。

用生命工作

钟扬说："人生没有绝对，不必等到临终才回首。只要把每个年龄段该干的事都干了，就不负你的人生。珍惜现有的环境和当下的体验，不把自我发展寄托于别人，不论终点落于何处，都能有精彩的收获。"

钟扬无数次描述过西藏的特殊生态环境——海拔越高，植物生长就越艰难；越艰难的地方，植物的生命力就越顽强。他把自己比作裸子植物，像松柏。在极端环境下生长的植物才有韧性，尽管生长得慢，却刚直虬劲。

没有在西藏野外生活过的人，恐怕无法理解钟扬的话，也无法理解"生存"这两个字的含义。从藏北高原到藏南谷地，从阿里无人区到雅鲁藏布江边，低温、低氧、低压、自然灾害、山路塌方、各种高原反应……每时每刻都可能发生。钟扬团队的足迹常常会相差数千米海拔高度，在这样的落差之下，距离就意味着生死之间的界限，这是用生命在工作。

因此，你必须理解钟扬与很多同事和学生的关系，除了工作交集，还有风雨同舟、生死与共的情感连接着。如果你无法想象这样的生活，没有体验过这样的经历，就无法理解藏族学生对钟扬那种至亲至爱的感情，是在怎样的环境和背景下形成的。

王宇翔说："你表面上看到的钟扬，是一个博物学家——专业的博物、生活的博物；但是，你看不到他在西藏的事业价值在哪里、利益在哪里，你看不到他太多的潜心隐忍。你看到的他是一个 super energetic，一个特别有能量的科学狂人；但是你看不到他付出了什么，又舍弃了什么。"

关于灵魂

作为钟扬传记影片的导演和本书作者，半年多来，我一直沉浸在理性与情感复杂交错的思维方式中。钟扬人生中经历的那些重要节点，渐渐形成一条清晰的曲线，如波澜起伏，如山峦叠嶂，很多瞬间的感受让我非常怅惘和悲伤。

2017 年 11 月，我和美国摄影师 Ama MacDonald 到武汉采访钟扬的父母。见到钟爸爸和钟妈妈那一瞬间，我忽然明白了钟扬那善良的心、那豁达的情怀来自何处。同这两位老人相处了两天，我们一起吃饭，一起聊天，一起翻看老照片，一直刻意回避伤心的话题。我小心翼翼地选择词语，不敢触碰两位老人内心的丧子之痛。然而，钟妈妈说了一句话："我们就当是给国家生了一个儿子。"那个时刻，我看到了老人的心，看到了他们的大义情怀。

钟爸爸和钟妈妈把我们当成自己的孩子，让我们退掉预订的酒店，就住在家里。我睡的那张床，就是他们家已经用了半个多世纪的绷子床；那个房间，就是钟扬回家时住的房间。我的父母在前些年先后离去，我对于父母和孩子之间的血脉之缘有痛彻心

扉的感受。

　　我面前的这两位老人失去了儿子，大毛和小毛失去了父亲，张晓艳老师失去了丈夫，人之哀痛，莫过于此吧！我曾经想过，如果说人的一生中必须经历磨难的话，像大毛、小毛这样未成年的孩子，能不能不以参加父亲葬礼的方式成长？这是多么残酷和不近人情啊！

　　钟美鸣先生满怀悲恸地写下一首《哭扬儿》，现抄录如下：

　　　　噩耗惊传如霹雷，

　　　　昏天黑地草木悲；

　　　　别妻离子辞父母，

　　　　因公牺牲大西北。

　　　　壮志未酬心不甘，

　　　　儿乘蛟龙飞九天；

2017 年 11 月，钟扬的父亲钟美鸣、母亲王彩燕在武汉家中，翻看钟扬小时候的照片

白发人送黑发人，

来生全家再团圆。

钟扬的表姐夫、中国音乐家协会会员、《中小学音乐报》原副总编辑林绿琪先生说："钟扬是独生子，他的英年早逝给我们整个家族带来了无法弥补的残缺和遗憾，也让人感叹生命的脆弱和无情。我们活着的亲友只能被迫接受这残酷的现实。钟扬离去之后，我含着眼泪收集、整理了 200 多万字的相关资料和照片，协助多家媒体和出版社传播钟扬的事迹。我多次去武汉，代表所有亲友探望年迈的舅舅、舅母。在未来的日子里，我唯有接替钟扬，多对两位老人尽一份孝心，多关心表弟媳和她的父母，多关心表侄大毛、小毛的学习和成长。我会将这些珍贵的资料精心编辑成册，作为传家宝永远流传下去，让晚辈和后代们不要忘记，我们家族曾经出了这样一位有情怀、有梦想、对国家和人类有贡献的科学家。"

钟扬指导的第一个藏族博士扎西次仁，把恩师的一部分骨灰带回了西藏，按照当地习俗，一部分做成"擦擦"（佛塔），安放在寺庙周围，另一部分则撒入雅鲁藏布江。扎西次仁先生带钟扬传记影片《种子》摄制组成员，来到拉萨市曲水县曲水大桥边祭奠钟扬。江水流过曲水县、乃东县、加查县、墨脱县，都是钟扬生前野外采样时到过的地方。

扎西次仁回忆钟扬

生命的远山

在 2016 年召开的全国植物生物学大会上，钟扬作了在西藏发现拟南芥的专题报告。2017 年，大会再度召开，钟扬却永远离去了。大会专门把植物基因组与系统演化分会，作为钟扬纪念专场。

2017 年 12 月，钟扬和他的众多学术伙伴、学生们关于西藏拟南芥的合作研究论文，发表在 *Science Bulletin* 杂志上，题目是《在西藏发现具有元祖世系的高海拔拟南芥生态型》。此时，钟扬已经不能分享这一成果。

2018 年 2 月，钟扬生前的合作者、挚友陈凡研究员，James C. Crabbe 教授等人，联名在学术杂志 *Protein and Cell* 上发表纪念文章，总结了钟扬一生在科研、教育和培养西藏学术人才等方面的杰出贡献，高度评价他是科学事业的探险家、一个永远充满着激情的梦想家。

北京大学教授顾红雅，中国科技大学教授向成斌，中科院遗传与发育生物学研究所研究员陈凡、左建儒，河南大学教授宋纯鹏，中山大学教授施苏华，复旦大学教授卢宝荣等植物学界知名学者联合倡议，弘扬热爱祖国、热爱科学、教书育人、忘我工作、献身边疆的"钟扬精神"。

钟扬在不幸殉职前一个月，2017 年 8 月 25 日，还在上海科技馆的科普讲坛上，为陈家宽教授主持讲座，这也是他们最后一次合作。钟扬去世后，陈家宽教授写了这样两句诗——"此君本是天上人，闲时人间走一回。"

赵国屏院士曾与钟扬并肩同非典作战，他为钟扬撰写了挽联：

演讲传真知，谈笑间天宽地阔深入浅出，大智慧；
挚友何日论旧文？

播种育伟业，征途上山高水急千辛万苦，硬汉子；
后人谁敢续新篇！

曹则贤说："钟扬对西藏的热爱以及在西藏的坚持，感召了很多人和他一起投身科学事业。一些伟大的事业，可能需要很多人共同努力，但最伟大的思想一定来自某个单一的头脑，通过产生思想的方式对社会作出贡献。"

　　包信和院士说："钟扬说过这样一句话——现在的人走得太快了，是不是能够等一等你的灵魂。"钟扬给这个世界留下了一个行色匆匆、风尘仆仆的身影，却经常感慨很多人走得太快，以至于灵魂跟不上步伐。其实，这种情景对钟扬来说并不矛盾。每个人拥有的时间是平等的，只不过，钟扬过滤和屏蔽了很多私心杂念的烦恼，而浑浑噩噩、无所事事的日子正消耗着很多人的大好时光。

　　钟扬正是不同时间观念上分秒必争的人，在步履匆忙的路上，始终与自己的灵魂同行。也许是因为他一踏上这条追梦之路，就已经与自己的灵魂恳谈过，不以物喜，不以己悲，一起追逐真理的远山，以"无用"为大用。这就是钟扬的格局，这就是他志存高远的心境。

　　钟扬生前最后的译著——《延续生命：生物多样性与人类健康》中，钟扬用"索顿"这个藏族名字作为团队第一作者的署名。也许这意味着，他的生命中已经淡出了个人功名；也许在冥冥之中，"索朗顿珠"代表着他在青藏高原上一个新的灵魂，完美涵盖了一个天地之间的梦想者。

钟扬在野外

感激的话

  本书的写作得到了钟扬教授的亲友，他生前各位老师、同事、同学、学术合作者、学生，众多各界人士，以及他生前所在工作单位、合作单位的大力支持、鼓励和帮助。他们不厌其烦地给予专业知识指导，无私提供大量的第一手资料和图片，饱含着他们对钟扬教授的深深敬意。我深知，是钟扬教授的科学精神和人格力量让我们有缘相识、相知，共同完成这部传记作品。因而，本书中写到或没有写到的各位人士，在此权作我最诚挚的致谢名单，他们都是钟扬教授生前至亲至爱的人。因为我的个人能力有限以及时间匆忙，本书一定遗漏了很多重要的信息，存在很多错讹之处，我希望今后会有机会改正并敬请原谅！

  在此，特别致谢钟扬教授的父母——钟美鸣先生和王彩燕女士，感谢钟扬教授的妻子张晓艳教授，特别致谢复旦大学、中国科学技术大学、中国科学院武汉植物园、西藏大学、上海大学上海电影学院、湖北黄冈中学、"科学家在线"；特别致谢中共上海市委宣传部、中共上海市教育卫生工作委员会、上海东方传媒集团有限公司，感谢钟扬传记影片《种子》摄制团队的全体同事，感谢资深媒体人邱曙东先生和我的两位助手苏润菁、刘莉，为本书写作付出的心血；感谢西藏自治区林芝市摄影家普布多吉、格桑、曲尼多吉、扎西洛布、次仁尼玛先生，为本书提供了篇章页图片。

  谨以本书向钟扬教授致敬！

刘深

2018 年 6 月 16 日夜于上海

2018 年 8 月 18 日定稿于深圳

附　录

钟扬大事年表

1964 年，出生

5 月 2 日，出生于湖北省黄冈县黄州。取名钟扬，乳名扬子。
父亲钟美鸣，生于 1937 年 1 月；母亲王彩燕，生于 1937 年 2 月。

1967 年，3 岁

9 月，进入湖北省黄冈地区第一幼儿园。

1970 年，6 岁

初春，进入黄州八一小学读书。

1971 年，7 岁

1 月，第一次随父母回到祖籍地湖南省新宁县丰田乡故里坪村。

1975 年，11 岁

9 月，进入湖北省黄冈中学初中部学习。

1978 年，14 岁

4 月，在黄冈中学读初三时，加入中国共产主义青年团，介绍人唐英；担任团支部宣传委员。

6 月，获黄冈中学初三数学竞赛第一名。

9 月，考入黄冈中学高中部，进入为提前参加高考组建的高一（2）班。

1979 年，15 岁

1 月，祖母陈金丝去世，随父母回湖南祖籍地。

高考季，报考中国科学技术大学少年班。

9 月，进入中国科学技术大学少年班，为少年班第三期学生。

1981 年，17 岁

4 月，任中国科学技术大学团委委员。

1982 年，18 岁

从少年班转到六系（无线电电子学系）"7961"班，进入信息处理专业学习。

1983 年，19 岁

兼任"7961"班团支部副书记。

1984 年，20 岁

7 月 7 日，从中国科学技术大学毕业，获工学学士学位。

8 月，进入中国科学院武汉植物研究所工作，任实习研究员。

11 月，担任中国科学院武汉植物研究所团总支宣传委员。

1987 年，23 岁

加入湖北省暨武汉市植物学会、中国植物学会。

12 月 30 日，在中国科学院武汉植物研究所破格获得助理研究员职称。

1988 年，24 岁

3 月 25 日，与张晓艳在武汉登记结婚。

7 月，赴日本京都出席国际植物物种生物学家组织的学术会议，第一次出国。

1990 年，26 岁

4 月 26 日，递交入党申请书。

9 月，赴苏联科学院遗传研究所访问。

1991 年，27 岁

6 月，加入中国共产党。

秋，到武汉附近的斧头湖，作水生植物野外调查。

1992 年，28 岁

1 月，在中国科学院武汉植物研究所获副研究员职称。

同月，接受时任美国密歇根州立大学标本馆主任约翰·比曼的邀请，初次赴美国做访问学者。

11 月，在密歇根州立大学任 1992—1993 届中国留学生联谊会干事，参与编辑《MSU 中国学生学者联谊会通讯录》(英文版)；同时，负责编辑密歇根州立大学中国留学生月刊《密友》。

1993 年，29 岁

10 月，参与完成美国国家科学基金会的资助课题"等级分类学数据库设计"，婉拒美国导师挽留，回到中国科学院武汉植物研究所。

1994 年，30 岁

2 月，任中国科学院武汉植物研究所植物园主任，着手武汉植物园的对外开放与科普教育工作。

6 月，赴印度尼西亚参加亚洲植物园会议。

同年，创建计算生物学青年实验室，并担任主任。这是中国科学院武汉分院第一个青年实验室，共有 5 名研究人员和 3 名硕士研究生，平均年龄 30 岁。

1995 年，31 岁

5 月，赴美国加州大学伯克利分校、密歇根州立大学任高级访问学者。

1996 年，32 岁

12 月 26 日，由中国科学院武汉分院正高级专业技术职务评审委员会特批研究员职务任职资格。中国科学院武汉植物研究所所长办公会议研究决定，聘任钟扬为研究员，聘期从 1996 年 9 月至 2000 年 9 月。

1997 年，33 岁

7 月 30 日，担任中国科学院武汉植物研究所副所长（副局级）。

8 月 1 日，应美国密歇根州立大学计算机科学系 Sakti Pramanik 教授邀请，赴该校访问。

1998 年，34 岁

7 月 8 日，应邀出席纪念中国科学院武汉分院成立 40 周年暨邓小平批示恢复武汉分院建制 20 周年座谈会。

9 月 19 日，参加庆祝中国科学技术大学建校 40 周年"所系结合、办好科大"座谈会。

9 月 20 日，应邀出席中国科学技术大学建校 40 周年庆祝大会。

9 月，参加中国科学技术大学少年班创办 20 周年座谈会。

同月，参加中国科学院第 11 期所级干部上岗培训班学习。

2000 年，36 岁

5 月，由陈家宽引荐到复旦大学工作，担任生命科学学院教授。

12 月，进入复旦大学后首次出访，访问加拿大女王大学。

2001 年，37 岁

3 月，担任复旦大学生物多样性科学研究所副所长。

4月，被复旦大学学位评定委员会批准为生物学一级学科植物学专业博士生导师。

8月17日，组建6人小组，与西藏自治区高原生物研究所合作，第一次前往青藏高原进行野外考察，为期10天。此后，每年都赴西藏进行野外科考工作。

12月27日，"上海科技馆工程建设与研究"项目获上海市科学技术进步奖一等奖，复旦大学为第五完成单位，钟扬主持完成上海科技馆英文图文版。

2002年，38岁

9月9日，双胞胎儿子钟云杉和钟云实出生，这两个名字分别对应一种裸子植物和一种被子植物。

2003年，39岁

1月，与中山大学施苏华、日本国立综合研究大学院大学长谷川政美等人第一次赴海南岛实地考察红树林。

同月，担任上海市复旦中学创新素养培育实验项目导师。

3月，与施苏华、长谷川政美、曹缨、足立淳、任文伟等人，考察日本冲绳岛、石垣岛和西表岛等地的红树林。

6月，担任复旦大学生命科学学院常务副院长。

7月，与西藏大学琼仁次副教授合作的"西藏大花红景天的居群分布、化学成分变化及地理信息系统研究"项目，申报国家自然科学基金成功，为西藏大学第一个国家自然科学基金项目。

是年至2004年，参与由中国科学院上海生命科学院副院长赵国屏领导、国内外数十家单位加盟的非典冠状病毒分子进化分析工作。

2004 年，40 岁

10 月 5 日，参加湖北省黄冈中学百年校庆校友报告会。

2005 年，41 岁

7 月，启动"西藏巨柏的居群遗传结构、化学成分变异及保护生物学研究"项目，得到国家自然科学基金 20 万元资助，于 2008 年 12 月完成。

12 月，从日本国立综合研究大学院大学毕业。

2006 年，42 岁

1 月，参与《上海中长期科学和技术发展规划纲要（2006—2020)》编制工作。

3 月，获得日本国立综合研究大学院大学颁发的论文博士（理学）学位证书。

10 月 27—29 日，在中国台湾台北参加 2006 年国际医学资讯研讨会暨亚太区医学资讯研讨会，获大会感谢状。

是年至 2009 年，作为科研项目负责人之一，参与中国科学院院士陈竺领衔的日本血吸虫全基因组分析工作。

2007 年，43 岁

3 月，担任第十届"挑战杯"全国大学生课外学术科技作品竞赛复旦大学校内选拔赛特邀评委。

6 月，指导扎西次仁主持的"青藏高原藏药原植物种质资源库的构建"项目，得到上海市农业生物基因中心 25 万元经费资助，于 2013 年 1 月完成。

10 月底，第三次向上海市科委申报种植红树林课题，获得批准。钟扬课题组从海南岛、珠海等地购买了 10 种真红树苗和

半红树苗 1.2 万株，种植在上海临港一块荒凉的滩涂上。

2008 年，44 岁

1 月，启动"青藏高原特殊生境下野生植物种质资源的调查与保存"项目，得到 175 万元经费资助，钟扬为主要参与者，于 2013 年 12 月完成。

指导的博士生扎西次仁从复旦大学毕业，成为西藏第一个植物学博士。

2009 年，45 岁

7 月下旬，赴日本参加国际学术研讨会。

8 月，在苏州参加中国科学技术大学校友苏州创业投资研讨会，与"796"班同学聚会。

2010 年，46 岁

5 月 11 日—10 月 31 日，钟扬团队为第 41 届世界博览会英国馆"种子殿堂"提供种子。

7 月 21 日，湖南省邵阳市政府任命"开发邵阳、建设家乡"专家顾问委员会上海专家顾问组成员，钟扬为特邀顾问。

8 月 23 日，第 15 届国际光合作用大会在北京友谊宾馆开幕，主题为"光合作用研究——粮食、能源和未来"。钟扬应邀担任大会系统生物学分会主席。国际光合作用大会每 3 年举办一次，这是首次在中国举行。

冬，又一次到日本文部科学省统计数理研究所做访问教授。

2011 年，47 岁

1 月，与西藏大学理学院党委书记徐宝慧一起去武汉大学谈对口援助工作。

8月，徒步到西藏海拔6000多米的地方，寻找文献记载的生长海拔最高的植物——鼠麹雪兔子。

10月2日，在西藏海拔4196米处采集到高山蛙，后将制作的高山蛙标本提供给上海自然博物馆。

10月，与扎西次仁一起在西藏亚东县采集种子。

12月，为上海自然博物馆采集到青藏高原的温泉蛇，并制成标本，于次年4月运抵上海。

2012年，48岁

1月，领衔的"青藏高原极端环境下的植物基因组变异及适应性进化机制研究"，获国家自然科学基金委员会"微进化重大研究计划"立项资助，资助金额为280万元。这是西藏自治区首个国家自然科学基金委员会重大研究计划项目。

同月，参加国家科技支撑计划项目"区域人口健康大型队列关键技术示范研究"，于2014年12月完成。

4月，通过钟扬的努力，上海自然博物馆又成功征集到8个高山蛙标本。这些标本，为青藏高原的形成和隆起学说提供了物证。

9月底，任复旦大学研究生院院长。

12月17日，教育部公布2012年度"创新团队发展计划"入选名单。钟扬作为学科带头人的西藏大学"青藏高原的生物多样性与分子进化"创新团队入选，获得经费300万元。

12月24—25日，在钟扬积极推动下，西藏大学党委书记房灵敏一行7人访问复旦大学，并与复旦大学研究生院负责同志举行研究生教育交流座谈会。

2013 年，49 岁

1 月 8 日，出席复旦大学专业学位研究生实践基地授牌仪式并致辞。

5 月 1—6 日，钟扬倡导并资助的西藏大学师生代表团一行 40 余人，在西藏大学副校长娄源冰带领下访问复旦大学。

5 月，倡导立项的首批"FIST"（Fudan Intensive and Summer Teaching，即暑期集中式授课）44 门课程正式开课，旨在建设一批高质量研究生开放课程。

5 月，上海市教卫工作党委、上海市教委组织摄制组，远赴西藏实地拍摄钟扬团队的纪录片《播种未来》。

6 月 19 日，西藏大学收到国务院学位委员会关于批准西藏大学成为博士学位授予单位的文件，民族学、中国语言文学、生态学三个一级学科获批博士学位授权点。这是西藏自治区首批博士点，生态学博士点由钟扬主持。

8 月，钟扬团队首次发现高海拔（海拔 4000 米以上）拟南芥群体，并在全基因组测序（序列号 SRP052218）基础上检测了功能基因的适应性进化，表明西藏拟南芥为目前世界上所发现野生拟南芥的基部（原始）群体。

9 月 6 日，在复旦大学 2013 级 MBA 新生开学典礼上，为 500 多名新生寄语。

9 月 17 日，复旦大学举行劳模创新工作室命名创建仪式暨 30 年教龄颁证仪式，"钟扬青藏高原生物学研究工作室"入选。

10 月，承担上海自然博物馆（上海科技馆分馆）展示工程图文系统文字撰写项目。

11 月 18—22 日，受国家民族事务委员会委托，复旦大学研究生院承办第 3 期国家民委中青年专业技术骨干创新能力建设研修班，钟扬为此次活动的组织者和 8 位授课专家之一。

2014 年，50 岁

4 月 28 日，带领复旦大学研究生院全体工作人员赴东方航空公司客服中心和培训中心参观、学习，提高服务质量和工作水平。

4 月，聘请来自全国各高校、科研院所和研究生教育主管部门的 36 位研究生教育专家及导师，对复旦大学 12 个院系的研究生教育进行问题驱动型质量大检查。

5 月 2 日，在上海自然博物馆加班时度过 50 岁生日，讨论地质古生物部分的图文写作。

6 月 9 日，复旦大学研究生服务中心成立，秉承专业化、人性化、规范化的理念，力争为广大师生、校友及其家属提供高效、便捷、优质的服务，是复旦大学研究生管理体制改革的一大创举。

8 月 6 日，出席在贵州贵阳召开的中国植物生理与植物分子生物学学会第 11 届理事会，出任理事，并担任该届理事会西部合作工作委员会委员。

11 月 15 日，参加湖北省黄冈中学上海校友会换届选举大会，强调回报母校。

2015 年，51 岁

1 月 26 日，复旦大学研究生服务中心论文写作服务分中心成立，旨在采取多种形式，更好地为全校研究生提供论文写作指导服务。

3 月 10 日，出席复旦大学新学期研究生教育工作会议并讲话。

4 月 23—24 日，全力推动的首期 Nature Master Class 高阶科技论文写作培训班在复旦大学举办，22 名高年级博士生和中青

年教师参加培训。

5月2日，在上海突发脑溢血，住进第二军医大学长海医院。

5月6日，在第二军医大学长海医院ICU病房致信中共中央和习近平主席。

5月，在西藏大学指导的第一批生物学专业研究生毕业。

9月21日，作为项目专家组成员，参加国家重大科学研究计划"代谢生理活动与病理过程中信号转导网络的系统生物学研究"项目课题结题验收会议。

10月22日，参加复旦大学研究生院敬老节活动，与退休人员座谈。

10月30日，在复旦大学出席C9高校研究生招生和学位工作研讨会，并致欢迎辞。

10月，《博学文库》（第一辑）由复旦大学出版社出版，钟扬作《总序》。

2016年，52岁

1月21—25日，在复旦大学召开高原生态环境保护与人群健康学科领域建设方案研讨论证会。

4月26日，中共中央总书记、国家主席、中央军委主席习近平考察中国科学技术大学。钟扬应邀回到母校，受到习近平接见。

4月27日，出席复旦大学研究生委员会提案答复会并答复相关提案。

6月27日，患脑溢血后第一次进藏，商讨西藏大学农牧学院独立后，博士点的去留问题。

7月1日，西藏大学召开援藏干部人才欢迎会，欢迎中共中央组织部、教育部第八批援藏干部人才到校开展支援工作。钟扬作为第七批援藏干部延任第八批援藏干部，介绍在西藏工作的经验和体会。

10月11日，教育部公布2016年度"创新团队发展计划"滚动支持名单。钟扬作为学科带头人的西藏大学"青藏高原的生物多样性与分子进化"创新团队入选，获得经费300万元。

2017年，53岁

3月14日，在广东东莞召开的全市创新发展大会上，代表复旦大学与东莞市政府签署共建研究生实践基地意向书。

3月，指导上海市实验学校"学与做"科学社社长朱薪宇撰写的论文《西藏拟南芥适应能力分析》，获得第32届上海市青少年科技创新大赛二等奖。

5月5日早6点，从拉萨出发赶往墨脱，进行野外科学考察，并专门探望背崩乡小学师生。

5月27日，在深圳为中学生举办题为《生物学实验批判性思维》的讲座，并与中国科技大学少年班班主任朱源，少年班同学郝权、冯珑珑重逢。

6月23日，主持复旦大学2017届研究生毕业典礼暨学位授予仪式。藏族博士毕业生德吉向导师钟扬敬献哈达。

8月初，与学生扎西次仁最后一次见面，约定参加西藏种质资源库在9月30日举行的落成仪式，并为团队讲课。

8月7日傍晚至深夜，与上海大学上海电影学院执行院长何小青、摄影系副教授敖国兴、刘深导演等人，在上海大学宝山校区商讨拍摄西藏采集种子题材的纪录片。

暑假，带领上海市实验学校"学与做"科学社社长朱薪宇等中学生，前往西藏林芝、墨脱等地学习考察。

8月31日，在上海浦东新区，为中国西南野生生物种质资

源库采集最后一份种子。

9月5日，最后一次为西藏大学学生讲课，并和研究生讨论到深夜。

9月6日早晨，和同事商议博士点建设事宜；中午，从拉萨乘飞机返回上海。这是钟扬最后一次到西藏。

9月9日下午，在复旦大学接待西藏大学教师，指导中国语言文学博士点评估材料的修订工作。这天是钟扬双胞胎儿子的15岁生日。

9月19日，参加上海市教卫直属机关青年工作委员会首场报告会，所作报告题为《高原教育实践和感悟》。

9月21日，是钟扬在复旦大学工作的最后一天。教育部、财政部、国家发改委公布世界一流大学和一流学科建设高校及建设学科名单。西藏大学的生态学专业入选一流学科，这也是整个西藏地区唯一入选的"双一流"学科。

同日中午，在复旦大学研究生院院长办公室，与研究生院副院长杨长江、学位办主任姜友芬讨论复旦大学学位委员会换届事宜。

下午，和同事开会，分享西藏大学生态学专业入选"双一流"名单的好消息。

晚上，从上海飞赴北京，参加国家自然科学基金委员会项目评审。

9月23日，乘机抵达内蒙古鄂尔多斯市的城川民族干部学院，开展少数民族地区领导干部教育培训工作。

9月24日晚23时56分，在复旦大学研究生院"院长办公会"微信群讨论上党课事宜。

9月25日凌晨，乘车赶往宁夏银川机场。在经过内蒙古鄂尔多斯市鄂托克前旗途中，所乘汽车与停在路边的铲车猛烈相撞，不幸因公殉职，年仅 53 岁。

9 月 29 日，钟扬遗体告别仪式在宁夏银川殡仪馆举行。

（钟扬大事年表参考了《钟扬纪念文选》复旦大学出版社 2018 年版相关内容，特此致谢）

附录：钟扬所著
论文、学术著作
及译著

附录：钟扬参加的
主要讲座、会议

附录：钟扬所获
主要荣誉、奖励

附录：钟扬主要
学术兼职

附录：媒体关于
钟扬的报道

视频索引

出　　品：图典分社

策划编辑：侯　春

责任编辑：侯　春

封扉设计：汪　莹

版式设计：严淑芬

责任校对：吴容华　苏小昭

责任印制：孙亚澎

融媒体制作：詹学鹏

图书在版编目（CIP）数据

人民科学家钟扬／刘深 著 ．—北京：人民出版社，2018.9

ISBN 978－7－01－019587－2

I.①人… 　II.①刘… 　III.①钟扬（1964—2017）－传记 　IV.① K826.15

中国版本图书馆 CIP 数据核字（2018）第 168834 号

人民科学家钟扬
RENMIN KEXUEJIA ZHONGYANG

刘深　著

人民出版社 出版发行

（100706　北京市东城区隆福寺街 99 号）

北京盛通印刷股份有限公司印刷　新华书店经销

2018 年 9 月第 1 版　2018 年 9 月北京第 1 次印刷

开本：710 毫米 ×1000 毫米 1/16　印张：23.75

字数：270 千字　插页：4

ISBN 978－7－01－019587－2　定价：99.00 元

邮购地址 100706　北京市东城区隆福寺街 99 号

人民东方图书销售中心　电话（010）65250042　65289539